개성화의 기독교상담학

예영커뮤니케이션

모든 인간은 하나님의 형상을 닮은 존엄한 존재입니다. 전 세계의 모든 사람들은 인종, 민족, 피부색, 문화, 언어에 관계없이 존귀합니다. 예영커뮤니케이션은 이러한 정신에 근거해 모든 인간이 존귀한 삶을 사는 데 필요한 지식과 문화를 예수 그리스도의 사랑으로 보급함으로써 우리가 속한 사회에 기여하고자 합니다.

개성화의 기독교상담학

초판 1쇄 찍은 날 · 2008년 9월 6일 | 초판 1쇄 펴낸 날 · 2008년 9월 10일
지은이 · 권영욱 | **펴낸이** · 김승태
등록번호 · 제2-1349호(1992. 3. 31) | **펴낸 곳** · 예영커뮤니케이션
주소 · (136-825) 서울시 성북구 성북1동 179-56 | **홈페이지** www.jeyoung.com
출판사업부 · T. (02)766-8931 F. (02)766-8934 e-mail : edit1@jeyoung.com
출판유통사업부 · T. (02)766-7912 F. (02)766-8934 e-mail : sales@jeyoung.com

copyright ⓒ2008,
ISBN 978-89-8350-488-3

값 12,000원

* 잘못 만들어진 책은 교환해 드립니다.
* 본 저작물은 저작권법에 의하여 한국 내에서 보호를 받는 저작물이므로 무단 전제와 무단 복제를 금합니다.

개성화의 기독교상담학

권 영 욱 저

For we have not a high priest which cannot be touched with the feeling of our infirmities; but was in all points tempted like as we are, yet without sin. (Hebrews 4:15)

예영커뮤니케이션

 **책**머리에

우리 사회는 지금 급격한 경제성장과 사회변동으로 인한 정신질환의 증가와 갈등이 심화되고 있다. 이런 현상은 신앙과 생활의 부적응 문제가 되어 교회로 하여금 기독교상담의 요구를 증가시키고 있다. 이렇게 수요는 급증하는데 공급적인 차원에서 한국교회는 지금 혼돈을 경험하고 있다. 교회와 기독교 사역자들이 필수적으로 상담을 하면서도 대부분이 신념과 통찰력 없이 임하고 있는 실정이다. 오히려 상담관계를 왜곡하고 내담자들에게 심각한 피해를 입히기도 한다.

인간은 몸(身 body)과 정신(魂 soul)과 영혼(神 spirit)을 포함한 전인적인 존재이다. 전인적인 존재로서의 인간관을 전인성(wholeness)[1]이라 한다. 전인성은 성경적인 인간관이며 오늘날 심리학의 한계를 극복할 수 있는 인간이해이다. 전인성을 위한 개성화(individuation)[2]는 전체적인 인간이해를 바탕으로 하는 개성화의 과정이다. 기독교상담에서 추구하는 전인

---

[1] 전인성(wholeness)에 관하여는 제4장 전인성 인간이해에서 자세한 설명이 있을 것이다. 전인성은 흔히 전인건강(Well Being)과 같은 말로 사용된다. 일반적으로 전인건강이란 용어는 영적인 건강을 포함하지 않는 정신적이고 인격적인 건강의 의미로 많이 사용되고 있지만 이 책에서는 영적인 건강을 포함하는 용어임을 밝힌다.

[2] 개성화(individuation)는 칼 융이 말한 용어인데, 자아실현과 같은 말이다. 개성화는 자신의 전체적인 인격을 실현하고자 내면에서 일어나는 요구에 부응하는 자기실현의 과정이다. 그래서 개별화 또는 자아실현이라는 용어를 사용하는 학자들이 있다. 개성화의 과정이라는 것은 내면 깊은 곳에 있는 무의식의 자기실현 요구를 의식화하는 과정이다. 모든 사람은 자기를 실현할 능력이 있고 개성화로 무의식과 의식의 통일과 조화를 이루면서 더욱 성숙해진다는 것이 개성화와 개성화 과정의 이론이다.

Pastoral Counseling

성이 중요한 만큼 이미 오랫동안 연구되고 실천된 심리학적방법으로 접근할 필요성이 있다. 따라서 심리학에서 가장 가깝게 설명하고 있는 융의 개성화 이론을 성경적인 인간관의 전인성 실현에 적용코자 한다. 그러면 실증적인 심리학을 성경적인 상담과 치유에 적용하게 되는 것이다. 『개성화의 기독교상담학』이 보다 많은 사람들의 전인성을 이루는 데 조력이 된다면 심리학과 상담학을 전공한 목회자로서 더 이상 바랄 것이 없다.

심리학에서 전인성은 전통적으로 심도 있게 연구한 학자가 칼 융이다. 융의 이론 중에서도 핵심적인 개성화가 전인성과는 가장 가깝다. 개성화는 전체인격을 실현하는 개성화의 자기실현 과정이기 때문이다. 누구든지 자신의 내면 깊은 곳에는 자기실현 요구를 갖고 있다. 다 의식화 할 수는 없지만 모든 인간은 자기를 실현할 능력이 있고 무의식과 의식의 통일과 조화를 이루면서 성숙해지는 것이 개성화의 이론이다. 그래서 융의 개성화로 자기를 실현하므로 전인건강을 위한 전인성을 이루게 될 것이다.

이미 저자는 박사학위 논문에서 융의 개성화와 기독교상담의 전인성과의 상관성을 연구한 바가 있다. 기독교상담은 신학과 심리학이 병행되어야 하고 상담에서 심리학적인 자원을 수용하고 활용해야 한다. 뿐만 아니라 교계에서 상담의 수요가 증가하면서 기독교상담이 폭발적으로 인기를 누리면서 심리학적 자원들을 무분별하게 적용시키는 위험한 일들이 일어나기 때문이다. 심리학을 바르게 활용할 수 있자면 신학적인 통찰이 있어야 하고 기독교적인 근거를 찾아야 한다. 그래야만이 기독교상담의 정체성을 바로 세울 수 있다.

제7장 전인성과 개성화의 상관성 연구는 박사학위 논문을 위하여 실험 연구를 실시한 것이다. 이것은 수량적 실험 연구이며 개성화가 전인성과 어떤 상관성이 있는지를 과학적으로 확인하고자 실시한 것이다. 실증적인 자료와 결과를 얻고자 실시한 실험 연구는 기독교인을 대상으로 개성화와 전인성의 수준 정도를 검사지로 측정했다. 그리고 검사의 결과를 분석하고 정리해서 개성화와 전인성의 상관관계를 평가하였다.

검사는 이러한 연구가 이론에 그치지 않고 실재로 한국적인 상담 현장에서 적용이 가능한지를 탐색하고자 함이었다. 전국의 기독교인을 모집단으로 하고 1,000명을 표본으로 선정해서 실시하였는데 설문 검사자료 수집은 개인면담과 집단면담으로 측정하였다. 통계처리는 응답자 중에서 정확하고 정직한 답변을 했다고 인정되는 자료로 제한했다. 수집된 자료 처리는 심리학적인 연구방법으로 통계분석을 하였으며 이 자료에서 측정된 결과에 대한 두 변인, 즉 개성화의 정도와 전인성 수준의 결과는 SPSSWIN 12.0 프로그램을 사용하여 통계 처리를 하고 분석했다. 개성화의 정도가 전인적 성장과의 상관성에서 어떻게 유의미한지를 확인하고

자 실시하는 수량적 실험연구였다.

실험연구의 목적 달성을 위해 개성화와 전인성의 준거에서 상관성을 검증하고자 설정한 세 개의 가설은 다음과 같다.

가설 ① 개성화와 전인성은 정적상관이다.
가설 ② 개성화와 전인성은 영상관이다.
가설 ③ 개성화와 전인성은 부적상관이다.

이 가설의 검증은 통계에 나타난 결과로 평균차이 검증의 t-test와 일원변량분석으로 개성화와 전인성의 영역별 수준차이 검증과 상관관계 분석을 하였다.

개성화와 전인성의 상관성에 나타난 연구결과는 이 둘의 수용이 가능하다는 것이었다. 개성화의 특징이 무의식의 징후를 통찰해서 의식에 통합하고 긍정적인 것은 살리는 마음의 치료이기 때문이다. 이는 개성화의 심리학이 기독교상담에서 만남의 가능성이 충분히 있고 수용할 수 있다는 연구의 결과였다.

이 결과의 신뢰도는 Cronbach 값이 모두 .6을 넘게 나타났다. 개성화와 전인성의 하위 변인 간의 관계도 Self와 관계성이 $r=.723(p<.01)$의 정적인 관계로 상관값이 가장 높게 나타났으며 모는 하위 변인들의 상관값이 정적상관성을 나타냈다.

오늘날의 기독교상담은 위기를 만난 사람의 문제를 해결하고 병리적인 심리치료에만 집중할 것이 아니다. 이제는 전인건강(Well Being)의 온전성을 이루는 목표로 전환해서 예방적인 측면의 돌봄과 상담이 있어야 한다. 개성화는 전인성과 정적 상관성이 크기 때문에 오늘날 기독교상담에서 전인건강 예방프로그램 개발 자료로도 충분한 가치가 있을 것이다.

앞으로 기독교상담도 가장 보편적이면서 과학적인 연구로 수량화 할 수 있는 방법이 개발되어야 한다. 그래서 심리학과 신학을 함께 보는 통전적인 입장에서 서로를 존중하고 접목시키는 연구와 이해가 필요하다.

다시 한번 강조하거니와 기독교상담에서 심리학과 신학은 부단한 대화를 필요로 하고 어느 한 쪽이 무시되면 안 된다. 그렇다고 심리학적 요소들이 무분별하게 적용되는 것도 위험한 일이다. 개성화의 과정이 실천적인 기독교상담에서 신학과 심리학의 유기적인 관계가 자연스럽게 설정되기를 바란다.

기독교상담에 관한 참고도서는 많다. 그러나 심리학과 신학을 이해하고 함께 아우르는 전문서적은 찾기가 힘든다. 학부에서 심리학을 전공하고 대학원에서 기독교상담학을 연구하는 중에 양자의 차이와 상관관계에 대하여 많은 고민을 했다. 현장에서 상담할 때나 대학 강단, 그리고 다양한 그룹에서 강의를 하면서 그 필요를 절감하였다. 그동안의 학위논문과 강

Pastoral Counseling

의록 그리고 상담자료들을 정리하여 이 책을 출간한다. 심리학과 일반상담을 이해하고 바르게 수용하면서 신학적인 통찰로 기독교상담을 하고자 고민하는 사역자들에게 좋은 안내서가 되길 바라마지 않는다.

2008. 8.
경주시민교회 목양실에서
저자 **권 영 욱**

CONTENTS 차 례

제1장 심리학과 기독교상담학

1. 심리학	19
1) 심리학의 기원	20
2) 심리학의 분야	21
2. 상담학	22
1) 정의	24
2) 목표	25
3) 상담과 심리치료	25
4) 상담의 분야	26
3. 기독교상담학	27
1) 정의	27
2) 목표	30
3) 기독교상담학과 심리학의 관계	31

제2장 심리학적 인간이해

1. 발달단계로 보는 인간이해 … 39
  1) 프로이트의 심리성적 발달이론 … 40
    (1) 프로이트의 발달단계 … 41
    (2) 프로이트 이론에 대한 평가 … 45
  2) 에릭슨의 심리사회적 발달이론 … 46
    (1) 에릭슨의 발달단계 … 47
    (2) 에릭슨 이론의 특징 … 49
    (3) 에릭슨의 이론에 대한 평가 … 50
  3) 피아제의 인지발달이론 … 51
    (1) 주요 주제 … 51
    (2) 인지발달 단계 … 52
    (3) 피아제 이론의 특징 … 54
    (4) 피아제 이론의 평가 … 55

2. 구조로 보는 인간이해 … 55
  1) 융의 분석심리학적 인간이해 … 55
    (1) 융의 심층심리학 … 58
    (2) 인격구조 … 58

3. 인본주의 인간이해 … 70
  1) 마슬로우의 인본주의 심리학 … 70
  2) 인본주의 심리학의 인간이해 … 71
    (1) 잠재된 가능성의 자아실현 … 71
    (2) 위계적 동기의 인간 … 72
    (3) 절정경험의 인간 … 73

제3장 신학적 인간이해

1. 신학적 실존주의 인간이해 … 80
   1) 피조물로서의 인간 … 80
   2) 영성을 가진 인간 … 81
   3) 소외의 인간 … 82
   4) 불안한 인간 … 85
2. 신학적 자아실현론의 인간이해 … 88
   1) 신학적 자아실현과 개별화 … 88
   2) 신학적 자아실현과 심리학적 자아실현의 비교 … 91
      (1) 유사성 … 91
      (2) 상이성 … 94

제4장 전인성 인간이해

1. 전인성의 개념 … 101
2. 성서적 전인성 … 104
3. 전인성의 영역(차원) … 106
   1) 인성(마음) … 108
   2) 관계성 … 110
   3) 일과 직업성 … 112
   4) 체성 … 114
   5) 영성 … 115
4. 전인성에 관한 함의 … 117

제5장
상담관계의 윤리성

1. 상담윤리의 필요성	*124*
2. 비밀유지와 훼손	*125*
1) 비밀유지의 엄수	*126*
2) 비밀유지의 예외 사항들	*127*
(1) 타인 학대의 위험이 있는 경우	*129*
(2) 성적 학대가 있는 경우	*130*
(3) 자살계획을 보고하는 내담자	*131*
(4) 낙태상담	*136*
(5) 에이즈환자 상담	*136*
3) 비밀유지와 훼손에 관한 법적 판례	*138*
3. 성적 접촉	*140*
1) 신체적 접촉	*141*
2) 성적친밀감	*144*
3) 성적 비행을 범하기 쉬운 상담자의 특성	*146*
4) 성적부정행위의 피해	*148*
4. 이중 관계	*149*
1) 자율성을 침해하는 강요	*149*
2) 헌금 등의 금전적 요구	*151*
3) 기독교상담의 이중 관계	*153*
5. 상담관계의 증진을 위한 방안	*155*
1) 전문훈련	*156*
2) 윤리강령 실천	*158*
3) 법적인 책임의식	*162*
4) 정당한 업무관리	*164*
5) 명확한 상담관계의 종료와 위탁	*165*
6) 영성훈련	*168*

제6장
전인성을 위한 개성화의 과정

1. 개성화의 의미 … 176
2. 개성화의 과정 … 179
   1) 페르소나(persona)의 분화 … 181
      (1) 페르소나 알기 … 181
      (2) 페르소나 검사문항 … 183
      (3) 페르소나의 분화 … 184
   2) 그림자(shadow)의 성찰 … 185
      (1) 그림자 알기 … 186
      (2) 그림자의 검사문항 … 188
      (3) 그림자의 성찰 … 189
   3) 심리적 이성(anima animus)의 통합과 조절 … 191
      (1) 아니마와 아니무스 알기 … 191
      (2) 아니마와 아니무스 검사문항 … 194
      (3) 아니마와 아니무스의 조절과 통합 … 195
   4) 자기(self)의 실현 … 197
      (1) 자기 알기 … 197
      (2) 자기 실현도 검사문항 … 198
      (3) 자기의 실현 … 198
3. 개성화의 결과분석 … 203
   1) 검사도구 … 204
   2) 결과분석 … 206
4. 개성화 과정과 전인성 측정의 한계성 … 208

제7장
전인성과 개성화의 상관성 연구

1. 기독교적 입장의 연구가능성	*216*
2. 상관성 분석	*219*
1) 검사의 설계	*221*
2) 조사 도구의 제작과 한계성	*222*
(1) 도구의 제작	*222*
(2) 검사도구 제작의 한계성	*224*
3) 검사도구의 문항내용	*225*
4) 검사의 대상과 방법 및 수집	*227*
5) 자료처리 방법	*228*
6) 타당성 검증과 신뢰도 검증	*229*
7) 분석	*235*
8) 해석	*246*
3. 결론 및 제언	*247*

- 부록 1. 개성화와 전인성의 설문 검사지 / 253
- 부록 2. 상담자와 내담자의 관계성 설문지 / 260
- 참고문헌 : 262

제1장 심리학과 기독교상담학

For we have not a high priest which cannot be touched with the feeling of our infirmities; but was in all points tempted like as we are, yet without sin. (Hebrews 4:15)

제1장 심리학과 기독교상담학

　기독교상담은 신학적이어야 한다. 신학은 신앙의 대상인 하나님에 관하여 신앙과 이성으로 연구한다. 그러므로 기독교상담은 성경에 근거해야 하고 과학적인 심리학의 도움을 받아야 한다. 심리학과 신학이 만날 수 있는 실천적인 자리가 기독교상담인 것이다. 그래서 이 책은 심리학과 신학의 상호보완적인 연구로 기독교상담의 정체성을 세우고자 노력한다.
　기독교상담은 일반적인 목회돌봄(care), 전문적인 지식과 훈련을 겸비한 기독교상담(counseling), 보다 차원이 높은 부적응의 정신과정과 행동을 수정하고 회복시키는 심리치료(psychotherapy), 그리고 건강하고 올바른 영적생활을 유지하가 위한 예방(prevention)의 네 가지 영역을 포함하는 실천신학이다.
　이렇게 다양한 영역을 포함하는 기독교상담학은 심리에 관한 학문이기에 심리학의 이론과 실천영역을 무시할 수 없다. 심리학을 기초로 하면서도 일반상담의 영역과 방법을 뛰어넘는 신학적인 이해를 겸한 기독교상담을 할 수 있어야 한다.

1. 심리학

　오늘 심리학(psychology)은 많은 관심의 대상이 되면서 발전을 거듭하고 있다. 심리학은 인간의 온전한 생활과 행복한 삶을 목표로 하는 과학적인 학문이기 때문이다. 그러나 모든 인간의 심리를 과학으로 실험하고 증명하며 연구할 수 없기에 기대가 큰 만큼 흥미도 있지만 학문을 하는 입장에서는 어렵고 힘든 분야이다.

사람들이 모여 사는 사회와 개인적인 삶의 모든 영역에는 심리학의 영향이 크다. 그래서 심리학자들은 여러 학문적인 분야에 영향을 끼쳤는데 특히 교육학, 사회학, 정치학, 의학에 많은 기여를 했다. 이제는 신학과 철학에서 독립한 심리학이 실천신학 연구에 영향을 주고 있는데 그것이 상담학이다.

심리학을 여러 가지로 정의할 수 있지만 "인간의 행동과 정신과정을 연구하는 과학"이라고 한다. 이러한 정의에는 세 가지 구체적인 개념이 있다.

먼저, 인간의 행동을 연구한다. 바르지 못한 생활과 함께 부적응된 행동을 탐구하고 바른 행동과 적응된 행동을 유도한다.

둘째는 정신과정을 연구한다. 자극으로 유입된 정보가 어떻게 행동으로 표출되는지 그 중간과정을 연구하는 것이다. 이는 마치 블랙박스와 같아서 도무지 알 수 없는 내용들이 많지만 심리학은 유기체의 그 정신과정을 연구한다.

셋째는 과학적인 방법(scientific method)으로 연구하는 학문이다. 과학은 가정을 세우고 실험을 통해서 증명하는 학문이다. 심리학은 정신적인 과정과 행동의 원인을 과학적으로 분석하고 증명해서 새로운 행동을 요구하는 수정과 변화의 실천적인 영역이다. 그래서 심리학을 마음과 행동의 과학이라고도 부른다.

1) 심리학의 기원

심리학의 역사는 오래 되었다. 고대로부터 현인들이었던 철학자들이 이 분야에서 연구하고 활동했다. 심신이원론의 플라톤과 심신일원론의 아리스토텔레스로부터 심리학이 기원한다. 그래서 심리학은 철학의 영역에 한 부분으로 있었다. 그러다가 종교개혁과 데카르트(René Descartes)의 유기체론에서 기초를 쌓았고, 종의 기원의 다윈(Charles Robert Darwin)과 유전에 의한 개인차를 추정한 갈튼(Francis Galton)의 심리검사 개발로 발전하였다.

심리학이 인간의 행동과 정신과정을 연구하는 학문이라고 하지만 사실 과학적인 방법을 적용한 것은 100년 조금 넘었다. 그 이전에는 심리학이 철학과 신학의 한 분야의 영역에 불과하였다.

현대 심리학의 기원은 독일의 철학자이며 심리학자인 빌헬름 분트(Wilhelm Wundt)에게 있다. 독일의 분트가 현대 심리학의 기원이 되는 것은 1879년 독일의 라이프찌히(leipzig) 대학교에서 최초로 심리학 실험실을 개설하였기 때문이다. 이것이 갑작스럽게 이루어진 일은 아니다. 분트는 이미 그보다 5년 전에 생리심리학원리(Principles of Physiological Psychology)라는 저서에서 인간의 정신은 객관적이고 과학적인 방법으로 연구해야 한다고 주장했다. 그러나 분트의 심리학 실험실이 많은 사람들의 관심을 끌지는 못했지만 이것이 현대 심리학의 기원임을 부인할 수 없다. 이렇게 시작한 현대 심리학은 20세기 말에 이르러 새로운 각광을 받기 시작하면서 오늘에 이르기까지 수많은 심리학자, 생리학자, 의사들의 기여로 발전해 오고 있다.

2) 심리학의 분야

현대 심리학은 날이 갈수록 전문화 되면서 여러 분야로 세분되고 있다. 이것은 심리학자들의 관심이 새로운 영역의 연구로 끊임없이 발전되고 있다는 증거이다.

　미국심리학회는 50여개의 심리학회 분과가 있는데 일반심리학, 교직심리학, 실험심리학, 생리 및 비교심리학, 발달심리학, 성격 및 사회심리학, 임상심리학, 자문심리학, 산업 및 조직심리학, 교육심리학, 학교심리학, 상담심리학, 군사심리학, 성인발달심리학, 응용실험심리학, 재활심리학, 소비자심리학, 이론 및 철학심리학, 행동 및 실험심리학, 지역사회심리학, 약물심리학, 알콜심리학, 최면심리학, 인본주의심리학, 정신지체심리학, 인구 및 환경심리학, 여성심리학, 종교문제 관련심리학, 아동심리학, 건강심리학, 정신분석심리학, 가족심리학, 동성애문제심리학, 소수민족문제심리학, 매체심리학, 운동 및 체육심리학 등이 있다.

　심리학은 크게 이론분야와 실천분야(응용분야)로 구분한다. 이론분야에는 발달심리학, 사회심리학, 성격심리학, 지각심리학, 학습심리학, 생리심리학, 실험심리학 등이 있고, 실천분야는 임상심리학, 상담심리학, 학교심리학, 교육심리학, 산업심리학, 광고심리학 등이다.

2. 상담학

　상담학은 심리학의 실천분야이다. 1800년대 계몽주의의 영향으로 1879년 분트의 라이프지히대학에서 심리학 실험실을 개설하면서 시작된 심리학은 크게 발전하게 된다. 인간의 정신내용과 구조 및 의식구조를 연구대상으로 삼았던 초기의 심리학은 자연스레 상담심리학(counseling psychology)을 발전시켰다. 오늘날에는 심리학자들의 절반이 상담이나 임상심리를 전공하고 있다.

　현대 상담학은 임상심리학(clinical psychology)과 상담심리학으로 분리되어 있다. 임상심리학은 이상행동을 진단하고 치료에 관심을 갖고 심리치료를 목적으로 한다. 그러나 상담심리학은 일상생활에서 경험하게 될 미래의 온갖 문제들을 어떻게 대처할 것이며 어떻게 극복하는지와 현재 부딪치고 있는 위기를 어떻게 극복할 수 있는지를 지도하고 도와주는 문제에 관심을 갖고 있다. 그러나 상담심리학을 전공한다면 이 두 분야를 함께 상담에서 보다 높은 전공차원의 심리치료를 위한 임상심리학을 연구해야 한다.

심리학이 과학적인 학문으로 발전하면서 상담학도 과학적인 방법으로 연구되고 발전되었다. 어떤 문제를 만난 이들이 현자나 종교적 지도자를 찾아가서 문제를 해결 받으려 했던 종래와는 다르다. 이제는 정신적이고 행동의 문제를 과학적인 방법으로 진단하고 처방하고 치료 또는 지도해야 하는 것이 상담학이다.

오늘의 상담학이 발전하게 된 동기는 심리학의 발전뿐만 아니라 인류가 경험했던 세계적인 위기에서 찾을 수 있다. 특히 제2차 세계대전 이후 전쟁에 참가했던 사람들이 전역 후에 안정된 생활을 하지 못하면서 정신적인 문제를 경험하게 된다. 이들의 위기를 해결하고자 연구하고 대처하면서 상담학은 발전을 거듭하게 된다. 이제는 상담학 분야에서도 응용분야가 많이 생겼다.

또한 산업화와 도시화의 영향으로 나타난 어린이와 청소년의 문제를 해결하고 이들을 바르게 지도할 필요가 생겼다. 상담학은 이들 산업전선에 뛰어든 부모나 사회적인 공익을 위하여 어린이와 청소년상담으로 발전하게 되었다. 학생들이 학교를 졸업하고 자신의 인생을 잘 실현할 진로와 직업 선택에서도 도움을 주고자 진로상담과 직업상담이 발전하였다. 뿐만 아니라 산업전선에 뛰어든 사람들이 이전에 단순한 1차산업 시대에서 경험하지 못하던 문제들을 만나면서 이들을 위한 상담도 발전하게 되었다.

이제는 우리도 고령사회로 접어들면서 노인문제가 심각하게 대두되고 있다. 또한 부부가 함께 맞벌이와 경제적인 활동을 하면서 겪는 가정의 위기와 문제를 위해서도 상담학은 가정상담 및 가족치료에서 많은 발전을 이루고 있다.

1) 정의

상담의 정의는 학자들 간에 이견이 많다. 이는 상담의 목적과 상담을 필요로 하는 내담자의 인간이해에 따른 차이에서 온다.

이형득은 "내담자의 자기성장을 궁극목적으로 하는 상담자와 내담자 사이에 이루어지는 조력관계의 과정이라"고 하였다.[3]

이장호는 "도움을 필요로 하는 내담자가 전문적 훈련을 받은 상담자와의 관계에서 문제의 해결과 인간적 성장을 위한 도움의 과정이라"고 했다.[4]

UN의 비정부기구인 IRTC(The International Round Table for the Advancement of Counseling)는 "더 만족스럽고 자원이 풍부한 방식으로 사는 삶을 탐색하고 명료화 하고 작업하는 기회를 제공하고자 다른 사람에게 관계하고 반응하는 방법이라"고 했다.[5]

상담은 상담자가 내담자의 문제를 효과적으로 대처하도록 충고하고 격려하며 지지함으로 도와주는 관계이다. 학자들마다 다른 정의를 하지만 주로 위기를 만난 내담자와 전문적인 훈련을 받은 상담자의 조력적인 관계의 과정이라고 할 수 있다.

현대 상담학은 우리들 생활과 가장 밀접한 자리에서 인간 생활에 많은 영향을 주고 있다. 현대인들의 삶의 질을 높이고 건강한 인간관계와 적응

---

[3] 이형득 외, 상담의 이론과 접근 (대구: 형설출판사, 1984), 17.
[4] 이장호, 상담심리학 (서울: 박영사, 1986), 3.
[5] Bruce Litchfield and Nellie Litchfield, 기독교 상담과 가족치료, 정동섭, 정성준 역 (서울: 도서출판 예수전도단, 2002), 42.

된 생활을 위해 발전하고 있다. 그래서 더욱 많은 연구과 발전이 필요한 과학적 학문이며 실천적 연구분야이다.

2) 목표

상담의 목표는 학자들마다 어떤 이론을 배경으로 하고 있느냐에 따라서 달리 말할 수 있다. 제랄드 코리(Gerald Corey)는 상담과 치유의 목표를 "생의 의미 발견, 정서적 불안의 치유, 사회적 적응, 행복과 만족의 획득, 자기실현, 불안의 감소, 부적합한 행위의 제거와 적합한 행위의 습득 등이라"고 하였다.[6]

3) 상담과 심리치료

상담과 심리치료는 같이 사용하는 경우가 많다. 하지만 구분되어야 한다. 심리치료는 상담심리에서 다루는 방법들 중 하나이며, 프로이트의 정신분석적 방법, 엘리스의 인지요법, 반두라와 월피의 둔감법, 벡의 인지요법, 로저스의 내담자중심요법 등이 심리치료의 여러 가지 이론들이다.

상담과 치료를 혼용해서 사용할 때는 심리상담과 더불어 자기탐색과 문제해결 및 심리치료와 분석과 같은 것들을 포함한다. 그러나 상담과 치료를 구분할 때 상담은 지도, 상황의 분석과 행동 수정, 의식적이고 표면적인 문제의 분석과 지도, 현재 중심이다. 이와 달리 심리치료는 행동과 인지의 재구성, 무의식적이고 심리적인 문제의 분석과 수정, 또는 회복, 그리고 과거 중심이다. 또 치료에서 말하는 문제해결은 심리적으로 무의식에 억압된 내용들의 문제해결이다.

---

[6] Gerald Corey, 상담학 개론, 오성춘 옮김 (서울: 장로회신학대학 출판부, 1983), 258.

정신질환자에 관하여 임상심리학자의 전문영역이 있다. 질병을 이해하고 치료법을 선택하기 위해서는 진단과 평가의 절차가 있는데 환자를 진단명으로 분류하는 데는 진단은 정신과 의사가 할 일이지만 평가는 임상심리학자의 영역이다.

4) 상담의 분야

상담은 여러 분야로 응용되고 있으며 다양한 분야로 발전하고 있다. 상담은 정신건강, 성격장애와 문제, 교육 및 학습상담, 진로 및 직업상담, 직업적응 상담, 부부 및 가족상담 등의 여러 분야가 있다.
① 정신건강과 상담의 내용은 불안과 우울 등에 관심을 갖는다.
② 성격문제와 상담은 성격장애(고립, 분열, 미숙, 경계선, 반사회적, 가학적, 자해적, 수동공격, 강박적, 회피, 의존성격장애 등), 분노 및 충동조절(분노폭발장애, 도벽, 방화벽 등)에 관심을 갖는다.
③ 교육 및 학습상담은 발달장애(자폐장애, 기초학습기능발달장애, 언어 및 말하기장애, 학교생활적응장애-상습적지각, 외톨이, 교사와의 관계-교사를 이성으로 대하는 학생과 교사에 반발하는 학생…), 청소년비행(가출, 환경기피형…), 약물오남용과 습관적중독성물질사용, 음주, 흡연…. 청소년성상담 등에 관심을 갖는다.
④ 진로 및 직업상담은 진로문제, 취업상담, 직업적응상담 등을 한다.
⑤ 직업적응상담은 직업적응문제, 갈등관리(개인간, 집단간, 조직간), 스트레스상담 등을 한다.
⑥ 부부 및 가족상담은 부부갈등, 부부관계, 결혼상담, 가정문제, 이혼문제, 자녀상담, 노인상담 등을 한다.

상담은 이 외에도 여러 분야가 있으며 사회가 복잡하게 발달하고 분화함에 따라 상담의 영역과 분야도 세분되고 복잡하고 다양한 영역으로 발전하게 된다.

3. 기독교상담학

기독교상담은 일반상담과 다른 점이 많다. 상담자가 사용하는 자원이나 방법, 그리고 목표에 있어서 일반상담과는 다르다.

기독교상담은 위기를 맞은 사람들에게 종교적인 자원을 활용하여 문제를 분석하고 진단하면서 역시 종교적인 자원으로 해결하는 열망에서 시작되고 수행되는 실천신학이다. 그러므로 신학적이어야 하며 과학적인 심리학과 부단하게 대화를 나누면서 기독교상담의 정체성을 확립할 수 있어야 한다. 기독교상담은 일반상담이 뿌리를 두고 있는 심리학과의 상호보완적이고 통전적인 이해가 필요하기 때문이다.

기독교상담은 기독교와 상담이라는 두 개의 말이 합쳐진 것처럼 신학과 심리학의 학문적 전통이 만남으로 생성된 용어이다. 이들은 지금 보완관계를 통해서 영역을 넓히고 전문성을 띠면서 급속한 발전을 이루고 있다.

1) 정의

기독교상담학은 신학과 심리학의 학문적 전통이 상담이라는 과정에서 만남으로써 이루어진다. 이 관계는 상호보완적이면서 전문성을 요구하는 특수한 학문분야이다.

목회적 돌봄과 더 전문적인 지식과 훈련을 겸비한 전문상담, 그리고 심리치료를 포함하는 실천영역이 기독교상담이다. 그러나 기독교상담에 관한 정의와 목표가 학자들 간에도 차이가 있으며 다양한 학문적 전통과 배경 속에서 내려진 학자들의 의견을 정리하고 종합적인 정의와 목표를 설정하여야 한다.

하워드 클라인벨(Howard Clinebell)은 "목회의 한 차원으로 문제와 위기를 만난 사람들을 낙담과 성장의 단절에서 치료적이고 회복적인 기능으로 치료방법의 다양한 활용이라"고 하였다.[7]

게리 콜린스(Gary R. Collins)는 "성령의 인도를 받는 사역자가 하나님이 주시는 능력과 통찰력으로 내담자로 하여금 온전함에 이르고 원만한 대인관계와 정신적인 안정, 그리고 영적 성숙을 돕는 것"이라 하였다.[8]

제이 아담스(Jay E. Adams)는 "성령의 거듭나게 하는 사역으로 성경에서 동기를 찾고, 성경을 전제로 하며, 성경에서 주어진 목표와 원리 및 실천에 따라 조직적으로 발전시켜 나가는 것"이라고 하였다.[9]

부르스 리치필드(Bruce Litchfield)는 영과 혼과 육에 관하여 성경적으로 대처하는 전인적인 접근을 한다. 과거의 성장을 이해하는 통찰과 감정의 경험지향과 생각과 신념을 보는 인지행동, 그리고 의술을 통한 절충적이고 종합적인 접근의 과정이라고 하였다.

오성춘은 "하나님의 부름과 교회의 위임을 받은 상담자가 위기 중에서 적색신호를 보내는 사람을 만나 교회의 지원과 자원으로 인간회복을 돕는 목회의 분야"라고 하였다.[10]

기독교상담의 정의가 학자들마다 차이가 있지만 종합하면 선택과 훈련으로 전문성을 가진 상담자가 고통 중에 있는 사람들이 하나님을 만나고 전인적인 성장을 위해 체계적으로 대응하는 조력관계이다.

여기서 고통을 경감시키고 성장을 도모하도록 돕는다는 점에서는 일반상

---

7) Howard Clinebell, *Basic Types of Pastoral Care & Counseling*, 26.
8) Gary R. Collins, *Case Studies in Christian Counseling* (Dallas: Word, 1991), 4.
9) 정정숙, 기독교 상담학 (서울: 도서출판 베다니, 1994), 28.
10) 오성춘, 목회상담학 (서울: 한국장로교출판사, 1993), 23.

담의 행태와 관계가 있고 공통점이 있다. 그러나 그 방법에 있어서 상담자 외부에 있는 치료와 도움의 근원을 접촉하게 한다는 것과 목표에 있어서 영성을 포함한 전인적인 성장과 치료라는 점에서 구별되는 특징이 있다.

그러므로 기독교상담은 위기를 만나 어려움을 겪고 있는 사람을 변화시켜서 하나님의 영광을 위해 살도록 돕는 성장과정이며, 기독교상담자는 헌신된 자가 하나님의 도우심으로 상담에 임하는 안수를 받은 목회자뿐만 아니라 교회가 목회적인 차원에서 실시하는 기독교 평신도에 의한 상담자도 포함된다.

기독교상담에 관한 다양한 정의는 결국 기독교상담이 일반적인 상담의 차원을 뛰어 넘는 기독교 전반적인 관점에서 이해하고 적용해야할 전인성을 위한 돌봄이며 과정을 말한다.

상담과 심리치료, 그리고 기독교상담을 구분할 때는 아래의 표와 같이 할 수 있다.

상 담	심리 치료	기독교 상담
지도	수정	회복
상황과 행동	성격과 행동	생활과 신앙
문제중심	해결중심	생활중심
의식적	무의식적	영적
표면적	심리적	신앙적
현재	과거	미래
단기	장기	중장기

표1 상담과 심리치료 및 기독교상담의 비교

2) 목표

기독교상담에 있어서 정의가 다양한 것은 결국 기독교상담의 목표도 다양하다.

제랄드 코리는 상담과 치유의 목표를 "생의 의미 발견, 정서적 불안의 치유, 사회적 적응, 행복과 만족의 획득, 자기실현, 불안의 감소, 부적합한 행위의 제거와 적합한 행위의 습득 등이라"고 하였다.[11]

하워드 클라인벨은 "가치 있는 삶의 자산을 활용하지 못하고 자신의 삶과 능력을 황폐화 시키는 구속으로부터 회복과 해방을 달성하도록 돕는 것이라"고 하였다.[12]

게리 콜린스는 "내담자의 행동과 태도를 변화시켜서 문제를 예방하고 정상적인 인간관계와 감정표현 및 의사결정을 원만히 하도록 지도하며 책임과 영적 성장을 자극시켜서 위기에 처했을 때 내적 자원을 동원하도록 도와주는 것이라"고 했다.[13]

로렌스 클랩(Lawrence J. Crabb)은 상담의 목표는 성숙이라 하였다. 병적인 증상이 완화되며 인간관계가 회복되고 의사결정이 잘 이루어지도록 성장케 하는 것이 가치 있는 상담의 목표라고 하였다.[14]

신학자 폴 틸리히(Paul Tillich)는 모든 돌봄의 목표를 인간이 가진 잠재력의 실현으로 보았다. 도움은 문제의 극복과 예방을 통하여 잠재력의 실현을 강화하는 것이다. 그러나 목회적 돌봄은 궁극적이고 영적인 차원

---

11) Gerald Corey, 상담학 개론, 오성춘 옮김 (서울: 장로회신학대학 출판부, 1983), 258.
12) Howard Clinebell, *Growth Counseling: Hope- Centered Methods of Actualizing Human Wholeness* (Nashville: Abingdon, 1979), 18.
13) Gary R. Collins, 교회지도자를 위한 효과적인 상담, 정동섭 옮김 (서울: 도서출판 두란노, 1984), 39.
14) Lawrence J. Crabb, 기독교 상담심리학, 오현미 옮김 (서울: 나침반사, 1992), 300.

의 완성이며 약하고 강한 것을 수용할 수 있는 영적인 성장이라고 했다.[15]

기독교상담의 목표는 일반상담과 달리 내담자의 문제 해결만이 아니라 그를 변화시키고 새로운 삶을 영위할 수 있도록 하는 데 있다. 문제를 가진 내담자로 하여금 자신의 문제와 삶을 이해하고 영적인 자원으로 생활의 보다 높은 증진을 돕는 전인성에 있다.

그러므로 기독교상담은 하나님과의 관계 속에서 자신의 문제와 삶을 자각하고 이해할 수 있어야 하고, 계속적으로 전인적인 건강을 추구하도록 도와주는 것이 궁극적인 목표이다. 그리고 핵심은 하나님과의 관계 회복이며 영적인 성장을 통한 전인성에 있다.

기독교상담자는 내담자의 배경을 잘 알고 있는 경우가 많기 때문에 영적 자원을 활용하도록 여러 가지로 도와줄 수 있는 장점이 있다. 기독교상담의 궁극적인 목표는 내담자의 문제 해결만이 아니라 사람을 변화시켜서 하나님의 영광을 위해 살도록 하는 데 있다. 즉, 문제를 가진 내담자로 하여금 하나님과의 관계 속에서 자신의 문제와 삶을 이해하고 해결하며 영적인 생활의 보다 높은 증진을 돕는 데 있다.

3) 기독교상담학과 심리학의 관계

기독교상담은 기독교를 배경으로 하고 있는 신학과 상담의 배경인 심리학이라는 두 개의 축을 통해서 세워진다. 신학과 심리학의 두 날개가 함께 펼쳐져야 한다. 그러기 위해서는 신학과 심리학이 끊임없이 대화하고 조정을 통하여 기독교상담의 정체성을 확립해야 한다.

심리학과 기독교상담의 관계에서 표출되고 있는 현실적인 문제점은 무

---

15) Paul Tillich, "Pastoral Care," *The Meaning of Health: Essays in Existentialis, Psychoanalysis, and Religion*, Perry LeFevre edited (Chicago: Chicago Theological Seminary Exploration Press, 1984), 126.

엇인가?

첫째는 심리학의 다양성을 수용하지 못하기 때문에 효율적이고 성공적인 상담과 치료를 실천하지 못하는 문제가 있다. 이것은 심리학을 배경으로 하고 있는 일반상담과 기독교상담의 차이를 극단적으로 인식한다. 그래서 일반상담의 긍정적인 내용과 심리학적 자원을 무조건 배타적으로 생각하고 영적인 문제에만 집중한다. 성경적이고 신학적인 면에만 치중하고 인간의 신체와 정신과의 관계 등을 간과함으로써 심리상담과 치료가 올바르게 이루어지지 못하고 있는 실정이다.

기독교 상담자들은 심리학의 인본주의적인 면을 무조건 거부할 것이 아니라 실천적인 영역으로 끌어들여서 신학과 심리학이 연합되고 양자의 긍정적인 요소들이 조화를 이루도록 해야 한다.

둘째는 심리학의 이론을 너무 중요시하면서 기독교적인 특성과 영적인 차원을 간과하고 무시하는 데 있다. 기독교상담은 심리학의 자원을 활용하고 통합하는 것을 필요로 한다.[16] 심리학을 배경으로 하는 일반상담의 이론만 중요하게 생각하면서 무분별하게 도입하고 적용하므로 심리학적 상담에 치중하고 기독교적인 차원을 경시하는 것이다. 일반상담과 기독교상담은 어떻게 보면 유사한 면이 많지만 본질적으로는 그 내용과 목적이 크게 다르다. 기독교상담은 건강한 정신과 영적생활을 도모하도록 종교적인 자원으로 성장을 자극시킨다는 점이 일반상담의 목적과 방법에서 크게 벗어나고 다르다. 그러므로 심리학적인 이론을 무분별하게 도입하고 적용하는 것은 기독교상담의 진정한 정체성을 훼손시키는 문제를 낳게 된다.

셋째는 기독교상담과 심리학의 이론을 너무 조화시키려고 노력하는 데 있다. 문제는 서로의 차이점이 분명히 있음에도 불구하고 양자의 유사성

---

16) Howard Clinebell, *Basic Types of Pastoral Care & Counseling: Resources for the Ministry of Healing and Growth* (Nashvill: Abingdon Press, 1992), 30.

을 보고 중요하게 생각하는 데 있다. 차이를 모르면 신학적인 기반과 통찰이 부족하게 되고 이로써 기독교상담의 분명한 정체성을 확립하지 못하는 문제가 생긴다.

기독교상담은 일반상담의 심리학적인 기법을 필요로 하면서도 그 내용들에 관하여는 신학적 통찰이 있어야 한다. 다시 말하면 신학의 빛 아래서 연구하고 심리학적 상담의 한계성을 통찰하면서 기독교의 자원을 잘 활용하는 상담이 되어야 한다.

이제 기독교상담은 심리학과의 대화로 서로를 이해하고 유용한 관계를 설정하려는 통합적인 노력이 있어야 한다. 현대 기독교상담이 한 단계 발전하기 위해서는 이론과 실천적 분야에서 공히 심리학에 대한 거부감을 버리고 심리학을 잘 활용하는 기틀이 세워져야 한다. 심리학의 이론을 수용하면서도 그 한계를 신학적 자원으로 보완해야 한다. 수용하고 버릴 것은 버리는 전략적 차원에서 기독교상담의 정체성을 세우고 상담과 심리치료를 기독교적인 입장에서 해야 한다.

기독교상담은 선택과 훈련으로 전문성을 가진 상담자가 고통 중에 있는 사람들로 하여금 하나님을 만나 성장하도록 체계적으로 대응하는 관계이다. 고통을 경감시키고 성장을 도모하도록 돕는다는 점은 일반상담의 형태와 관계가 있고 공통점이 있다. 그러나 그 방법에 있어서 상담자 외부에 있는 치료와 도움의 근원을 접촉하게 한다는 것이 구별되는 특징이다. 그러므로 기독교상담은 위기를 만나 어려움을 겪고 있는 사람을 변화시켜서 하나님의 영광을 위해 살도록 돕는 과정이며, 기독교상담가는 헌신된 자가 하나님의 도우심으로 상담에 임하는 안수를 받은 목회자뿐만 아니라 교회가 목회적인 차원에서 실시하는 기독교 평신도에 의한 상담도 포함된다.

기독교상담에 관한 다양한 정의는 결국 기독교상담이 심리학을 배경으로 하는 일반적인 상담의 차원을 뛰어 넘는 기독교적인 관점에서 이해하고 적용해야 할 분야이다.

제2장 심리학적 인간이해

For we have not a high priest which cannot be touched with the feeling of our infirmities; but was in all points tempted like as we are, yet without sin. (Hebrews 4:15)

제2장 심리학적 인간이해

 한 인간의 내면은 어떻게 형성되어 있으며 어떻게 설명할 수 있느냐는 것이 심리학자들의 관심이다. 자신을 올바르게 인식하고 자신뿐만 아니라 타인과 사회의 문제를 바르게 이해할 수 있도록 도와주는 학문이 심리학이다. 분트에 의해 시작된 심리학은 프로이트 이후 인간을 다양하게 이해하면서 많은 학문적 분야에 인간이해를 도와주었다.
 심리학에서 말하는 인간관은 다섯 가지로 요약할 수 있다.
 첫째는 지그문트 프로이트(Sigmund Freud)를 중심으로 하는 정신분석학의 인간관이다. 정신분석학에서는 인간의 본능이 과거의 경험에 의해서 결정되고 기본적으로 쾌락을 추구하는 성적본능을 갖고 있다. 이 본능은 파괴적이고 공격적이며 인생 초기에 모든 것이 결정되는 폐쇄적이고 결정론적인 인간관이다.
 둘째는 알프레드 아들러(Alfred Adler)를 중심으로 하는 신프로이트학파의 인간이해이다. 이들은 프로이트를 계승하면서도 좀 더 다른 발전된 방식으로 인간을 이해한다. 모든 인간은 프로이트의 심리성적인 존재로 보는 것이 아니라 기본적으로 권력을 지향하면서 인정받고 싶은 사회적 욕구에 의해 삶을 사는 존재로 본다.
 셋째는 칼 융(Carl G. Jung)의 낙관적이고 창조적인 욕구를 가진 자기완성을 목표로 하는 인간관이다. 융은 모든 인간이 정신적으로 사고와 느껌과 감각과 직관의 네 가지 심리적인 기능이 있다고 했다. 현재는 과거에 의해서도 결정되지만 미래에 의해서도 결정된다는 정신분석학에서도 새로운 인간이해이다.

넷째는 이들과는 달리 환경의 조절과 조건화의 적응을 강조하는 에드워드 톤다이크(Thorndike)와 부르스 스키너(Burrhus Frederick Skinner), 그리고 클락 헐(Clark Leonard Hull) 등의 행동주의적 인간관이 있다. 이들은 인간의 행동이 사회 문화적 환경에 의하여 습득되고 학습되는 것으로 이해하고 있다. 이와 같이 프로이트와 그 계열이나 행동주의 심리학자들은 인간을 동물이나 기계와 같이 보는 결정론적이다.

다섯째는 이들의 인간관과 전혀 다른 이해의 제3세력의 심리학자들이 있다. 아브라함 마슬로우(Abraham Maslow)를 중심으로 하는 제3세력의 심리학자들은 인간을 자아실현을 위한 동기의 존재로 본다. 인간이야말로 생물학적인 본성이나 환경적인 여건을 뛰어넘는 성장가능성을 가진 존재이기 때문이다. 이와 같이 상담이란 것도 이 잠재성과 가능성을 열어주고 성장시키는 데 있다는 새로운 시각을 열어준 것이 제3세력의 심리학적 인간이해이다.

전통적인 심리학의 인간이해는 과거의 경험과 주변 환경과의 관계, 그리고 미래가 인간을 결정하는 중요한 관건임을 강조하였다. 그러나 인간의 가능성과 보다 깊은 영적인 면에 있어서는 소극적이었다. 현대 심리학적 인간이해는 개인과 사회의 연계성을 간과하고 있다.[17] 그래서 자신의 과거, 현재, 미래, 환경, 그리고 새로운 차원으로 영성과의 상호보완적인 역동성을 가진 다양한 인간이해가 필요하다.

---

17) 임경수, "신학과 심리학의 연계적 학문을 통한 기독교상담의 정체성," 기독교상담학회지 7 (2004. 5): 239.

1. 발달단계로 보는 인간이해

발달단계로 보는 인간이해는 수정에서부터 출생하여 죽기까지 생애의 발달과정을 이해하고 기술하며 해석한다. 연령이 높아짐에 따라 나타나는 신체, 정서, 사회성, 인지, 운동 등의 발달을 보고 그 원인과 조건을 설명하는 것이 발달이해이다. 그래서 생애에 발달과정을 올바르게 이해하고 예측하므로 현재와 미래에 어떠한 변화가 왜 일어나는지 그리고 개인의 차이와 원인은 무엇인지를 연구한다. 그래서 건강하고 바람직한 발달을 이루도록 적절한 환경을 조성하여 행동과 심리를 수정하거나 통제할 수 있게 한다.

발달을 연구하는 학문분야는 다양하다. 심리학(발달심리학), 생물학, 생리학, 의학, 사회학, 인류학, 교육학, 그리고 가정학 등이 이 주제를 연구한다.

발달을 이해하고자 할 때는 발달에 관한 서로 다른 주장들을 이해해야 한다. 즉, 인간의 발달이 능동적인지 수동적인지, 연속적인지 불연속적인지, 성장에 따른 변화인지 아니면 학습에 의한 변화인지의 서로 다른 견해를 이해할 수 있어야 한다.

발달은 세 가지 측면에서 특징이 있는데, 보다 보편적이고 단순한 것으로부터 특수하고 복잡한 것으로의 분화(differentiation), 출생 후로부터 심리적 성장을 수반하는 성숙, 그리고 질서정연한 진행으로서의 발달과정상에 나타나는 특징이 있다.

발달의 과학적인 연구는 약 1세기 정도의 짧은 역사를 갖고 있다. 초기의 철학적인 아동관에서 시작하여 점차 아동에 대한 과학적인 이해로 발전한 것이다. 발달에 관한 학자들의 주장도 다양하다.

영국의 경험주의 철학자 로크(John Locke, 1632~1704)는 아동의 경

힘이 발달의 기본적인 결정요인이라 하였다.

프랑스의 철학자 루소(Jean-Jacques Rousseau, 1712~1778)는 아동은 선천적으로 도덕적인 특성과 건강하게 성장할 수 있는 발달 능력을 가지고 있다고 하였다.

스위의 페스탈로찌(Johann Heinrich Pestalozzi, 1745~1827)는 루소의 생각을 받아 들여 그의 3세 반된 아들의 발달을 관찰하고 아동 자신의 활동을 강조하였다.

영국의 생물학자 다윈(Charles Robert Darwin, 1809~1882)은 인간의 진화론적 발달을 말했다.

미국의 홀(Granville Stanley Hall, 1844~1924)은 과학적이고 체계적인 발달연구로 발달의 순서와 시기를 말했다.

프랑스의 비네(Alfred Binet, 1857~1911)는 1905년 지능검사를 작성하여 지적인 능력 측정을 하게 했다.

이러한 발달 연구를 기초로 하여 프로이트의 심리성적발달이론(psychosexual development theory), 미국의 왓슨과 러시아의 파블로브의 행동주의 발달이론(behavioral theory, learning theory, 학습이론이라고도 함), 그리고 피아제의 인지발달이론(cognitive development theory)으로 발전하였다. 여기서는 발달단계 이론의 대표적인 프로이트의 심리성적 발달이론과 에릭슨의 심리사회적 발달이론, 그리고 피아제의 인지적 발달이론을 설명한다.

1) 프로이트의 심리성적 발달이론

프로이트의 발달 이론을 심리성적 발달(Psychosexual development) 이론이라 한다. 프로이트(Sigmund Freud, 1856-1939)는 오스트리아

비엔나에서 3남 5녀 중 장남으로 출생하였다. 권위적인 유대인 가정에서 자라면서 의사가 되기로 하고 26세 때 비엔나대학에서 의학박사 학위를 취득하였다. 이후 그는 정신분석이론을 형성하고 확장하는 데 주력하였다. 40대 초반에 정신장애를 경험했으며 그로부터 죽음에 관한 공포를 갖게 되었다.

프로이트는 자신의 꿈을 탐색함으로써 성격발달의 통찰을 얻었고 아동기에 대한 기억과 경험을 탐색하면서 아버지에 대한 적대심을 깨닫게 되었다. 어머니에 대한 성적 감정도 있었음을 느꼈는데 그녀는 사랑이 많고 매력적인 여성이었다. 프로이트는 창조적이고 생산적이었으며 하루 18시간 이상 연구하고 총 24권의 전집을 발간하였다. 프로이트의 인간이해는 발달단계에 근거한다.

그래서 그의 심리성적 인간이해는 인간의 발달단계에 따라 변화하고 특히 인생 초기의 발달단계에서의 경험이 전생애를 결정한다고 하여 결정론 또는 폐쇄적인 인간이해라고 부른다.

(1) 프로이트의 발달단계

인간 발달은 생애 초기 6년의 생활에 뿌리를 두고 있다. 초기 6년의 사랑, 신뢰, 감정처리, 성에 관한 수용 등이 생애 발달의 기초가 된다.

아동은 여러 가지 쾌락추구 경향성으로 삶을 시작하며 촉감에 민감한 어떤 부위를 자극할 때 경험하는 쾌락이 있는데 이 부위를 성감대라 한다.

① 구강기(0~1.5세, oral stage)

이 시기는 유아가 어머니의 젖을 빨고 구강기를 경험하면서 섭식과 즐거움에 대한 욕구를 만족시킨다. 예민한 성감대는 입과 입술이며 이 시기에는 주로 빨면서 즐거움을 경험한다. 구강 조절이 안 되면 탐욕과 욕심이 생긴다.

　구강 만족이 부족하면 고착이 생긴다. 지나친 구강욕구를 추구하는 성인 (지나친 먹기, 씹기, 흡연, 마시기 등)은 구강기의 고착일 가능성이 있다. 그러므로 이 단계에서 구강만족의 박탈은 성인기에서 문제를 야기시킨다.

　치아가 나면서 구강 공격기가 시작되는데 빈정거림, 적대, 공격, 험담, 타인에 대한 비판 등의 성인 행동이 이 시기와 관련이 있다. 의존적, 수동적 성격, 지나친 비판과 관련된 행동으로 만족을 얻고자 한다.

② 항문기(1.5~3세, anal stage)

　항문 부위가 인격 형성의 중요한 시기이다. 주된 발달과업으로 독립의 학습, 개인적 능력의 수용, 분노와 공격 등 부정적 감정들을 표현하는 것을 배우는 시기이다.

　이 시기의 부모의 훈육에 대한 태도는 후기 인격 발달에 중대한 영향을 준다. 강박성은 이 시기의 부모의 훈육태도에 뿌리가 있다.

　이 시기에는 적대감, 파괴감, 화, 분노, 증오, 미움 등과 같은 부정적 감정을 경험하고 이것이 수용 가능한 것임을 배워야 분노와 증오를 수용하게 된다.

　항문기 보유형 성격은 극단적 질서정연, 인색, 고집 등과 같은 고착행동이 있다. 이때에 형성된 성인의 특징으로 엄격한 성격, 반항적, 완고함, 인색함, 구두쇠, 수집가 등으로 나타난다.

③ 남근기(3~6세, phallic stage)

　프로이트의 가장 중요한 시기이며 초자아가 형성되는 때이다. 이 시기에는 걷고, 말하고, 생각하는 능력을 발달시킨다. 그러므로 운동과 지각능력이 발달하고 대인관계 기술도 발달한다.

이때에 유아는 이성의 부모에 성적인 욕구와 갈등을 경험한다. 이성 부모에 대한 열망과 동성 부모에 대한 증오를 경험하면서 두려움과 적대감을 느끼고, 근친상간의 감정을 갖게 된다. 이것을 외디푸스 콤플렉스(oedipus complex)와 일렉트라 콤플렉스(elektra complex)라고 한다.

테베의 왕 라이오스와 왕비 이오카스테 사이에 태어난 아들이 외디푸스이다. 부모는 "아이가 아비를 죽이고 어미를 범한다."는 신탁(神託)을 받았기에 외디푸스가 태어나자 복사뼈에 쇠못을 박아 키타이론 산중에 내다 버렸다.

이웃 코린토스의 목동이 산 중에 버려진 아이를 길렀는데 외디푸스는 코린토스의 왕자가 되었다. 청년이 된 그는 델포이에서 부모가 받았던 신탁을 받고 자신의 인생에 그러한 신탁을 피하고자 방랑의 길을 떠난다. 어느 날 테베에 이르는 좁은 길에서 한 노인을 만나 사소한 시비 끝에 그를 죽였다.

당시 테베에는 스핑크스라는 괴물이 나타나서 수수께끼를 내고 풀지 못하는 사람을 잡아먹고 있었다. 여왕은 이 괴물을 죽이는 자에게 왕위는 물론이고 자신도 바치겠다고 약속한다.

외디푸스를 만난 스핑크스가 수수께끼를 낸다. "아침에는 네 발로 걷고, 낮에는 두 발로 걷다가, 오후엔 세 발로 걷는 것이 무엇이냐?"는 질문이다. 외디푸스는 사람이라고 대답했는데 인간이 어려서는 네발로 기어 다니다가 자라서는 두 발로 걷고 늙어서는 지팡이를 의지하여 세 발로 걷는 것이다. 수수께끼를 푼 외디푸스는 스핑크스를 죽였고, 그 후에 여왕의 약속대로 왕위에 올라 여왕을 왕비로 삼아서 부부가 되었다. 테베에는 못된 병이 돌았는데 이것이 왕으로 인한 것이란 소문이 나돌았다. 결국 자신이 죽인 노인은 아버지요 아내로 취한 여인은 어머니란 사실을 알게 된 외디푸스는 자신의 두 눈을 뽑고 방랑의 길을 떠나 코로노스의 성림(聖林)에서 죽었다. 결국 어머니인 여왕도 자살하고 자녀들도 왕위를 둘러싼 골육상쟁으로 모두 죽었다.

시인 소포클레스는 이 전설을 비극 3부곡 《외디푸스 왕》에서 다루었다.

프로이트는 남아가 아버지에 반항하여 그를 배척하고 어머니를 사랑하려는 욕망(외디푸스 콤플렉스)에서 비롯된 이야기라고 말한다. 프로이트는 이러한 경향이 어린 시절에 나타나서 아버지를 닮고자 흉내 내고 아버지를 견재하고자 하나 부질없는 일임을 알고는 잠재되고 억압된다고 하였다.

모든 남자는 이렇게 '아버지처럼 자유롭게 어머니를 사랑하고 싶다'는 원망(願望)에서 아버지와 같이 되고 싶어서 부친과의 동일시(同一視)가 이루어지며 이것이 한 인간의 기질과 내면을 형성하는 핵심 중에 하나인 초자아(超自我)라고 하였다.

그리스 신화에는 또 다른 이야기가 있는데 이것을 여성들에게 적용하는 일렉트라 콤플렉스라고 부른다. 미케네의 왕 아가멤논은 트로이 공략 후 환궁하는 날 밤 부인 클리타임네스트라와 간부 아이기스토스에게 살해 당한다. 딸 일렉트라는 학대를 받으며 성장하여 사랑하는 아버지의 원수를 갚는다는 내용이다.

스위스의 심리학자 보드윈이 이 신화를 바탕으로 만든 심리적 용어가 여성에 해당하는 일렉트라 콤플렉스이며 여아가 부친에 대하여 애착을 가지며 어머니를 증오하고 모친과 동일시를 가진다는 것이다.

이 시기의 성은 이성 부모에 대한 성교를 하고 싶어하는 의미는 아니다. 성적 환상과 함께 자위하는 행위가 나타나며 자신의 몸에 대한 호기심을 갖게 되고 성의 차이를 발견하면서 성욕의 수욕과 조정이 중요하고, 양심의 발달과 도덕적 기준이 학습되는 시기이다.

부모가 경직되거나 비현실적인 도덕기준을 가르치면 아동은 자신의 자연스런 충동에 대하여 죄책감을 느끼게 되고 성인이 되어서도 타인과 친숙한 관계를 맺지 못한다.

유압적 양심은 의문이 없이 가르침을 받아들인 것으로 경직, 심한 갈등, 죄책감, 후회, 낮은 자존감, 자기 비난 등이 나타날 수 있다.

이 시기에 고착되면 성에 대한 태도와 감정에 영향을 끼치며 열등감 극복을 위한 남성상 강조, 남성다움이라고 생각되면 기를 쓰고 빠진다.

④ 잠재기(6~12세, latent period)

비교적 조용한 휴식기를 맞게 되는데 성격의 중요한 구조들이 형성되고 잠복기에는 새로운 흥미들이 성적 충동을 대신하게 된다. 특정대상 부위가 잠재된 시기로 성적 관심들이 학교, 놀이, 친구, 운동 등 새로운 활동들에의 관심으로 바뀐다.

외부로 향하고 타인과의 관계를 형성하는 사회화의 시기이며 가치관 발달과 사회적 과제를 생각하고 자신의 정체성을 형성한다.

이 시기에 문제가 생기면 부정적 자기 개념, 사회적 관계에서의 열등감, 가치에 대한 갈등, 성 역할 정체감, 의존성 등을 갖게 된다.

⑤ 생식기(12~18세, genital stage)

남녀를 고려한 성기기로 남근기의 묵은 주제들이 재생되고 되풀이 된다. 이성에 관심을 갖게 되며 성적 시도를 하고 성인으로서의 책임을 가진다. 부모의 영향에서 점차 자유로워지고 타인에 대하여 관심을 가지며 자기애에서 벗어나 이타적인 행동을 하는 시기이다.

프로이트는 이 단계가 사춘기에 시작해서 노쇠할 때까지 계속된다고 하였으며 6세 이후에 대하여는 자세히 논하지 않았다. 우정과 예술, 스포츠, 직업 등에 종사함으로 사회적으로 받아들여지는 활동에 성적 에너지를 투자함으로 사회적 억압과 금기사항을 처리한다.

(2) 프로이트 이론에 대한 평가

프로이트의 이론은 크게 엇갈리는 평가가 존재한다. 그럼에도 불구하고 오늘 심리학적 인간이해에 있어서 프로이트 만큼 영향을 미친 심리학자가 또 어디 있겠는가?

프로이트 이론의 역기능적 측면은 환자를 대상으로 연구하였다는 것이며, 생리적인 것에 치우쳐 사회의 가치, 규범의 영향을 소홀히 하였고, 아동기 중심의 발달이론을 성인환자의 과거회상 보고에 근거하고, 무의식을 알 수 없는 세계라고 하면서 몇 가지로 추론했을 뿐이라는 것이다.

프로이트 이론의 공헌은 내적 갈등을 인간을 보는 관점으로 삼았으며, 성적충동을 중요시하고 과학적 연구의 계기를 제공하였고, 인생 초기의 문제를 중요시했다. 결정적 시기를 알게 하였으며, 무의식에 대한 새로운 접근을 가져왔고, 성격이론 외에도 심리학 전반을 다룬 많은 내용을 연구했다는 데 있다.

2) 에릭슨의 심리사회적 발달이론

에릭슨의 발달이론은 심리사회적 발달(psychosocial development)이론이라 한다. 에릭슨(Erik Erikson, 1902~1994)은 독일 프랑크프르트에서 태어났다. 오스트리아의 정신분석가인 안나 프로이트(Anna Freud)를 만난 1920년대 말에 예술가였고 선생님이었다. 안나의 격려로 그는 비엔나정신분석연구소(the Vienna Psychoanalytic Institute)에서 아동정신분석을 공부하기 시작했다. 1933년에 미국으로 이민했으며 예일 대학과 하바드 대학에서 강의했다.

미국에서 강의하면서 아동 발달에 대한 사회와 문화의 영향(the influence of society and culture on child development)에 관심을 가지기 시작하였다. 그는 자신의 이론을 검증하고자 인디언 아이들 그룹을 연구했으며 이들의 연구를 통해 부모와 사회의 가치와 인격성장을 연결시킬 수가 있었다.

(1) 에릭슨의 발달단계

　에릭슨은 인생의초기를 연구한 프로이트와는 달리 전생애의 발달단계를 연구했다. 그의 전생애 발달이론은 아동기 이후의 청소년기 발달과 오늘날 많은 연구의 관심이 되고 있는 중년기 및 노년기 발달단계 연구에 영향을 주었다. 에릭슨의 발달단계 이론을 장황하게 설명할 수 있지만 요약해서 설명한다. 그의 전생애 발달은 여덟 단계로 구분했다. 그리고 각 단계마다 상극을 이루는 기본적인 갈등주제가 있고, 그리고 단계마다 주요사건이 있다.

① 제 1단계 구강기(0~18개월, oral Sensory)

　이 시기의 기본적인 갈등주제는 기본적 신뢰 대 기본적 불신(basic trust vs. basic mistrust)이며 중요사건은 수유이다. 돌보는 사람과의 관계에서 첫 번째 사랑과 신뢰를 형성해야 하고 그렇지 않으면 불신감이 발달한다. 이 시기의 경험이 일관성과 예측성 그리고 의존성을 갖게 한다.

② 제 2단계 항문기(18개월~3세, muscular-anal)

　이 시기의 기본 갈등주제는 자율성 대 수치심 및 의심(autonomy vs. shame and doubt)이며 중요사건은 배변훈련으로 자신의 행동(배변이나 보행 등)에 대하여 자율심을 갖기도 하지만 실패를 경험하면 수치심을 갖게 된다. 이 시기의 에너지는 걷기, 쥐기, 항문 괄약근 조절 등 신체의 기술을 개발하는 데 집중된다. 아이는 통제(control)를 배우면서 자율성을 갖게 되지만 조절이 안 되면 수치심과 의심이 발달한다.

③ 제 3단계 운동기(3~6세, Locomotor)

　이 시기의 기본 갈등주제는 주도성 대 죄책감(Initiative vs. Guilt)이며 중요사건은 독립이다. 이 시기의 어린이는 자신과 타인의 성기에 관심을 갖게 된다. 이성부모와 경쟁심을 느끼고 능동적인 기질을 형성시키면서 보다 고집스러워지기도 하고 주도성을 배운다. 그러나 너무 강제적이 되거나 범법자 취급을 당하면서 죄책감을 갖기도 한다.

④ 제 4단계 잠재기(6~12세, latency)

이 시기의 기본 갈등주제는 근면성 대 열등감(industry vs. inferiority)이며 중요사건은 학교생활이다. 초등학교를 다니면서 성적충동이 잠복되고 사회성을 익히는 시기이다. 학업으로 근면성을 배우고 타인과의 경쟁관계에 돌입하면서 새로운 기술을 배우고 다루면서 열등감과 실패감 및 무능감이 발달하게 된다.

⑤ 제 5단계 사춘기(12~18세, Adolscence)

이 시기의 기본 갈등주제는 자아정체감 대 역할혼돈(identity vs. identity confusion)이며 중요사건은 친구관계이다. 십대는 직업과 성 역할 및 정치와 종교에서 자아 정체감을 성취해야만 한다. 청소년 시기는 질풍노도(疾風怒濤)의 시기이며 정체성에 관한 혼돈을 경험하면서 정체성을 확립하기도 하고 극복을 못하고 혼란을 경험하기도 한다.

⑥ 제 6단계 청년기(19~40세, young adulthood)

이 시기의 기본 갈등주제는 친밀감 대 소외감(intimacy vs. isolation)이며 중요사건은 사랑관계이다. 이 시기는 사춘기가 끝나면서 성인기가 시작되는데 자신을 확립하는 시기이다. 나의 가족, 이웃, 친구, 직업, 가치관 등이 형성되면서 친밀감을 형성해야 하고 그렇지 않으면 고립감으로 고통을 받으면서 소외를 경험한다.

⑦ 제 7단계 중년기(40~65세, middle adulthood)

이 시기의 기본 갈등주제는 생산성 대 침체(generativity vs. stagnation)이며 중요사건은 양육이다. 이제 성인으로 지금까지 자아의 확립시기였다면 이제는 자아의 실현시기이다. 자신과 세계 속에서 어떻게 사느냐는 문제는 곧 생산적이냐 아니면 침체냐는 주제의 갈등을 경험한다. 그래서 후대의 자손에게서 만족하고 양육하는 방법을 찾아야만 한다.

⑧ 제 8단계 노년기 또는 성숙기(65세~죽음, maturity)

이 시기의 기본 갈등주제는 자아통합 대 절망감 및 혐오감(integrity vs. despair and disgust)이며 중요사건은 전생애에 대한 회고와 인정이다. 이제 모든 갈등이 성숙해지면서 자아 속에 통일되기도 하고 자신의 생애를 절망하고 혐오감을 느끼는 시기이다. 성숙한 사람은 자신의 모든 삶을 수용하고 죽음까지도 받아들일 수 있지만 실패하면 자신의 인생과 세상에 대하여 혐오감을 갖게 된다. 한 인생으로 살면서 충만한 자기감정의 절정을 경험하는 시기이다.

(2) 에릭슨 이론의 특징

프로이트의 생애초기 발달단계에서 전생애발달단계 이론으로 발전시킨 에릭슨의 이론은 세 가지 특징이 있다.

첫째는 단계에 근거한 이론(a stage-based theory)이다. 이것은 인간발달이 연령 순서로 올라가는 여덟 단계의 발달을 나타낸다. 한 단계가 성공적이면 그 다음 단계도 성공할 가능성이 많다. 또한 이 단계들은 연령대로 구분되었지만 반드시 심리학적으로 그런 것은 아니다. 많은 사람들의 경우 특별한 단계가 그들의 생애에 있어서 강한 영향력을 갖기도 한다. 이것을 고착이라고 하는데 어느 특정한 발달단계에서 정적인 경험을 하지 못한 사람은 평생 그 문제에 집착할 수 있다.

둘째는 양극의 단계(bipolar stages)이다. 각 발달단계는 두 개의 상극(긍정적인 것과 부정적인 것)을 가지고 있다. 에릭슨은 긍정적인 극을 힘이라 하고, 부정적인 극을 약함이라고 부른다. 중요한 것은 이 둘 사이의 비율이다. 신뢰만 하고 불신이 전혀 없으면 위험 요소가 많은 세상을 살아가는 데에 어려움이 많을 것이다.

에릭슨의 단계별로 나타나는 상극 주제는 갈등의 주제이며 서로 싸우면서 어느 한편으로 기울어져서 고착된다. 그리고 이러한 갈등을 극복하는 방안에 대해서 에릭슨은 여러 가지로 설명하였다.

셋째는 순환적 과정(a cyclical process)이다. 그는 개인적 삶보다는 세대의 순환에 초점을 맞춘다. 각 세대는 지나간 세대와 그리고 계속되는 세대와 서로 연결되어 있다. 수레바퀴가 둥글게 구르면서 또한 앞으로 나아가는 것과 같은 이미지이다.

(3) 에릭슨의 이론에 대한 평가

에릭슨의 발달단계 이론은 보다 발전된 정신분석이론이다. 그는 프로이트의 이론을 확장시켰다. 전 생애를 포함하도록 단계들을 확장했으며, 각 단계에서 사회적 요인들이 어떻게 개입되는지를 제시하였다.

에릭슨의 이론은 프로이트의 성숙 개념을 긍정적이며 보다 포괄적인 의미로 발전시켰다. 프로이트의 성숙은 억압이라는 수단으로 본능적인 충동의 방향으로 나아가지만 에릭슨은 자율성이나 주도성과 같은 보편적인 자아의 성장을 촉진시킨다.

에릭슨의 이론이 비판을 받는 것은 발달이 언제나 고정된 순서로 일어나야 하며 모든 발달의 보편성을 갖는지와 결정적 시기에 대하여 덜 포괄적이고 정적이며 경직되었다는 데 있다.

3) 피아제의 인지발달이론

피아제의 발달이론을 인지발달(Cognitive Development)이론이라 한다. 피아제(Jean Piaget, 1896~1980)는 스위스에서 출생하였으며 평생을 연구하는 학자로 살았다. 1915년 18세에 학사가 되었으며 3년 후 자연과학 분야의 박사학위를 취득하였다. 21세에는 25개의 전문적 논문을 발표하여 세계적인 전문가 중의 한 사람으로 인정받았다. 피아제는 생물학을 연구하면서 모든 생물학의 발달은 유전적인 요인의 성숙뿐만 아니라 환경적 요인에 많은 영향을 받는다고 하여 환경에 관심을 갖도록 하였다.

정신발달은 주변환경에 대한 적응과정이며 생물학적 발달의 확장이라는 입장을 갖게 되었다. 1918년 생물학 박사학위를 받고 심리학에 관심을 갖게 되면서 아동지능의 발달을 실험적으로 연구하면서 인지사고발달을 연구했다.

(1) 주요 주제

피아제의 인지발달이론(Cognitive Development)은 중요한 주제들이 있다.

① 도식(schema)

피아제는 정신도 신체구조처럼 구조를 갖고 있다. 이 정신구조가 도식이다. 도식은 개인이 환경에 대해 지적으로 적응하고 조직하는 인지적인 정신적 구조이다. 도식들을 갖지 않고 태어난 영아는 발달과 더불어 도식이 점진적으로 형성되면서 일반화되고 분화되며 성숙하고 세련되어진다.

도식의 재구성은 평형기재에 의해 동화와 조절의 반복으로 환경에 적응하는 과정을 말한다.

② 적응(adaptation)

인간이 정신적으로 새로운 환경을 만났을 때 생존을 위해 환경에 반응하는 것이다. 적응의 방식으로 일어나는 것이 동화와 조절이다.

③ 동화(assimilation)

동화는 새로운 환경을 기존의 도식이나 행동 패턴에 통합시키는 인지적 과정의 적응방식이다. 아동은 새로운 물체를 보고 자신의 기존 도식에 적응시키려 한다. 동화는 개인이 인지적으로 환경에 적응하고 조직화하는 과정에서 환경을 자신에게 변화시킨다.

④ 조절(accomodation)

조절은 새로운 자극에 대해 적용시킬 도식이나 동화될 수 없을 때 자신의 정신구조에 기존도식을 수정하는 것이다. 조절은 새로운 도식의 창조이거나 옛 도식의 수정이며 인지구조의 변화를 일으킨다. 즉 개체가 자신을 환경에 맞추는 적응방식이다.

⑤ 평형(equilibration)

새로운 자극에 대해 동화와 조절은 필요한 인지적 과정과 발달이며 동화와 조절의 상대적 양은 똑 같이 중요하다. 동화만 있고 조절이 없으면 정신발달은 몇 개의 도식만 남게 된다. 그러므로 동화와 조절을 상대적으로 균형을 이루는 평형이 필요하다.

동화와 조절 사이의 균형이 필요하고 이 균형이 평형이다. 평형은 환경과의 효과적인 상호작용을 하는데 필요한 자기-조절 기제이다.

(2) 인지발달 단계

① 감각 운동기(0-2세, sensorimotor Period)

1단계(0~1월): 반사활동이며 감정은 없고 반사와 본능의 추동적 시기이다.

2단계(1~4월): 첫 번째 변별이 일어나는데 눈이 움직이는 대상을 따라가며 자극들 간의 변별이 시작된다.

3단계(4~8월): 손이 닿을 수 있는 대상을 잡고 움직이며 시각과 촉각의 협동반응이 나타나면서 흥미 있는 사건을 재현코자 한다.

4단계(8~12월): 도식의 협동반응이 일어나면서 목적과 수단을 구분하기 시작한다. 목적을 달성하기 위해 단순한 수단을 사용하기도 하고 다른 목적을 위해서 어떤 대상을 무시하기도 한다.

5단계(12~18월): 새로운 수단을 만들고 문제를 해결하기 위해 새로운 도식을 사용하면서 보다 높은 수준의 조작을 한다.

6단계(18~24월): 표상감각운동 수준에서 표상적(表象的) 수준으로 전이되고 대상과 사건을 표상하게 된다.

② 전조작(操作)기(2~6세, preoperational period)

감각운동방식에서 개념과 표상적 방식으로 기능하는 존재로 발전한다. 이 시기에는 모방과 상징놀이로 사물과 사상을 표상하는 능력이 나타난다. 간단한 기구에 실재 기구의 속성을 부여하고 마치 실재적인 것처럼 가지고 논다. 이런 상징놀이의 본질은 모방적이며 자기표현이다.

전조작기의 명백한 발달은 구어의 발달이다. 단어에서 문장을 사용하고 문법의 규칙을 지키려고 하며 친숙한 어휘를 이해한다. 상호성과 도덕적인 감정의 출현이 나타나는 시기이다.

③ 구체적 조작기(7~11세, concrete operational period세)

이 시기는 전 조작기와 형식적 조작기 사이의 과도기이다. 이 시기에 아동의 추론 과정들이 논리적이다. 아동은 보다 더 사회적이 되면서 점점 자아중심에서 공동체와 타인을 생각하게 된다.

사고를 하는데도 서열과 유사성에 따라 대상을 군집화하는 유목화의 논리적 조작을 위한 도식이 나타난다. 원인과 공간과 시간과 속도의 개념이 발달한다. 그러나 가설적이거나 추상적인 문제들의 정확한 추론은 어렵다.

이 시기에는 사실이 아닌 것은 다 거짓말로 간주한다. 이 시기에서 10세가 되면 어떤 행위가 거짓말인지 판단하게 되는데 아직 성인의 판단과는 다르다.

④ 형식적 조작기(11세 이후, formal operational period)

추론과 논리가 발달하고 정신적 인지구조가 보다 성숙해진다. 이 단계 이상의 구조적 발달은 없다. 불완전하지만 과거, 현재, 미래의 가설적 문제와 언어적 명제를 추론할 수 있다.

이 시기에는 여러 문제의 통합과 과학적 추론과 가설 세우기가 가능하고 논리적으로 해결할 수 있다. 도덕적 추론은 감각운동기에 시작해서 이 시기에 이르러 최고수준에 도달한다.

(3) 피아제 이론의 특징

피아제 인지발달이론의 특징은 첫째로 개체의 지적발달이 유기체와 환경 간의 상호작용으로 이루어지며 환경을 강조하였다. 여기 상호작용은 생존을 위한 작용이다.

둘째는 발달의 각 단계는 이전 단계의 추론보다 우월하다.

셋째는 각 단계에서는 이전 수준에서 새로운 지식으로 통합되고 확장

된다. 이전의 도식이 파괴되거나 제거되지 아니하고 향상이다.
 넷째로 발달단계는 불변적이며 이전 단계 발달 후에 비로소 다음 단계의 발달이 이루어진다.

(4) 피아제 이론의 평가
 피아제 이론에 관한 비판은 인지적발달이 어떻게 진행되는지에 대한 기술일 뿐이며, 개인차에 관한 설명과 관심이 부족하고, 출생 이전의 인지적 발달에 관한 기술이 없다.
 피아제 이론의 공헌은 아동의 지식습득 발달에 관한 교육에 크게 영향을 미쳤으며 이로써 교사가 아동을 어떻게 이해하고 교육해야 하는지를 알게 하였다.

2. 구조로 보는 인간이해

인간의 심리를 구조적으로 이해하려는 시도가 있다. 프로이트의 인격도 구조적이다. 그러나 프로이트는 인격구조보다 발달단계를 더 강조하였다. 인격구조로 이해하려는 시도는 융의 분석심리학이다. 융의 심리학을 심층심리학이라고 표현하는 것도 그의 인격구조론을 두고 하는 말이다. 융의 인격구조는 둥근 원으로 표현해서 구조적으로 설명할 수 있다.

1) 융의 분석심리학적 인간이해

융은 인격의 구조 속에서 발달하는 인간관을 설명하였다. 아래의 그림은 프로이트와 융의 인격구조를 비교한 것이다.[18]

---

18) 권영욱, "Carl G. Jung의 개성화와 목회상담에서 전인성과의 상관성연구," 계명대학교, 박사학위논문, 2005.

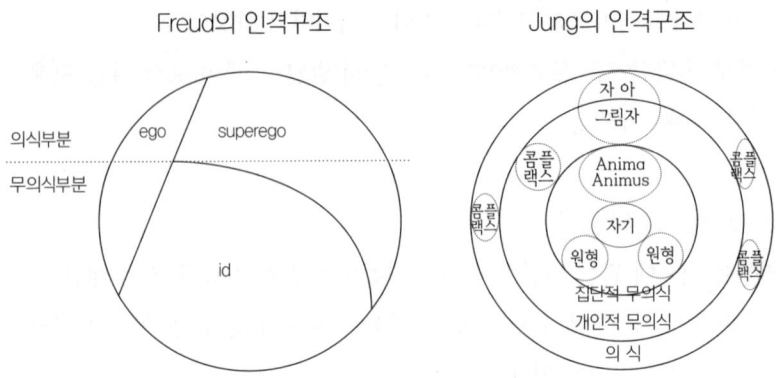

그림 1 Freud와 Jung의 인격구조(Structure of Personality)

융(Carl Gustave Jung, 1875~1961)은 스위스에서 출생한 정신과 의사이며 체험을 바탕으로 하는 분석심리학자로 살았다. 그의 심리학을 프로이트의 정신분석 심리학과 달리 심층심리학이나 분석심리학이라고 부른다.

융은 유년시절에 오랫동안 입원한 어머니의 부재로 사랑과 여성에 대한 불신감을 갖게 되었고 아버지에게는 신뢰하면서도 무력감을 경험한다. 그는 어린시절 자신을 맡아서 양육하던 하녀로부터 친숙감을 느끼면서 자신의 여성상인 아니마(Anima)의 측면을 제공받았다. 열두 살 때는 뮨스터 광장에서 다른 소년으로부터 얻어맞고 쓰러진 후 발작증세를 경험하면서 학교를 쉬기도 했지만 그로부터 노이로제를 배웠다.

융은 어느 화창한 봄날 신의 황금 옥좌로부터 나오는 배설물이 화려한 교회지붕으로 떨어지는 환상을 보면서 종교로부터 자유하는 삶을 살게 된다. 의학을 공부하고 의사 수련을 받던 여름 방학 중에 할머니가 혼수감으로 가져온 둥근 식탁의 나무가 쪼개지고 조리대 서랍 속의 칼이 부러지는 것을 보면서 영매의 경험도 하였다. 이러한 사건들은 융이 철학을 지양하고 심리적 관점으로 인간의 객관적인 사실을 경험하는 계기가 되었다. 그리고 아무것도 말할 수 없는 그런 현상을 통하여 현실 외에 보이지 않는 세계를 경험하고 연구하게 된다.

취리히 대학을 졸업하고 부르크 휠즐리의 정신과 의사 수련기에는 정신병에서 무엇이 일어나고 있는지에 관한 의문을 갖게 되었다. 이 당시 융에게 가장 많은 영향을 주었던 프로이트를 만났다. 1909년 프로이트와 함께 미국을 여행하면서 꿈의 분석을 통하여 성숙하고 경험 많은 인격적 관계를 맺게 된다. 그러다가 융은 프로이트와 결별하게 되는데 근친상간에 대한 견해와 리비도(libido)의 개념들이 프로이트와 구별되었기 때문이다. 융은 인간정신의 원동력인 리비도가 프로이트에게 있어서 지나치게 성충동 중심임을 알고 거부한 것이다. 많은 신화에서도 프로이트는 글자 그대로 해석에 집착했으나 융은 그런 것을 받아들이지 못했으며 이로써 프로이트와 다른 독자적인 정신분석학자의 길을 걸으면서 꿈의 분석가가 되었다. 프로이트의 무의식이 성충동 중심인데 비하여 융은 무의식을 자체의 조절 기능을 갖춘 창조적 정신에너지로 보았다.

제1차 세계대전이 끝날 무렵부터 융은 만델라(mandala)에 관심을 가지게 된다. 1918년과 19년에 피억류 영국인 수용소의 지휘자로 있으면서 매일 만델라를 그리고 자신의 정신적 변화를 관찰한다. 만델라를 통하여 영원한 심성의 재창조를 깨닫기 시작하였으며 이것이 바로 자신이며 인격의 전체성임을 발견하게 되었다. 그리고 만델라를 통하여 자신의 전(全)존재가 활발히 작동하고 있음을 보면서 개성화에 관한 연구를 하게 된다.

융은 자신의 생애가 무의식을 실현한 역사라고 하였다. 그리고 자신의 생애를 가장 개성적이며 신화로 묘사하였다. 이것은 무의식의 모든 것이 사건이 되고 현상으로 나타나며 체험된다는 것이다.[19] 그는 끝없는 도전

---

19) Aniela Jaffé, *Memories, Dreams, Reflections by C. G. Jung*, Richard and Clara Winston Translated (New York: A Division of Random House, 1989), 3.

과 노력의 결실로 얻은 분석심리학의 사상으로 인류 역사와 문화에 공헌하였다. 융의 분석심리학은 인간의 정신적 문제가 어떤 절차와 논리로 분석되고 이해될 수 있는지에 관한 유산을 남겨주었다.

(1) 융의 심층심리학

프로이트와 구별되는 융의 심리학은 경험심리학이며 인간의 마음을 다루는 심층심리학이다. 이것은 그의 심리학이 인간의 심혼(心魂, seele)을 다루고 있으며, 그래서 융의 심층심리학은 영혼이 있는 심리학이라고 불려진다.

혼이 있다는 것은 인격구조의 심층에 혼이라고 부를 만한 자아를 초월하는 신성하고도 강렬한 힘이 작용하고 있기 때문이다. 융은 이 신성한 힘을 누미노제(Numinose)라고 불렀다. 누미노제는 항상 자아를 초월하는 정신의 자율성으로 끊임없는 작동을 한다.

(2) 인격구조

융 심리학의 인격구조(structure of personality)를 둥근 공으로 표시할 때 세 개의 층으로 구분할 수 있으며 밖으로부터 안으로 의식, 개인적 무의식, 집단적 무의식의 층을 이룬다. 그리고 의식층에는 자아가 있고 페르소나(persona, 희랍에서 연극배우들이 쓰던 가면을 뜻하는데 여기서는 융이 사용했던 것처럼 페르소나라는 용어를 그대로 사용한다) 개인적 무의식에는 그림자(Shadow)가 있다. 더 깊은 심층의 집단적 무의식 속에는 심리적 이성(異性)인 남자에게는 여성성(Anima)이 있고 여자에게는 남성성(Animus)이 존재하고 있다. 그리고 심층의 가장 깊은 곳에는 자기(Self)가 있다. 또한 의식과 무의식 층에는 콤플렉스(complex)로 이루어져 있는데 집단 무의식을 구성하는 콤플렉스를 원형이라고 부른다.

① 의식

융 심리의 인격구조를 이해하려면 의식과 무의식을 구별해야 한다. 융에게 있어서 의식은 심리의 대부분을 차지하고 있는 무의식과 달리 자아의 통제 아래 있으며 외부 세계에 관한 감각과 지각의 산물이다.[20] 그러므로 의식은 내가 알고 있고 있는 모든 것이며 외부세계의 창구이다. 융의 인격 구조가 상대적인 의식과 무의식으로 구성되어 있으며 무의식을 바다라고 한다면 의식은 작은 섬이다. 의식의 작은 이 섬은 정지되어 있는 실체가 아니라 항상 무의식의 내용을 의식함으로써 인격을 확대하고 시야를 팽창시키면서 무의식과 대립하고 정신적 사실의 총화를 이룬다.[21]

융은 의식이 무의식을 낳는다는 프로이트와는 달리 의식은 무의식에서 유래된다고 하였다.[22] 의식은 무의식의 산물로서 연구대상이며 무의식에 대한 접근도 의식을 통해야 한다.[23] 융에게 있어서 의식은 진정한 개인과 인류가 되기 위한 전제조건이며 정신과정의 산물이다.[24] 잠재의식도 무의식과 같은 개념으로 보지는 않는다. 그러나 정신적 무의식의 에너지로 본다는 의미에서 프로이트의 전의식과 같은 개념이다. 프로이트는 모든 것이 의식으로부터 분리된 것은 아니며 억압된 것이라고 할지라도 어떤 연결고리의 삽입이 있을 때 의식에 편입될 수 있다고 하였다.[25]

---

20) Mary Ann Mattoon, *Jungian Psychology in Perspective* (New York: The Free Press, 1981), 22.
21) Carl G. Jung, *Collected Works*, Vol. 7, *Two Essays on Analytical Psychology* (New Jersey: Princeton University Press, 1972), 156. Hereafter abbreviated as C.W.
22) Sigmund Freud, *The Standard Edition of the Complete Psychologycal Works of Sigmund Freud, Vol. 19, The Ego and the Id and Other Works* (London: The Hogarth Press, 1961), 15. Hereafter abbreviated as S.G.
23) Wallace B. Clift, *Jung and Christianity: The Challenge of Reconciliation* (New York: Crossroad, 1982), 16.
24) Andrew Samuels, Bani Shorter and Fred Plaut, 융분석비평사전, 민혜숙 옮김 (서울: 동문서, 2000), 61.
25) Sigmund Freud, *S.F.* Vol. 14, 149.

유형론

의식에 있어서 개인과 외부 세계의 관계를 설명하는 것이 융의 유형론이다. 의식의 차원은 두 가지 태도와 네 가지 정신 기능의 유형이 있다. 이들은 인간의 판단을 결정하고 제약하는 의식의 차원이다.

두 가지 태도는 내향적 태도유형과 외향적 태도유형이며, 네 가지 기능들은 사고, 감정, 감각, 그리고 직관기능이다. 여기서 사고와 감정은 합리적 기능이라 하고, 감각과 직관은 비합리적 기능이라 한다. 그리고 이들 기능들은 서로 상극을 이루어 대립한다. 합리적이라 함은 판단 과정이 이치에 맞도록 합리적인데 비하여 비합리적은 이성적 고려를 거치지 않기 때문이다.

내향적이고 외향적인 태도의 구별은 주체와 객체에 대한 태도이다. 그 사람의 심리적 에너지의 태도가 객체를 주체보다 중시하면 외향적 태도를 취하는 것이며 반대로 객체보다 주체를 중시한다면 내향적 태도이다. 태도는 전 생애를 통해서 일어나게 디고 외향형이 될 수 있으면 외부를 지향하고 내향형은 될 수 있으면 안으로 간직하고자 주체를 향하게 된다.

융의 네 가지 심리기능은 의식의 차원과 범주에 속하지만 그렇다고 의식적인 모든 차원을 설명하지는 않는다. 이 네 가지 기능의 감각은 지각과도 같으며 직관은 무의식적 방법으로 의식을 유도하는 본능적이며 사고는 주어진 관념을 법칙에 따라 연관시키는 기능이고 감정은 자아와 주어진 내용과의 사이에서 일어나는 가치를 부여하는 기능이다. 사람은 누구든지 이런 기능들의 전부를 가지고 있으면서 그 정도는 다르다. 그래서 어느 특정한 기능들이 우세한 경향을 가지고 있어서 확연히 구별되는 사람도 있지만 경향성이 뚜렷하지 못하여 구분이 잘 안 되는 사람들도 있다.

페르소나(persona, 가면)

융의 의식에 있는 페르소나는 고대의 배우가 쓰던 가면을 뜻하는 라틴어이며 환영할 수 없는 개별적인 성격의 부분을 희생시키고 집단이 요구하는 가치관이나 행동규범에 대하여 스스로 만들려는 이상적인 상이다.[26] 그러므로 페르소나는 외부세계를 향한 일반적인 심리적 태도이며,[27] 한 개인이 사회 안에서 자신의 역할을 수행하고자 쓰는 가면으로 집단정신에서 나온 것으로 개별적이기보다는 사회적이며 보편적인 것이다. 페르소나는 다른 사람들과 집단의 요구에 자신의 역할을 위한 것이며 자신의 개별성을 감추기 위한 가면이다.

페르소나는 자신을 이 세상과 사회에 나타내는 일종의 방어기제이다. 사람들은 여러 가지 상황에 따라 적응하는 방식과 체계의 서로 다른 가면을 쓰게 된다.[28] 페르소나는 그 기능이 자신과 외부세계를 연결하는데 있으므로 초점은 항상 외부세계의 기대치에 맞추어진다. 그래서 나의 개성과 다른 사람과의 중재자이며 타협자이기에 사람마다 살아가는 방식의 페르소나를 가지고 있다.

페르소나는 개인과 사회 사이에서 생긴 타협의 산물이다. 그러므로 페르소나는 2차원적인 실재이다. 그것은 본인의 개성과는 다른 것이고 자신보다는 사회와 집단의 요구로 생긴다. 페르소나가 2차원적인 실재라고 했을 때 그것을 구축하기 위해서는 자신의 역할을 하는 안전보장책으로서의 보상적인 측면이 있지만 다른 한편으로는 진정한 자기의 희생을 의미한다. 페르소나가 타협의 산물이라고 할지라도 본래의 개성이 존재하지 않는 것은 아니다. 고유의 선택과 정의에서 이미 개인적인 것이 존재하고 있으며, 집단적 소재와 더불어 개성의 요소가 의식에 공급되는 것이 페르

---

26) Carl G. Jung, *Collected Works*, Vol. 7, *Two Essays on Analytical Psychology* (New Jersey: Princeton University Press, 1972), 157. Hereafter abbreviated as C.W.
27) Jolande Jacobi, *The Psychology of C. G. Jung: An Introduction with Illustrations* (London: Routledge & Kegan Paul Ltd., 1968), 26-27.
28) Wallace B. Clift, *Jung and Christianity: The Challenge of Reconciliation* (New York: Crossroad, 1982), 18.

소나이다.²⁹⁾ 그런 의미에서 융은 페르소나를 갖지 못한 사람은 원시인에 불과하다고 했다.³⁰⁾ 원시인은 그 누구와도 타협할 사회생활이 없기에 집단적 삶을 위해 자신을 감추거나 드러낼 필요가 없었다.

사람은 여러 개의 페르소나를 익히고 배워서 번갈아 쓰면서 상황과 집단의 요구에 대처하며 적응한다. 페르소나를 외부환경과 적응하는 수단이기에 외적인격이라고 부른다. 이러므로 융의 페르소나는 개성이라기보다는 인격적 구조의 주체가 아닌 객체이다. 오로지 집단적 요구에 적응하기 위한 기능적 콤플렉스로 이해해야 한다. 여기서 페르소나를 인격구조론에 포함시켜서 연구하고 서술한 것은 개성화의 첫 번째 과정으로 의식적 부분의 개발과 발달을 이루기 위한 태도와 기능유형과 함께 의식의 내용들을 이해하기 위함이다.

자아(self)

의식의 영역에는 자아가 있다. 자아는 의식의 중심에 위치하고 있으며 의식을 통솔하고 무의식까지도 관계를 맺을 수 있는 특수한 콤플렉스다. 그래서 자아콤플렉스라고 부르기도 하고 자아의식이라고도 한다. 자아는 모든 의식과 연관되어 있어서 영역을 넓히고 좁히기도 하며 무의식의 작용을 받거나 거부하기도 한다.³¹⁾ 그러므로 자아는 무의식의 의식화를 통하여 끊임없이 그 영역을 확대하고 변화시킨다.

인간은 세상에 태어날 때 무의식 상태에 있으며 그로부터 자아가 시작되고 성장한다. 자아는 점차적으로 높은 의식수준에 이르기까지 성장하고 발전한다. 의식의 영역은 넓어지고 무의식과 대립하면서 긴장 관계를 형성하게 되는데 집단사회가 요구하는 생활의 규범인 가면을 배우고 쓴다.

---

29) Carl G. Jung, *C.W.* Vol.7. 158.
30) Carl G. Jung, *C.W.* Vol.7. 201.
31) Mary Ann Mattoon, 24.

의식은 자아를 통해서 지각되며 기억되지 않은 모든 것은 무의식의 내용이다. 무의식은 깊고도 넓은 바다와 같으며 의식은 이 바다의 작은 섬이다. 그리고 자아는 이 의식을 다스리는 우두머리이다. 결국 자아는 외부의 의식세계와 관련을 맺고 적응하면서 안으로는 무의식의 내용들을 인식하고 의식화해야 한다. 그래서 자아는 무의식의 의식화로 자기를 실현하려는 개성화에 있어서 필수 조건이다.

② 개인적 무의식

융에 있어서 무의식은 개인적 무의식과 집단적 무의식의 영역으로 구분된다. 개인적 경험이 망각되고 억압하여 잠재되어 있는 개인적 무의식이다.[32] 프로이트의 무의식은 인격 가운데 억압되어 있는 것으로 의식화 할 수 있는 부분과 의식의 식역치에 이르지 못하는 심리적 요소들을 말한다. 이들은 분석으로 의식화할 수 있는 부분이다. 그러나 융에 있어서 무의식은 비활동의 상태이며 정지되어 있는 것이 아니라 그 내용을 모아서 재편성하는 작용을 계속하는 것이다.[33] 융은 개인의 유아적 경험이 억압된 저장소로 보았던 프로이트와 달리 더 객관적인 정신적 활동의 장소로 보았고 창조적으로 개인과 인류에게 도움을 주는 기능을 하는 것이 무의식이다. 그리고 인격구조 안에서 독특한 위치를 가지고 있으며 그 범위에 있어서 의식과 가까운 것이 개인적 무의식이다.

개인적 무의식은 개인이 살면서 체험된 것들이 망각되고 억압되어 저장된 것들이다. 융은 이것을 콤플렉스(complex)라고 불렀다. 개인적 무의식은 인간이 세상에 살면서 적응하는 삶의 무수한 경험들이 무의식의 한 부분으로 남게 된 것이다.[34] 이것은 인간이 태어난 후로부터 이루어진 개

---

32) Jolande Jacobi, *The Psychology of C. G. Jung.* 30-32.
33) Carl G. Jung, *C.W.* Vol. 7. 127-128.
34) Wallace B. Clift, *Jung and Christianity: The Challenge of Reconciliation* (New York: Crossroad, 1982). 37." "

인적 경험의 산물이면서 없어지지 아니하고 언제든지 의식화가 될 수 있는 가능성도 있다.

프로이트의 무의식은 원욕, 자아, 초자아를 포함하는 구조이지만 융의 개인적 무의식은 의식의 역에 도달하지 않은 내용들을 포함한다.35) 그러므로 무의식은 아직 의식되지 않은 내용이며 자아의 통제 밖에 있다. 정신장애의 증세들은 무의식의 기능이 제대로 발휘할 수 없게 될 때 나타나는 부작용이다. 무의식에는 무한한 가능성으로 향하는 에너지가 저장되어 있으며 생명의 원천으로서 창조적 가능성을 지니고 있다.36) 그래서 인생의 중대한 결단은 의식적이고 합리성보다 본능이나 무의식적 요소들과 관계를 갖는다. 사람들은 인생의 중요한 사태를 만나거나 중대한 의사결정의 필요성이 있을 때 의식보다는 무의식에 의존하게 되고 개인적 무의식은 집단적 무의식을 의존하게 된다.

그림자(shedow)

개인적 무의식에는 그림자가 있다. 이 그림자는 개인적인 특성과 잠재력의 복합체이며 자아로부터 배척되어 무의식에 억압된 열등성과 약점으로 인격체에서 가장 어두운 면이다. 그러나 전적으로 부정적인 것은 아니며 긍정적이고 잠재성이 발휘되지 못하여 무의식 속에 저장되어 있는 것들도 있다.37) 이 그림자는 의식에 가까이 있는 무의식의 내용이기에 무의식의 의식화 과정에서 가장 먼저 일어나는 심리적 작용이다.

그림자를 아직 살아 있지 못한 무의식 속에 억압된 측면만으로 보는 것은 오해이다. 그림자는 무의식 속에 억압되어 고정되거나 죽은 실체가 아

---

35) Mary Ann Mattoon, 23.
36) J. Jacobi, *The Psychology of C. G. Jung*, 8.
37) Wallace B. Clift, *Jung and Christianity: The Challenge of Reconciliation* (New York: Crossroad, 1982), 21.

니라 항상 살아있는 이미지이다. 그래서 그림자는 무의식의 저장고에 쌓인 보물이 될 수도 있고, 독이 될 수도 있다. 살아있는 그림자를 부단히 의식화 하고 통합해서 그 영역을 넓히는 것이 무의식의 Shadow를 실현하는 개성화이다. 그렇지 않고 분리되어 있으면 그 상태가 정신적인 분열현상으로 나타나게 된다.

그림자가 개인적 무의식에 억압되어 있으면 낮고 저급한 것들로서 의식화하는데 크게 어렵지는 않을 것이다. 또 그것은 크게 해롭지도 않는 것이다. 그러나 집단적 무의식에 저장된 그림자는 원형적이기에 개인의 의식이 수용하는 데는 한계가 있을 뿐만 아니라 파괴력을 가지고 있다.[38] 개인적 무의식에 저장된 그림자와 집단적 무의식에 존재하는 그림자를 인식하고 의식화하는 데는 그만큼 다른 노력과 인식의 절차를 필요로 한다.

그림자는 투사로 경험되는데, 이것은 무의식적이며 자동적인 과정이다. 그림자가 집단에서 투사되는 경우도 있는데 소수집단이나 특정 집단에 대한 차별에서 나타난다.[39] 무의식의 내용이 투사되어 어떤 대상에 전이되고 의식화 될 때 이것이 외부의 어떤 것이 아니라 자기에게 속해 있는 것이라는 사실을 깨닫게 되고 투사는 종결된다.

③ 집단적 무의식

융은 프로이트의 리비도(libido)가 지나치게 성본능 에너지라는 학설을 거부하고 독자적인 학문의 세계를 이루었다. 인간의 무의식이 프로이트의 지나친 성적 충동만으로는 설명할 수 없으며 그 자체의 조절 기능을 구비하고 있는 집단적 무의식과 원형학설을 주장하였다. 프로이트는 인과론적 결정론으로 현재의 정신장애는 어린시절 외상에서 결정된다고 하였지만 융은 인과적 결정론에서 나아가 미지의 무엇이 다소간 정신을 사로잡

---
[38] 이부영, 그림자 (서울: 한길사, 2004), 81.
[39] W. B. Clift, *Jung and Christianity*, 21.

는 상태라고 하였다. 즉, 타고난 심리적 성향 속에서 나중에 나타날 징후의 요인이 있다고 하였다.[40] 그래서 프로이트가 철저하게 개인적 무의식을 강조했다면 융은 집단적 무의식과 그것의 중심을 이루고 있는 원형을 강조하였다.

집단적 무의식은 개인적 무의식과는 달리 개인의 경험이나 습득에 의한 것이 아니다. 결코 의식에 존재한 적이 없고 개인적으로 습득된 적이 없이 오로지 유전으로 존재하는 것이다.[41] 이는 개별적으로 발전하는 것이 아니라 상속된 것이며 태어날 때부터 갖추어져 있는 가장 보편적이며 원초적인 행동의 유형으로 인류가 태초로부터 얻은 모든 경험의 침전이며 선험적인 틀이다. 집단적이라는 것은 개인적이 아닌 일반적이며 모든 개인에게서 나타나는 똑같은 내용과 행동의 양식을 가지고 있기 때문에 붙여진 이름이다.[42]

집단적 무의식은 생존 과정에서 생긴 모든 정신적 유산과 가능성의 저장고이다. 이것은 개인들의 두뇌조직 속에서 새롭게 태어나는 것이며 본능적인 힘의 원천이다. 그래서 융의 집단적 무의식은 프로이트와 달리 의식과 무의식의 전체정신을 실현시키며 인간을 성숙케 하는 창조적인 원동력이 될 수 있다.

개인적 무의식의 내용이 콤플렉스인데 비해 집단적 무의식의 내용은 먼저 존재하는 형식이며 원형들이다.[43] 이는 행동 유형의 원천이며 개인의 정신 속에서 경험되는 독특한 것으로 심리구조 안에 있는 신의 형상과 같은 것이다. 그래서 원형의 다른 표현은 신화와 민담이며 이들은 오랜 시간 동안 받아들여진 독특한 형태들이다. 아직도 의식의 가공을 받지 않은 집

---

40) Andrew Samuels, Bani Shorter and Fred Plaut, 융분석비평사전, 민혜숙 옮김 (서울: 동문서, 2000), 201.
41) Carl G. Jung, *C.W.* Vol. 9-1, 42.
42) Carl G. Jung, *C.W.* Vol. 9-1, 3.
43) Carl G. Jung, *C.W.* Vol. 9-1, 43.

단적 표상이며 본질적으로는 무의식의 내용이다. 이것이 의식화되고 지각되므로 나타나며 일어나는 것이 개성화의 과정이다.[44] 원형이 무의식의 내용에서 의식화 되고 지각된다는 것은 결국 원형은 무한히 발전하고 분화할 수 있다는 말이다. 그래서 원형이 집단적 무의식의 내용으로 침전된 채 미분화된 상태로 머물러 있지 않도록 개성화의 노력이 있어야 한다.

융의 초기 심리학은 콤플렉스 심리학이라 한다. 프로이트를 만나기 이전에 단어연상실험을 이용하여 콤플렉스라고 부르는 정신현상을 발견하였기 때문이다. 융의 심리학을 분석심리학이라고 부르는 것은 프로이트의 정신분석학과 구별하기 위함이다. 콤플렉스는 감정적인 음조나 신비적인 의미를 지닌 연상이나 연상된 의미의 집합이며 융은 연상된 단어들은 억압된 것으로서 무의식에서 분리되어 나온다고 보았다.[45] 그래서 정신현상의 움직이는 원동력인 리비도를 생의 본능이나 죽음의 본능으로 명확하게 구분하지 않고 중립적인 개념의 정신적 에너지로 파악하였다.

융의 원형을 집단적 의식과 혼동해서는 안 된다. 문화적 전통으로 사용되고 있는 집단적 의식으로 교육이나 정치적 이념에서 구성된 남녀칠세부동석이나 삼강오륜 등은 유교를 통하여 전승된 문화적 전통이며 집단이 공유하는 관념이지 원형은 아니다.[46] 그래서 문화적 전통으로 전승된 집단의식이나 민족의식은 융에게 있어서 집단적 무의식의 원형이 아니며 무의식과 그 구성요소인 원형은 민족과 문화를 초월하는 것이다.

심리적 이성(anima, animus)

집단적 무의식에는 심리적으로 이성인 아니마와 아니무스가 있다. 아니마와 아니무스는 성(性)에 대한 대칭적이며 상호보완적인 기능이다. 아니

---

44) Carl G. Jung, C.W. Vol. 9-1. 5.
45) W. B. Clift, *Jung and Christianity*, 20.
46) 심상영, 한국교회의 영적성장을 위한 융의 분석심리학 (서울: 쿰란출판사, 2001), 101.

마는 남성의 집단적 무의식 속에 있는 심리적 여성상이며 아니무스는 여성의 집단적 무의식 속에 있는 심리적 남성상이다. 페르조나를 외적 인격으로 부르고 아니마와 아니무스는 내적이라 한다.

아니마와 아니무스 라틴어 아니마레(animare)에서 인용하였는데 '활기 있는 것'을 의미한다. 아니마는 독일어로 젤레(Seele, 심령)를 뜻하며, 아니무스는 가이스트(Geist, 심혼)이다. 이들은 마음속의 혼과 같은 것으로 의식을 초월하며 자율성을 지닌 독립된 인격체와 같다. 그래서 융은 독일어의 젤레와 가이스트가 너무나 막연한 용어이기에 무의식의 극적인 심리적 사실을 표현하고자 아니마와 아니무스라는 용어를 채택하고 그대로 사용했다.

그는 이것을 내적 인격이라 불렀으며 사회에 적응하는 가운데서 형성된 외적 인격인 페르소나와 대응하는 무의식적 인격이라 하였다.[47] 아니마와 아니무스가 내적 인격으로서 남성적이고 여성적인 속성을 가진다고 하여 이것이 바로 전통적인 여성관이나 남성관을 뜻하는 것은 아니다. 아니마와 아니무스는 인류역사 속에서 남자의 인격 속에 조상대대로 침전한 여성에 관한 체험과 여자의 인격 속에 남성에 관한 체험의 침전이기에 근본적으로는 유전적이며 무의식적이다. 그래서 남성은 아니마의 도움으로 여성의 본질을 파악하게 되고 여성은 아니무스의 도움으로 남성의 진정한 모습을 깨닫는다.

자기(self)

집단적 무의식의 심층에는 자기가 있다. 융의 자기는 자아보다 크고 의식과 무의식을 포함하는 전체정신이다.[48] 자기는 의식을 통솔하는 자아와

---

47) Carl G. Jung, *Aion*, 29-30.
48) Mary Ann Mattoon, 31.

달리 무의식의 심층에 있다. 자기는 그 사람의 전체정신을 발휘할 수 있는 원동력이며 개성적이라고 부르는 운명적 연합의 완벽한 표현이며 삶의 목표이다.[49] 자아는 페르소나를 구별하고 전체정신의 중심인 자기를 향해 나아간다. 자아가 무의식을 의식화할 때 자기실현이라 부르는 개성화가 이루어지는 것이다. 그러므로 의식의 자아만 보고 살면 무의식 속의 자기를 보지 못하는 반쪽 인생을 살게 된다. 무의식의 심층에 있는 자기는 전체가 되도록 작용하고 자극하는 무의식의 원형이다.

자기는 의식과 무의식 전체를 포함하는 모든 정신현상으로 전체 인격의 통일성과 전일성이다.[50] 자아만이 아니라 무의식의 내용들까지도 전체를 이룬 하나된 정신현상이다. 그래서 자기의 실현은 의식과 무의식이 하나로 통합되고 전체를 이룬 것이다. 그럼에도 불구하고 끝없는 바다에 비유된 모든 무의식을 의식화할 수 없으므로 전체를 실현해 가는 것이며 온전한 개성화의 목표를 다 이룰 수 없기에 개성화의 과정 속에 살고 있는 것이 인생이다.

융의 자기는 긍정적인 면과 부정적인 면을 갖고 있다. 이 정신은 대극으로 이루어지며 대극의 긴장과 갈등과 통합의 과정에서 진행된다. 그래서 무수히 많은 대극의 합일과 융합의 상징으로 표현된다.[51] 대극의 합일과 융합이라는 것은 자기가 대극으로 이루어진 단일성이라는 것이다. 밝고 어두운 면을 함께 포함할 때 비로소 전체라고 할 수 있듯이 자기는 이렇게 대극의 합일과 융합으로 전체정신을 실현하게 된다.

---

49) Carl G. Jung, *C.W.* Vol. 7, 239-240.
50) Mary Ann Mattoon, 31.
51) 이부영, 자기와 자기실현: 하나의 경지 하나가 되는 길 (서울: 한길사, 2003), 59.

3. 인본주의 인간이해

제2차 세계대전이 종전되면서 1940년대 중반 이후 독일학자들이 미국으로 이주하여 미국과 다른 유럽의 심리학을 전파하였다. 이후 1960년대에 이르러서는 인간의 긍정적 욕구를 강조하는 인본주의가 심리학에서 생동하게 된다. 인본주의 인간이해는 인간의 건강하고 잠재성과 가능성의 내면을 강조하는 인간본위의 심리학이다.

심리학의 제1세대라고 불리우는 정신분석심리학은 인간을 정서적 불구자로 이해하고 폐쇄적이고 결정적인 인간론이다. 여기에 비해 제2세대 심리학으로 불리는 행동주의 심리학은 인간의 행동을 알고자 동물을 대상으로 실험하면서 인간을 분류하고 개인의 특성을 자료로 삼으면서 맹목적인 로봇과 같은 인간이해를 한다. 이러한 심리학에 불만을 품은 학자들이 건전한 인간은 충동에 의해 좌우되는 나약한 존재가 아니라 자신의 삶을 선택하고 결정하는 자유로운 존재이며 가치를 추구하는 존재로 보는 새로운 인간이해를 바탕으로 하는 심리학이 태동한 것이다. 이 제3세력의 심리학 중심에 아브라함 마슬로우가 있다.

1) 마슬로우의 인본주의 심리학

마슬로우(Abraham Maslow, 1908~1970)는 뉴욕에서 평생 심리학자로 살았다. 비유대인 지역에서 유대인으로 고독하게 자랐다. 그는 세계 제2차대전을 겪으면서 평화를 위한 인류의 가능성을 연구하였다. 캐나다 켈커타에서 인디언 부족과 한 여름을 함께 하면서 인간의 공격성은 유전의 결과라기보다 문화의 결과라는 확신을 갖게 된다. 이들 총인구 800명은 15년 동안 다섯 번의 주먹다짐 외에 싸움이 없었던 부족이다. 여기서 마슬로우는 인간의 본성 내면에는 잠재된 위장이나 공격성은 없다고 하였다. 모든 인간은 그 내면에 무한한 가능성을 잠재하고 있다. 그리고 누구든지 선을 추구하고자 하는 위계적 욕구를 갖고 있다. 이러한 인간중심의 그의 심리학을 인본주의적 심리학(humanistic psychology)이라 한다.

마슬로우의 인본주의 심리학을 제3세력의 심리학이라 부른다. 이는 제1세력의 심리학인 프로이트 학파와 제2세력의 행동주의 심리학을 거부하고 인간중심의 새로운 심리학을 강조하였기 때문이다.[52] 그는 신경증환자를 중심으로 연구하면서 인간의 성격이 유아기에 결정된다는 결정적이고 폐쇄적인 인간관의 정신분석 심리학과 동물실험실에서 인간행동을 연구하는 행동주의 심리학으로 궁극적으로 인간의 가치를 경험하지 못할 것이라는 결론을 내렸다.

2) 인본주의 심리학의 인간이해

마슬로우는 인간을 무한한 가능성을 가진 존재로 본다. 누구든지 무엇인가 될 수 있는 낙관적인 인간의 본성론을 제시하면서 고귀한 인간성을 충분히 발휘시킨 인간상을 묘사하였다. 그래서 마슬로우의 인간중심의 심리학을 인본주의 심리학이라 한다.

(1) 잠재된 가능성의 자아실현

인간은 건강한 성장(wholesome growth) 과정을 통하여 실재가 되는 가능성을 소유한다고 전제하는 것이 마슬로우의 자아실현(self-actualization) 인간관이다.[53] 마슬로우의 자아실현은 궁극적 자아를 실

---

52) 박아청, Maslow 자아실현의 심리 (서울: 교육과학사, 1999), 9-10.
53) Frank G. Goble, *The Third Force: The Psychology of Abraham Maslow* (New York: Grossman Publishers, 1970), 50.

현 달성할 수 있는 가능성과 잠재성을 인간이해이다. 인간은 본성적이며 선천적으로 위대한 가능성을 가지고 있기에 때로 연약하고 억압이나 유혹에 쉽게 굴복하기 쉬운 공통적이고 개인적인 특성을 갖고 있지만 그래도 성장하고 성숙한 자기를 실현하는 인간됨의 가능성을 가지고 있다.

마슬로우의 자아실현은 이론상 양면성을 갖고 있다.

첫째는 내면에 잠재된 사랑과 이타성을 핵심으로 하는 개인적인 특성을 실현하고 발휘하는 것이 자아실현이다.

둘째는 인간의 내면에는 질병과 신경증과 상실의 기본적 성질을 갖고 있다. 그러나 이러한 부적인 면을 감소시키면서 내면의 적극적이고 정적인 내용을 개발하고 온전하게 표현하는 자아실현이다.

인간은 자아실현이라는 궁극적인 목표를 이루기 위하여 본성적으로 가능성을 갖고 있으며, 이 욕구는 기본적으로 선한 것이 인본주의 심리학의 잠재된 가능성의 자아실현론이다.

(2) 위계적 동기의 인간

마슬로우의 인간은 욕구를 가지고 있다. 그 욕구는 위계적이다. 위계적 욕구는 크게 다섯 가지로 정리한다.

첫째는 신체적이며 생리적이고 인간생존의 기본적인 욕구이다. 존재에 관한 요구 사항들로 공기를 마시고 물을 마시면서 수분을 섭취하고 음식을 먹고 주거지를 정하고 수면과 성생활을 중심으로 하는 욕구들이다.

둘째는 안전과 안정에 관한 욕구이다. 인간은 생존에 관한 기본적 욕구가 충족되면 안전을 갈망한다는 것이다. 지키고 싶고 보다 안전하게 유지하고 싶은 욕구이다. 먹고 살만하면 담을 치고 울타리를 만들어 온 것이 인간의 역사이다.

셋째는 사랑과 소속감에 관한 욕구이다. 자신의 것을 지킨다고 싶으면

이젠 어디엔가 소속이 되어 활동하고 싶어진다. 이제 과거의 경험을 되살려서 동창회나 계모임을 주선하기도 하고, 자신의 취미나 생활과 관련된 여타 그룹에 소속이 되어 활동하게 된다.

넷째는 자존감에 관한 욕구이다. 이제는 다른 사람들로부터 인정받고 싶고 자신의 특성이나 핵심을 발휘하고 싶은 욕구이다.

마지막 다섯 번째는 자아실현의 욕구이다. 인류애라는 원대하고 큰 사랑과 이타심의 욕구이다. 그러나 인본주의 심리학자들에 의하면 다섯 번째 욕구를 실현한 사람들은 인류의 위대한 성현들에 불과하다고 한다. 그러면 모든 인류는 어쩌면 하위 단계의 욕구에 붙잡혀 사는 것이다.

마슬로우의 다섯 가지 욕구를 결핍욕구와 성장욕구의 두 가지로 나누는데 결핍욕구를 기본욕구라고 한다.

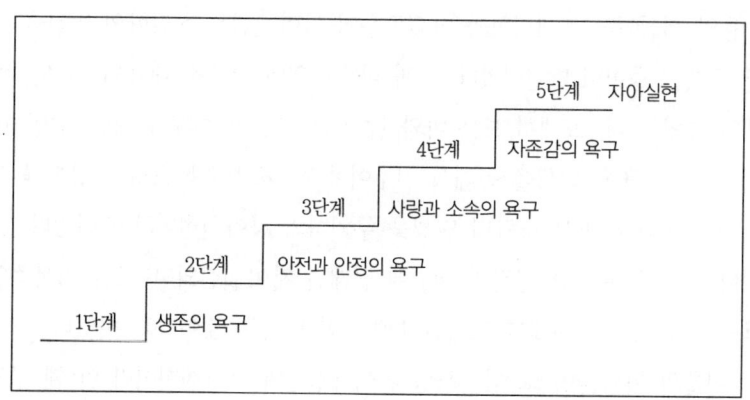

그림 6 Maslow의 위계욕구

(3) 절정경험의 인간

모든 인간은 생활에서 특별히 즐겁고 흥분된 순간의 절정경험(peak-experience)을 갖는다는 것이 마슬로우의 절정경험 인간이해이다. 절정경험은 때로 격렬한 사랑의 느낌이나 위대한 예술이나 음악에 접했을 때 강렬하게 느낀다. 절정경험은 모든 인간은 이것이라고 확정지을 수는 없지만 상당한 절정경험을 가지고 있다. 그러한 예는 많은데 아름다운 자연의 경치를 바라보면서 자신도 모르고 주체할 수도 없는 심취의 느낌과 경험이다. 또는 특별한 음악을 들을 때 자신도 모르게 곡에 심취되어 몰입되는 경우이다. 가장 영향력 있는 절정경험은 자연주의자나 종교인이나 자신의 신념과 신앙 속에서 장소나 시간이나 흔히 말하는 정신과 신체의 분리현상과 같은 황홀한 경험들이다.

마슬로우에 의하면 절정경험은 긍정적이며 부정적이라고 하지 않는다. 큰 작품을 남기는 예술가들이 이런 경험으로 작품을 남긴다고 한다. 인간은 이렇게 절정경험으로 자신이 추구하는 바를 이룰 수 있고 그로 인하여 많은 사람들에게 감동을 준다.

융의 핵심이론인 개성화와 마슬로우의 자아실현은 심리학의 발전을 이룬 큰 업적들이며 발견이었다. 융과 마슬로의의 이론적 내용의 비교는 아래의 표와 같다. 표에서 보는 바와 같이 두 사람의 주제와 개념은 일치하지 않는다. 융은 인생을 통해서 이루어야 할 최고의 목표로 개성화를 이루는 것이라 하면서 사람의 일생을 무의식의 자아실현이라고 하였다. 그러나 마슬로우는 한 인간의 내면에 잠재된 자아실현의 욕구를 기본적인 욕구의 단계에서 위계를 거치면서 이루어 나가는 것이라고 하였다. 그러나 이들의 이론들이 크게는 사랑과 이타정신의 자아실현이라 할 때 무의식이든 의식이든 각성과 노력으로 점점 고도의 단계로 통합되어 간다는 점이 일치한다.

Maslow		Jung	
개 념	내 용	개 념	내 용
– 자아실현 (Self- Actualizing) – 위계적	생존의 욕구	– 개성화 (Individualion) – 과정	Persona
	안전의 욕구		shadow
	사회적 욕구		Anima Animus
	자존감의 욕구		Self-Actualization
	자아실현의 욕구		

표2 마슬로우의 자아실현과 융의 개성화에 관한 비교

제3장 신학적 인간이해

For we have not a high priest which cannot be touched with the feeling of our infirmities; but was in all points tempted like as we are, yet without sin. (Hebrews 4:15)

제3장 집단속 인간이해

제3장 신학적 인간이해

상담에 있어서 그 내용과 목표는 인간이해를 기초로 한다. 인간관에 따라서 상담의 내용과 목적이 다르게 표현되고 정의될 수 있는 것이다. 기독교상담의 목적과 내용 및 방법도 인간을 어떻게 이해하느냐에 따라서 다르게 정의되고 설정될 수 있다. 심리학자들의 인간관이 그들 상담과 치료의 이론에서 기초가 되듯이 인간이해는 상담의 이론과 실재를 이해하는 가장 빠른 지름길이다. 그러므로 기독교상담을 전반적으로 이해하는 핵심적인 요건은 기독교적인 인간이해이다.

분석심리학자 융이 정신적 세계를 의식과 무의식의 층으로 보고 무의식의 심층을 탐색하면서 종교의 중요성과 그 실재성을 깊이 해명한데 비하여 실존주의 신학자 폴 틸리히도 종교를 깊이의 차원으로 이해하려 했다.[54] 그러므로 이들의 학문적 연구 방법과 주제는 심리학과 신학으로 차이가 있지만 인간이해에 있어서는 정신의 심층세계를 탐구하고 그 중심에 나타나는 종교적 체험과 대상의 실재를 탐색하였다. 특히 융과 틸리히가 자기(Self)를 실현하고자 하는 심층심리의 현상을 개성화와 자기실현의 개념으로 접근한 것은 놀라운 유사성이다. 유사성은 있어도 인간을 이해하는 데 심리학의 한계성이 있다. 심리학의 한계를 극복하는 것이 신학적 인간이해이다.

---
54) 김경재, 폴 틸리히의 신학연구 (서울: 대한기독교출판사, 1987), 98-99.

1. 신학적 실존주의 인간이해

인간이 무엇이냐는 탐구는 고대로부터 시작되어 오늘에 이르기까지 다양한 분야에서 연구되었지만 현대적인 인간이해는 실존주의의 입장에서 인간성 회복의 강조이다. 인간에 관한 많은 신학적 연구 중에 여기서는 틸리히의 실존주의 신학의 인간이해를 연구한다. 이는 본성에서 분리된 인간이 실존의 상태에 이르게 되었으므로 실존을 분석하고 본성을 회복하는 입장의 이해이다. 틸리히의 신학적 인간이해는 실존 분석적 개념이다. 그는 실존주의 입장에서 피조물의 본성에서 실존으로 옮긴 타락한 인간, 죄성으로서 인간소외, 그리고 실존의 개인적이고 주관적 입장에서 나타나는 불안의 형태라는 네 가지 입장에서 인간을 이해한다.

1) 피조물로서의 인간

틸리히에게 있어서 하나님은 창조적이며 자신을 무궁무진한 풍부 속에서 창조를 통하여 실현한다.[55] 하나님은 세계를 창조하셨고 지금도 창조하고 있으며 그의 목적을 창조적으로 완성하실 것이다. 그러므로 만물을 기원시키고 유지시키며 이끄시면서 보존과 섭리하시는 하나님이시다.[56] 인간의 존재는 하나님의 창조적인 삶에 근거를 두고 있는 피조물이다. 인간의 피조성은 유한성이며 시간과 공간은 유한적 영역이다. 유한하다는 것은 시간과 공간 속에 존재하는 것을 의미하고 인간의 실존은 시간과 공간의 특징에 의해서 결정하는 것이다.[57] 그래서 유한성은 단순한 제한이 아

---

55) Paul Tillich, *Systematic Theology* vol. 1 (Chicago: University of Chicago press, 1951), 252. Hereafter abbreviated as S.T.
56) Paul Tillich, *S.T.* vol. I. 253.
57) Paul Tillich, *Theology of Culture* (New York: Oxford University Press, 1959), 30.

니라 피조성의 특성이며 신적인 창조성 속에서 인간의 본성 안에 있는 잠재성과 현실성을 드러내는 것이다.[58] 인간이야말로 시간을 포함하면서 시간의 범주를 초월하는 하나님으로부터 세계와 더불어 창조하신 그 시간 속에 존재한다. 시작이라는 창조의 시간은 시간이 세계와 함께 창조되었음을 말하고 있으며 피조물로서 인간의 유한성은 창조주 하나님의 영원성을 대변하는 시간 속에 있는 존재를 의미한다.

인간이 창조주 하나님의 피조물로서 유한한 존재라는 사실은 칼 바르트(Karl Barth)의 신학에도 나타난다. 바르트는 그의 교회 교의학 제3부에서 네 권 모두를 "창조론"에 할애하였다.[59] 여기서 피조물은 하나님의 의지와 행위에 의해서만 존재하는 것으로 창조 행위의 대상은 하늘과 땅이며 이 둘을 일치시키면서도 구분하시고 인간을 그 중심에 놓으셨다고 하였다.[60] 뿐만 아니라 주어지고 할당된 시간 속에 있는 존재로써 인간의 유한성을 강조하였다.[61] 그래서 인간은 피조물 가운데서도 중심에 서 있는 유한한 존재이다. 유한성은 신적인 잠재성과 무한성의 입장에서 볼 때 현실 속에서 경험되는 실존이다. 이 유한성의 인간은 하나님의 은혜요 선물로 이루어진 피조물이다.

2) 영성을 가진 인간

인간은 창조의 완성이다. 다른 모든 피조물과 달리 자극과 반응의 고리를 초월하는 힘을 가지고 있다. 생물학적인 차이 외에도 유한하지만 영적

---

58) Paul Tillich, *S.T.* vol. I. 252.
59) Karl Barth, *Church Dogmatics volume III. I-IV*, Translators: J. W. Edwards, O. Bussey, Harold Knight (Edinburgh, 1958).
60) Geoffrey W. Bromiley, *An Introduction to the Theology of Karl Barth*, (Edinburgh: T. & T. Clark Ltd. 1979), 110.
61) Geoffrey W. Bromiley, 134.

인 무한성을 가지고 있는 것이 인간이며 그것이 하나님의 형상이다.[62] 하나님의 형상이란 하나님을 믿고 따르며 그와의 사귐이 가능하고 잠재적이지만 무한한 가능성을 가졌다는 영성의 의미이다. 그러므로 하나님의 형상은 인간의 본성이면서 하나님과 관계하는 영역이며 다른 피조물과 엄연히 구별되는 차원으로 하나님의 은총이요 선물이다.

하나님의 형상은 모든 피조물 중에서 인간만이 하나님을 알 수 있는 유일한 존재로서 인간 심층 세계에 존재하고 있는 자기를 통해서 신적인 체험을 하게 된다. 그래서 융의 심층심리학에서 보는 집단적 무의식과 같은 것들이 틸리히의 인간 정신의 깊이에 존재하고 있는 하나님의 형상과 같은 개념이다.[63] 인간은 이렇게 하나님의 형상을 가졌기에 거룩하신 하나님과의 관계에 참여하게 된다.

바르트도 인간을 남자와 여자로 창조된 독립체라고 하면서 무제한은 아니지만 지상을 다스리는 권한이 있고, 하나님의 형상과 직접적으로 상응하는 것은 아니지만 축복 아래서 번성하는 영성적 존재라고 하였다.[64] 다스림과 번성은 인간에게 나타나는 하나님의 형상에 관한 이미지이다. 그리고 하나님께서 인간을 창조하신 후 보시고 좋았더라는 표현은 인간이야말로 하나님의 형상을 가진 하나님의 뜻과 목적에 부합되는 영적 존재이기 때문이다.

3) 소외의 인간

인간이 유혹을 받아 타락하고 얻게 된 죄성으로 소외와 불안을 경험하

---

62) Paul Tillich, *S.T.* vol. I. 258.
63) Justin K. Lim, *Male Mid-life Crisis: Psychological Dynamics, Theological Issues, and Pastoral Interventions*. (New York: University Press of America, 2000), 74.
64) Geoffrey W. Bromiley, 115.

였다. 인간 실존은 존재의 근거인 하나님과 자신 그리고 다른 세계로부터 소외된 상태로 존재한다. 이 소외의 상태가 인간적 범죄의 비극이며 타락한 인간의 비참성이다.[65] 틸리히는 범죄와 타락으로 인한 소외가 불신앙과 휴브리스(hubris)이며 제한성으로부터 벗어나고자 하는 욕망을 가진 인간이 되었다고 한다.

불신앙은 교리적으로 하나님을 부정하는 의미가 아니라 인간 존재의 전 인격적 행위에서 하나님으로부터 돌아서는 상태이다. 그러므로 불신앙은 실존적 자기실현에 있어서 자신과 세계와의 결합이며 하나님과의 소외이다.[66] 전 인격적 행위로서 하나님과의 분리는 지적이고 정서적이며 의지적인 인간 존재의 전인적인 불신앙이다. 그래서 모든 불신앙은 그 자신의 지식과 의지와 정서로 이루어진 인간 전 존재의 근본인 하나님으로부터의 이탈이며 분리된 상태가 되는 것이다.[67] 결국 불신앙은 신을 부정하거나 불순종하는 것보다는 하나님으로부터는 단절되고 자신과 세계의 결합이며 세상을 향한 사랑이다. 그래서 인격의 중심이 하나님과는 분리되고 세상과 쾌락과 결합된 죄이며 소외의 결과로 오는 상태가 불신앙이다.

인간의 소외는 하나님으로부터 자신을 분리시키고 불신앙의 자리에 그대로 머물러 있지 않는다. 타락의 상태에서 자신을 하나님의 자리에 올려놓는 적극적인 죄성을 실현하게 된다. 휴브리스에 대한 적당한 용어가 없다. 이 말이 의미하는 바는 금단의 열매를 먹으면 하나님과 같이 된다는 뱀의 유혹에서 잘 표현되어 있다. 그러므로 휴브리스는 하나님의 영역에 대한 인간의 자기 높임이며 대적자로서의 교만함이다.[68] 이것이 소외된 인간의 교만한 모습이다. 그래서 틸리히는 교만이라고 번역하기보다는 휴브

---

65) Paul Tillich, *S.T.* vol. II (Chicago: The University of Chicago Press, 1957), 44.
66) Paul Tillich, *S.T.* vol. II, 47.
67) Justin K. Lim, *Male Mid-life Crisis*, 76.
68) P. Tillich, *S.T.* vol. II, 50.

리스를 그대로 사용했다.

휴브리스는 특별한 한 부분의 행동이 아니다. 자신과 세계를 넘어서는 그 중심으로부터 모든 것을 포함하는 자기의 위대함을 만드는 전인격적인 교만이다.[69] 이와 같이 자기의 유한성과 피조물로서의 존재를 무시하고 하나님과 동일시하며 자기를 높이는 교만의 휴브리스는 인격적이고 영적인 죄성이다. 휴브리스는 유한한 실존에서 무한한 존재의 결핍성을 느끼고 하나님을 향한 가장 강력한 교만에 빠진 인간 소외의 상태이다.

인간은 욕망의 존재이다. 이는 성적 쾌락, 육체적 안녕, 권력, 지식, 물질적 풍요함, 그리고 정신적 가치 등이 포함된 온 세계를 자신 안에 넣으려는 무한한 현세적 욕망이다.[70] 프로이트는 이 무제한적인 욕망을 리비도라고 했다. 신학적인 입장에서 프로이트의 리비도를 인간의 본질을 충분히 해석한다고 받아들일 수는 없다. 그러나 프로이트의 리비도는 인간의 본질을 통찰하는 데 긍정적인 영향을 주었다.[71] 인간은 본질적으로 리비도의 개념을 넘어서는 세계를 소유하려는 무한한 욕망의 존재이다. 이것이 인간 자신의 유한성을 인정하지 못하고 무한한 풍부성에 도달코자 하는 현세와의 결합이며 하나님으로부터의 소외이다. 결국 인간은 자신의 유한성을 극복하면서 무한하고 풍성함을 누리려는 욕망과 유혹으로 인하여 영원하고 무한한 신으로부터의 소외된 상태로 남을 뿐이다.

불신앙과 휴브리스, 그리고 무제한적인 욕망의 인간을 전통적인 입장에서는 죄라고 한다. 실존주의는 이 세 가지야말로 죄로 인하여 인간이 본성으로부터 소외되어 있고 이렇게 불신앙으로 모든 중심을 하나님 중심에서 자기중심으로 옮겼으며 자신을 자기와 세계의 중심으로 만드는 교만함의 휴브리스, 세계를 자기 속에 넣고 소유하려는 강력한 유혹과 욕망의

---

69) Justin K. Lim, *Male Mid-life Crisis*. 77.
70) P. Tillich, *S.T.* vol.II, 52.
71) Paul Tillich, *S.T.* vol.II, 53-55.

상태에 있다고 한다.[72] 인간은 유한한 존재이며 하나님의 무한성으로부터 이탈되어 있음을 알아야 한다. 그래서 자신을 절대시하는 욕망에서 벗어나야 하고 하나님을 신뢰하고 의존하는 신앙으로 소외된 인간상을 극복해야 한다. 전인성을 위해선 영성을 위한 노력을 해야 하고 이것이 전인성을 추구하는 기독교상담에서 주요한 과제가 되어야 한다.

4) 불안한 인간

인간은 불안을 경험하는 존재이다. 실존적이라 함은 인간을 시간과 공간 안에 존재하는 것과 본질적인 것 사이의 갈등을 보는 구조인데 인간이 본질적인 위치에서 떠난 상태의 존재로 보는 인간이해의 방식이다.[73] 여기 불안의 존재에 관한 연구는 본질에서 소외된 상태에서 느끼는 불안으로 실존론적인 인간이해이다. 불안은 존재가 자신에게 있을 수 있는 비존재를 인식하는 상태이며, 유한적인 존재로서 자신의 유한성에 대한 인식이다.[74] 전통적으로 인간에겐 죄의 결과로 불안이 왔다고 한다. 그러나 불안은 인간 소외의 외적 징후로 나타나는 갈등의 결과이다. 존재의 궁극적인 힘으로부터 소외된 인간은 갈등을 겪으면서 운명과 죽음, 공허와 무의미함, 그리고 죄의식과 정죄의 이 세 가지 유형의 불안이 발생한다.

첫 번째 불안은 운명과 죽음에 대한 존재적 불안이다. 그래서 비존재가 인간의 본질적 자기 긍정에 대하여 위협하는 데서 오는 불안이다. 이 존재적 불안은 운명의 관점에서는 상대적인 위협이지만 죽음의 관점에서는

---

72) Paul Tillich, *S.T.* vol.Ⅱ, 51.
73) 권용근, "폴 틸리히의 불안 이해의 기독교 교육적 적용"(박사학위논문, 계명대학교대학원, 1996), 6.
74) Paul Tillich, *The Courage To Be* (new Haven and London: Yale University Press, 1952), 44.

절대적인 위협이라는 상관관계를 갖고 있다.[75] 인간은 운명으로부터 자유가 분리될 때 유한한 존재로서 죽음에 대한 불안을 경험하게 된다. 인간에게 있어서 운명은 죽음을 내포하고 죽음은 곧 인간 실존의 완전한 상실을 가져오게 한다.[76] 죽음은 운명의 배후에 자리잡고 있으면서 인간 실존의 모든 순간에 야기되고 작용한다. 그러므로 운명과 죽음의 불안은 다른 모든 불안의 밑바닥에 있는 궁극적이며 존재적인 불안이다.

두 번째 불안은 공허와 무의미함의 정신적이며 영적인 불안이다. 인간이 여러 가지 영역에서 창조적으로 살고자 하면 정신적인 자기 긍정이 일어난다. 그래서 비존재로부터 정신적인 자기 긍정을 위협 받을 때 영적이고 정신적으로 공허와 무의미함의 불안을 일으킨다.[77] 무의미함의 불안은 모든 관심의 대상에서 의미가 상실될 때 나타나는 불안이며 정신적 중심의 상실로 생겨난다. 공허의 불안은 정신생활에 있어서 특정한 내용에 대한 비존재의 위협으로 발생해서 무의미함의 상태로 진행시킨다.[78] 공허와 무의함은 인간의 창조적인 정신생활을 파괴하고 의심을 통하여 정신생활을 위협하는 데서 오는 불안이다. 뿐만 아니라 형식으로부터 역동이 분리되면서 일어나는 갈등의 결과로 나타나는 불안이다. 인간이 공허와 무의미함으로 인하여 불안을 경험하는 것은 영적으로 하나님과의 단절을 느끼기 때문이다. 그러므로 전능하신 하나님에 대한 신앙으로 영성을 회복하는 것은 불안을 극복하는 길이다.[79] 이 전능은 시간과 관련해서는 영원이며, 공간과 관련해서 편재이며 존재의 주-객 구조와 관련해서는 전지이다.[80] 그래서 인간은 하나님의 편재라는 무소부재의 확신을 갖고 있을 때

---

75) Paul Tillich, *The Courage to Be*. 49.
76) Justin K. Lim, *Male Mid-life Crisis*. 88.
77) Paul Tillich, *The Courage to Be*. 53.
78) Paul Tillich, *The Courage to Be*. 55.
79) Paul Tillich, *S.T.* vol.I. 273.
80) Paul Tillich, *S.T.* vol.I. 274.

불안하지 않으며 하나님의 무소부재의 신앙은 인간이 언제나 지성소 안에 있는 것이다.[81] 이렇게 인간이 하나님의 전능하심을 확신하고 그의 현존을 의식하는 신앙은 공허와 무의미함의 불안을 해소하고 신적인 삶으로 인간의 유한성을 초월하는 존재가 되는 것이다.

세 번째 유형의 불안은 죄의식과 정죄의 불안이다. 죄의식과 정죄의 불안은 도덕적인 불안이다. 이는 비존재로부터 인간의 존재가 도덕적 자기 긍정을 위협받을 때 일어나는 불안이다.[82] 죄의식과 정죄의 불안은 다른 유형의 불안 속에 내재되어 있는데 예를 들면 죽음의 불안 속에 죄의식이 내재되어 있는 경우이다. 운명과 죽음의 위협은 죄의식을 일깨워 준다. 이들 서로 다른 유형의 불안은 항상 서로를 자극하면서 때로는 의존적이어서 자신의 본질에 대한 복종으로 죄의식과 정죄의 불안을 극복하게 되는 것과 같다.[83] 그래서 죄의식과 정죄의 불안은 끊임없이 느끼는 것이며 바울이 여러 번 이 불안을 토로하면서 절규한 내용이 그의 서신에 많이 나타난다. 로마서에는 선과 악의 투쟁적인 대립으로 인한 불안을 고백하고 있다.

내 속 곧 내 육신에 선한 것이 거하지 아니하는 줄을 아노니 원함은 내게 있으나 선을 행하는 것은 없노라 내가 원하는 바 선은 하지 아니하고 도리어 원치 아니하는바 악은 행하는도다 만일 내가 원치 아니하는 그것을 하면 이를 행하는 자가 내가 아니요 내 속에 거하는 죄니라 그러므로 내가 한 법을 깨달았노니 곧 선을 행하기 원하는 나에게 악이 함께 있는 것이로다 내 속 사람으로는 하나님의 법을 즐거워하되 내 지체 속에서 한 다른 법이 내 마음의 법과 싸워 내 지체 속에 있는 죄의 법 아래로 나를 사로잡아 오는 것을 보는도다 오호라 나는 곤고한 사람이로다 이 사망의 몸에서 누가 나를 건져내랴[84]

---

81) Paul Tillich, *S.T.* vol. I. 278.
82) Paul Tillich, *The Courage to Be*. 58.
83) Paul Tillich, *The Courage to Be*. 60.
84) 로마서 7:18-24

실존주의 신학자 틸리히에게 있어서 인간은 불안을 경험하는 존재이다. 그러므로 인간은 소외와 불안으로부터 벗어나기를 원하고 있으며 이것을 해결할 방법이 기독교상담에서 요청되는 바이다. 이것을 해결하고자 인간은 존재 자체와의 통일을 이루고 새 존재로서의 궁극적인 실현이 요구되어야 하며 심리학적 개성화에서 말하지 못한 영성으로 극복할 수 있는 대안이다.

2. 신학적 자아실현론의 인간이해

신학자 틸리히는 융의 개성화에 관한 내용을 자기실현이라 하였다. 그래서 융의 개성화에 관한 여러 영역을 삶의 다차원적 개념으로 이해하면서 인간 심리의 일치와 다양성을 연구하였다. 틸리히에 있어서 삶의 다차원적 개념은 본질과 실존에 있어서 레벨(Levels)로 설명되었다. 레벨은 차원과 영역과 위계의 개념을 포함하고 있으며 삶의 여러 차원 중에서 정신은 하나의 차원일 뿐이다.

1) 신학적 자아실현과 개별화

틸리히는 인간의 삶을 잠재적 존재의 실현이라고 정의하였다. 인간의 모든 삶은 그 과정에서 이러한 실현이 일어나고 이것은 곧 중심에서 나가는 행동으로 자기를 실현한다. 뿐만 아니라 이 나가는 운동은 중심을 잃지 않고 실현하는 것이다.[85] 틸리히의 자기실현에 관한 정의는 인간의 심층심리에 존재하는 집단무의식의 자기실현으로 개성화를 설명하는 융과 같은 맥락에서 이해하고 있다. 틸리히의 자기실현에서는 세 가지 기능으로 요약

---

85) Paul Tillich, S.T. vol. Ⅲ (Chicago: The University of Chicago, 1963), 30.

되는데 자기 통일, 자기 창조, 그리고 자기 초월이다. 이 세 가지 기능을 통하여 삶의 실재요 과제로서 중심성이 실현되는 운동으로 자기실현을 말한다.

신학적 자아실현론은 개별화인 동시에 중심으로 통일된 것이다. 중심이 있다는 것은 그 주변의 영역으로 참여하고 있음을 뜻한다. 신학적 개별화의 기능은 무엇인가?

자기실현에 있어서 개별화는 자기 통일이 첫 번째 기능이다. 자기 통일은 개별화와 참여의 양극성으로 이루어진 존재구조이다. 중심으로 하나를 이룬 참여의 자기 존재는 다른 의미로는 충분히 개별화된 존재이다.[86] 그래서 틸리히는 하나님이 모든 피조물의 완성을 향해서 역사하고 계시며 분리되고 분열된 피조물을 그들의 삶의 통일성을 향해 역사하신다.[87]

모든 생물은 생명이 있는 한 중심에서 나가고 돌아오는 과정에 있으며 자기 통일의 기능은 이렇게 개별화와 참여의 양극성으로 자기를 실현한다. 뿐만 아니라 개별과 참여를 통한 자기의 실현은 자기를 증대시키고 보존하는 대극이며 이것의 조화를 이루는 것을 자기 통일이라고 할 수 있다.

자기실현에 있어서 개별화의 두 번째 기능은 자기 창조이다. 자기 창조는 근원적인 창조가 아니다. 신적 창조에 의하여 이미 주어진 창조성을 근거로 해서 성장을 통하여 자기를 창조한다. 그래서 자기를 넘어서면서 원초적인 자기를 보존하고 변화시키는 역동성으로 실현시키는 것이다.[88] 자기 창조의 기능은 옛 것을 지키면서도 파괴해야 하고 새 것에 대하여 수용과 거부에 관한 반전을 거듭하는 동안 혼돈을 경험하지만 절대적인 것은 아니다. 이 과도기적인 혼돈을 거치면서 인간은 낡은 것을 깨고 새 것을 이루면서 자기 창조를 실현한다.

---

86) Paul Tillich, *S.T.* vol. Ⅲ. 32.
87) Paul Tillich, *S.T.* vol. Ⅰ. 281.
88) Paul Tillich, *S.T.* vol. Ⅲ. 50.

자기 창조의 기능은 이렇게 성장과 파멸의 역동적인 양극성을 경험하게 된다. 이 양극성에서 오는 불안과 모호함이 곧 자기 창조의 증거이다.[89] 성장의 원리에 의하여 이전에 상태에서 새로운 상태로 옮겨지게 되고 파괴적인 경험이 있기에 창조적인 변화를 유도하게 된다. 그러므로 자기 창조의 기능은 분열과 파멸과 쇠퇴를 경험하면서 이루어지는 자기의 성장이며 자기실현이다.

자기를 실현하는 개별화의 세 번째 기능은 삶의 자기 초월이다. 인간의 삶은 수직 방향에서 초월적인 무한의 존재를 향하여 질주하면서 성장의 테두리를 초월한다.[90] 이것이 곧 피조물이 허무한 데 굴복하고 썩어짐의 종노릇하는 데서 해방되어 하나님의 자녀로서 영광의 자유에 이르는 것이라는 성서의 표현과 같은 의미이다.[91] 자기 초월은 삶의 세속화와 모순된다. 그래서 세속화는 자기 초월을 저항한다.[92] 자기 초월은 위대함의 질적인 존재의 의미를 갖고 있으며 자기를 초월하여 존재하는 방식이다. 삶의 자기 초월은 종교와 관련되고 종교로부터 분리된 도덕과 문화의 세속화이다.[93] 종교는 삶의 자기초월에 있어서 필수적이며 부정할 이유가 없다. 그러나 자기의 실현에 있어서 종교 내에 있는 긍정적인 면과 부정적인 측면을 간과해서는 안 되며 거룩함과 속된 것을 공유하고 있는 종교의 모호함도 있지만 종교는 인간의 위대함을 인정하지 않는 특성이 있기에 삶의 자기실현에서 종교적 행위에 의존되어서는 안 된다.

틸리히의 신학에 나타나는 개별화는 융의 분석심리학에서 말하는 개성화와 맥을 같이 하면서도 그의 범주를 넘어서는 영역이 있다. 이것은 심리학에서 말할 수 없는 영적인 부분이며 틸리히의 자기실현에서 말하는 자

---

89) Paul Tillich, S.T. vol. Ⅲ. 55.
90) Paul Tillich, S.T. vol. Ⅲ. 86.
91) 로마서 8:19-21.
92) Paul Tillich, S.T. vol. Ⅲ. 87.
93) Paul Tillich, S.T. vol. Ⅲ. 96-97.

기 초월이다.

2) 신학적 자아실현과 심리학적 자아실현의 비교

융과 틸리히는 모두 개신교 목사의 아들로 태어났다. 이들은 전공을 달리하면서 서로 다른 관점에 서게 된다. 융은 의학을 전공한 자연과학자이며 틸리히는 철학과 신학을 전공한 인문과학자로서 연구주제와 방법은 다르다. 그러나 종교의 본질과 현상, 종교적 체험, 체험의 대상과 실재를 심층세계의 초월적 힘과 실재로 파악한 점에서는 유사한 점이 있다. 융이 종교적 체험을 인간의 심리적 현상으로 본데 비하여 틸리히는 형이상학적이고 존재론적인 신학적 접근을 시도하였다. 두 사람이 밝힌 종교의 본질과 기능과 가치와 의미는 합리주의적인 종교이해를 거부하고 참된 자기의 세계를 잃어버린 현대인들에게 종교를 새롭게 이해시키고자 한 점에서 놀라운 유사성이 있다.[94] 틸리히의 주요 저서인 조직신학(Systematic Theology) I-III[95]에는 그의 신학적 개별화가 있다. 융의 원형론이나 심리학의 의식과 무의식의 통전화해로 이해한 개성화와 실존주의 신학의 개별화는 깊은 상관성이 있다. 그래서 융과 틸리히 이론의 상관성을 연구하므로 심리학적 개성화의 한계를 극복하고 신학적 대안을 찾는다.

(1) 유사성

융과 틸리히의 개성화에는 공통점이 있는데 그 중의 대표적인 것이 종교적인 관점이다. 융은 심리학자로서 종교체험을 인간의 심리적 현상으로 파악하면서 심리학적 접근을 시도하였다. 종교현상에 대하여도 현상학적

---

94) 김경재, 폴 틸리히의 신학연구 (서울: 대한기독교출판사, 1987), 98-99.
95) Paul Tillich, *Systematic Theology*, 3 vols. (Chicago: University of Chicago Press, 1950-62).

한계 안에 머물고자 하였지만 종교의 본질과 현상, 그리고 인간이 종교를 통해서 자기를 구원하고 치유하는 과정으로서의 종교적 체험을 강조한다. 무엇보다도 종교체험의 대상과 실재를 인간 정신 깊이의 세계와 관계된 역동적, 신비적, 초월적 힘과 실재로 파악하였다. 융의 개성화와 틸리히의 개별화에 나타난 유사한 점들을 보면 다음과 같다.

첫째는, 실존주의이다. 융의 분석 심리학과 틸리히의 실존주의 신학은 공히 실존주의 운동에 속해 있으며 그 개념과 내용이 인간을 실존적 입장에서 이해하고 있다는 점이다.[96] 틸리히의 실존주의 인간이해에서는 유한성의 자각으로부터 자신과 자기 세계로부터의 소외를 논하고 비존재의 위협으로 죽음에서부터 죄까지의 불안을 느끼는 인간의 실존적 특성을 말한다.[97] 융의 인간이해에 있어서도 심층의 핵심적 위치에 있는 자기의 실현을 목표로 하는 것이 인간의 실존적 존재를 강조하는 내용이다. 특히 융의 심리학과 틸리히의 신학에서 있어서 실존주의 입장에서 보면 모든 사람에 대하여 보편적인 상황을 말하고 있다.[98] 심리학은 심리적 질병의 상황에서 도피하거나 정신병적 상황에서 벗어나는 방법을 지시하고 유도하지만 융의 개성화와 관련된 기독교상담학적 내용은 인간의 보편적 실존에서 건강한 삶을 추구하는 전인성을 목표로 한다.

실존주의신학이나 개성화에서 보는 인간의 존재는 착하다는 것이다.[99] 이는 성경에서 인간을 창조하신 하나님께서 피조물인 인간을 보시고 하신 말씀에서도 잘 나타난다.

> 하나님이 그 지으신 모든 것을 보시니 보시기에 심히 좋았더라 저녁이 되며 아침이 되니 이는 여섯째 날이니라.[100]

---

96) Paul Tillich, *Theology of Culture* (New York: Oxford University Press, 1977), 113.
97) Paul Tillich, *Theology of Culture*, 118.
98) Paul Tillich, *Theology of Culture*.
99) Paul Tillich, *Theology of Culture*.
100) 창세기 1:31

심층심리학이 철학으로부터 분리될 수 없고 이들은 신학으로부터 분리될 수 없다.[101] 실존주의와 심리학은 인간의 본성이나 시간과 공간에서의 실존적인 조건 등이 양자의 대화를 가능케 하고 융과 틸리히의 개성화와 인간론이 유사성이 있음을 보여주는 사례이다.

둘째는, 종교를 깊이로 이해한 점이다. 융의 심리구조에서 심층에는 집단적 무의식이 있다. 집단적 무의식은 이미 고찰한 대로 개인적 무의식과 달리 의식의 무의식화가 아니라 의식적인 것보다 선행하며 원천적이고 집단적인 경험의 산물이며 그 침전이다. 집단적 무의식은 원형으로 이루어져 있고, 원형은 하나님의 형상이라 할 때 그 형상이란 말이다.[102] 융은 심층의 구조에 Self가 있고 자기(Self)의 원형이 의식화되고 실현되는 개성화의 과정에서 종교적인 현상의 실현을 주장하였다.

틸리히는 종교를 인간정신에 있어서 정신적이고 영적 차원의 깊이로 파악하고 구원을 실존과 본질 또는 무의식과 의식의 통전화해로 보았다.[103] 뿐만 아니라 틸리히의 조직신학에는 융의 원형론이나 집단적 무의식에 대하여 언급하고 있다.[104]

셋째는, 구원관이다. 융은 집단적 무의식의 원형들이 의식화하는 개성화의 과정으로 자기를 실현한다. 융의 참된 자기를 실현하는 개성화의 과정이 틸리히에게 있어서 하나님의 형상을 회복하는 새로운 존재에 참여하는 중생의 새 사람에 관한 구원 개념에는 유사성이 있다. 틸리히는 실존적인 존재로서의 인간이 참사람의 표상이며 새로운 존재인 그리스도에게 참여하고 중생하고 성화되어 구원을 성취한다고 하였다.[105] 그리스도

---

101) Paul Tillich, *Theology of Culture*. 117.
102) 김경재, 106.
103) 김경재, 99-101.
104) Paul Tillich, *S.T.* vol. Ⅱ. 42. 165., vol.Ⅰ, 131.179., *Theology of Culture*. 58. 김경재, 99. 재인용.
105) 김경재, 109.

는 참된 삶의 실현자이며 하나님과 자신을 일치시킨 새로운 존재이다. 그러므로 이 새 존재에 참여하고 화해함으로써 구원을 이루는 틸리히의 구원관은 전적으로 융의 개성화와는 일치하지 못하지만 그 과정이나 통일성과 연합에 있어서는 유사성이 있다.

융의 자기실현 과정인 개성화와 틸리히의 중생과 성화의 과정은 종교적인 관점이나 구원론의 관점에서 양자의 대화를 가능케 하는 공통점이다. 그 외에도 융과 틸리히는 사위론(四位論)과 삼위일체론에서 유사성이 있고,[106] 동시성(同時性)의 원리와 황홀상태의 기적 체험에서[107] 많은 공통점이 있음을 탐색할 수 있다. 이들의 유사성은 심리학과 신학의 대화를 가능케 하고 나아가서는 분석심리학의 개성화와 깊이의 신학에서 자기실현의 이론이 어떻게 상관성을 갖고 있는지를 탐색하고 대화를 통한 수용이 가능하다는 것을 보게 한다.

(2) 상이성

틸리히의 신학에 나타나는 개별화는 융의 분석심리학에서 말하는 개성화와 맥을 같이 하면서도 그의 범주를 넘어서는 영역이 있다. 이것은 심리학에서 말할 수 없는 영적인 부분이며 융과 틸리히에게 있어서 나타나는 극명한 차이점이다.

첫째로, 틸리히는 융이 말한 개성화를 자기실현이라고 하였다. 그리고 모든 인간은 자기실현의 가능성과 필연성을 가지고 있다고 주장한다.[108] 이는 단순한 용어의 차이인 것 같지만 개념에 있어서 차이는 크다. 틸리히의 개별화는 인간이 자기를 실현하는 피조물이며 무에서 유를 이루는 신적인 창조와 달리 주어져 있는 재료로부터 새로운 종합을 창조하는 존재

---

[106] 김경재, 116-119.
[107] 김경재, 120-122.
[108] Paul Tillich, S.T. vol. 1, 259.

이다.

융의 자기(self)는 역사적으로 문화 속에서 침전된 보편적인 요구이며 원형이지만 틸리히는 인간이 하나님으로부터 부여받은 스스로의 세계를 변형시킬 수 있는 힘으로 실존적인 창조를 이루면서 자기를 실현하게 된다.[109] 자기를 실현해야 할 인간이야말로 모든 존재의 구성요소들을 완전하게 갖춘 피조물이다.[110] 인간은 그 중심에 자기가 있고, 그 구조를 알 수 있는 유일한 존재이며 자기를 알기 이전에는 자신도 타인도 이해할 수 없다. 인간 중심에 있는 자기는 자신을 때로 초월적이며 거룩한 존재로 살기도 하고 또는 세속적이고 저속한 존재로 살게 한다.[111] 그래서 이 거룩성과 세속적인 면을 알고 조정하고 통재하고 개발할 수 있어야 하는 것이 신학적 자기실현이다.

이렇게 볼 때 신학에서 주장하는 개별화의 영역은 분석심리학에서 주장하는 개성화의 영역을 넘어서고 있다. 그것은 틸리히의 인간이해에서도 드러난다. 틸리히는 인간을 하나님과의 관계에서 보았다. 그래서 피조물로서의 인간이 본성에서 탈락하고 소외되었으며, 불안한 존재가 되었다는 실존적인 입장에서 보았다. 인간이야말로 자기와 이웃과 하나님과의 관계를 설정하고 살아야 하는 유일한 영적 존재이다. 그러므로 이 관계를 건강하게 세워야 한다.

둘째로, 틸리히는 개별화를 새로운 존재로서의 인간구원으로 보고, 실존과 본질 혹은 의식과 무의식의 통전화해로 이해하고 있다. 틸리히의 자기실현은 심리학적 차원에서 말하는 융의 무의식이 의식으로 동화하고 의식화 하면서 이루는 개성화의 과정과 다르다. 그래서 틸리히의 개별화에 관한 이해는 융의 범주를 넘어선다. 틸리히는 융의 개성화에 관하여 신학

---

109) Paul Tillich, *S.T.* vol. 1. 256.
110) Paul Tillich, *S.T.* vol. 1. 260.
111) Justin K. Lim, *Male Mid-life Crisis*, 73.

적으로 통찰하면서도 하나님과의 관계를 강조함으로 새로운 존재로써의 가능성을 제시했다.

융과 틸리히에게서 보는 성장 잠재성은 인간을 보는 공통점이지만 융은 인류 공통적으로 침전된 집단 무의식의 자기(Self)라 하였고, 틸리히는 인간이야말로 생물학적인 본성이나 환경적인 여건을 뛰어넘는 잠재성과 성장가능성을 가진 새로운 존재이다.

셋째로, 틸리히는 개신교 신학이 직면하고 있는 문제성 곧 신앙이 주지주의적, 도덕주의적, 감상주의적 차원으로 변질해 가는 위기의 원인을 해명하는 데 도움이 될 것이며 인간 심성에 자리를 잡고 있는 소외와 불안의 문제를 해결하는 기독교상담에 있어서 중요한 단서를 융에게서 보지 못하는 점이다.

틸리히의 새로운 존재의 근거는 그리스도와의 관계에서 찾을 수 있다. 그러므로 틸리히의 인간이해는 그리스도론을 벗어나서는 이해할 수 없다. 인간의 실존이 그리스도를 떠나서는 이해할 수 없고 하나님은 예수 그리스도 안에서 피조물의 근거를 세우셨다는 것은 바르트의 창조신학에서도 나타난다. 하나님은 피조물의 근거를 예수 그리스도 안에서 자기의 것으로 하셨다.[112] 피조물로서 인간이 가진 존재의 근거는 예수 그리스도에게 있다. 그러므로 그리스도와의 관계에서 진정한 인간의 본질을 찾을 수 있고 존재의 가치와 근거가 그리스도에게 있는 것이다.

넷째로, 융과 틸리히는 무엇보다도 인간의 정신세계에 나타나는 영적 현존에 관하여 견해가 달랐다. 융의 심층심리학이 말하지 못하는 영적현존에 관하여 틸리히의 개념에서 찾아볼 수 있는 것이다.

융의 자기는 의식의 자아를 넘어서는 엄청난 크기의 전체정신이며 원형

---

112) Karl Barth, *Church Dogmatics volume III, The Doctrine of Creation part one*. Translators: J. W. Edwards, O. Bussey, Harold Knight (Edinburgh: T. & T. Clark, 1958), 381.

의 핵심이다. 지역과 인종과 시대에 관계없이 시간과 공간을 초월하여 모든 사람들에게 나타나는 인간 행태의 원초적 조건이다. 그래서 자기를 실현하게 되면 완전한 인간으로 무의식의 능력을 발휘하게 되고 치유의 가능성도 매우 크다. 그러나 틸리히의 영성은 하나님의 형상을 닮은 존재로서의 피조물이기에 하나님의 은혜요 선물로 주어진 영성이다. 그러므로 이 자기를 뛰어 넘는 신학적 영성이 있을 때 융의 개성화가 기독교상담에서 추구하는 전인성과의 상관성을 논하고 그것을 이루는 데 필요한 것이다.

제4장 전인성의 인간이해

For we have not a high priest which cannot
be touched with the feeling of our infirmities;
but was in all points tempted like as we are,
yet without sin. (Hebrews 4:15)

제4장 전인성의 인간이해

인간은 전인적인 구원과 치유를 위해 전인적 돌봄이 필요하다. 이를 위해서 현대사회나 심리학이 갖고 있는 인간이해의 제한적인 부분을 성서적인 인간관으로 보완하고 보충하는 것이 전인성(wholeness, 全人性) 인간이해이다.

인간은 동물과 동일한 신경체계를 가진 존재이지만 본질적으로 인간 이상의 관점으로부터 숙고해야할 대상이다. 그러므로 보다 깊은 차원의 초월성을 간과하고 있는 현대 심리학의 한계를 전인성의 인간이해로 극복해야 한다.

대부분의 현대 심리학적 인간관이 신체적이고 심리적 영역에만 머물러 있고 전인성을 취급하지 못하고 있다. 타인이나 사회와 주변 환경의 연계성을 무시하고 적응하는 방식을 극복하고 역동적이고 상호보완적인 인간이해가 있어야 한다. 이것은 기독교상담에서 필요로 하는 인간관이며 신체적, 심리적, 사회적, 영적인 차원의 모든 영역을 포함하는 전인성 인간이해이다. 신앙적이고 전인적인 인간이해는 인간을 통전적으로 보는 안목이다.

1. 전인성의 개념

기독교인에게 있어서 전인이라는 용어는 몸과 마음과 영혼의 통일된 전인격체이다. 전인건강은 온전한 인격체로 몸과 마음과 타인이나 환경과의 관계성, 그리고 일이나 직업에서의 건강성을 포함하는 개념이다.

사전에서 전인성은 신체와 정서와 영적으로 인간전체를 수반하는 병의 치료와 건강을 도모하는 것이다.[113] 그러므로 전인성은 온전한 인격체의 전체건강에서 영적인 상태의 건강을 포함하는 포괄적인 의미이다.

전인성은 어느 특정한 영역의 부족하거나 건강하지 못한 상태의 질병과 반대되는 건강이란 말보다 더 넓은 범주의 개념이다. 질병은 안락하거나 평안하지 못한 몸의 상태이며, 문화적으로 규정된 병들을 의미한다. 전체가 아닌 부족한 상태이다. 이와는 달리 전인성은 곧 전인건강이며, 전인성의 개념을 이해하는 것은 인간의 전체를 이해하는 것이다. 이 논문에서 전인성이라 함은 다음 몇 가지 의미들을 포함하는 개념이다.

첫째로, 전인성은 어떤 목표에 도달하는 것이 아니라 온전성을 목표로 하는 성장과정이다. 그러므로 전인성을 위한 상담자는 내담자에게 주어진 삶을 온전하고 자유롭게 살도록 돕는 해방자이다.[114] 전인성은 이렇게 완전하고 자유로운 삶으로 정신적이고 육체적인 건강함과 타인이나 주변 환경과의 온전한 관계를 맺으면서, 영적으로 충만하고 생산적인 삶의 온전성을 향하여 계속적으로 나아가는 성장의 과정이다. 그래서 언젠가는 도달할 목표의 성취가 아니라 온전한 목표를 향한 여행이며 살아서 성장하고 변화하는 유기체의 성장과정이다.

둘째로, 전인성은 삶의 방식이다. 레네 두보스(René Dubos)도 말하였지만 온전치 못한 사람들이 매우 불완전한 세계와 겨루면서 그 대항에 대한 보상과 함께 아프지 않는 삶을 사는 방식이다.[115] 그러므로 전인성은

---

113) Rodney J. Hunter, et al., *"Wholeness,"* Dictionary of Pastoral Care and Counseling (Nashville: Abingdon Press, 1999), 1320.
114) Howard Clinebell, *Growth Counseling*, 18.
115) Howard Clinebell, *Well Being: A Personal Plan for Exploring and Enriching the Seven Dimensions of Life: Mind, Body, Spirit, Love, Work, Play, the Earth* (New York: Harper Collins Publishers, 1992) 4.

자신과 타인과 세계를 향한 보람 있는 행복한 삶의 스타일이며 삶의 방식이 건전하고 행복하다는 것은 건강한 전인성을 소유한 것이기 때문이다.

셋째로, 전인성은 온전한 건강을 위한 사랑의 삶이다. 틸리히는 사랑은 건강한 삶을 이루는 힘이라고 하였다.[116] 테이야르 드 가르뎅(Pierre Teilhard de Chardin)은 "사랑은 생명체들을 완성하고 충족시키며 결합할 수 있고 사랑만이 생명체들의 가장 깊은 곳에서 모든 것을 받아들이면서 하나로 결합시켜 준다"고 하였다.[117] 그러므로 전인성의 모든 영역은 사랑으로 건강할 수 있고 이 사랑은 전인성의 힘이며 수단이고 목적이다. 그러나 자신과 타인과 세계를 향한 사랑이 부족하면 그 사람의 사고나 행동이나 모든 관계성은 약화되고 그로인한 각종 질병이나 건강치 못한 몸과 마음으로 고통을 겪게 된다.

넷째로, 전인성은 상호보완적이다. 전인성의 어느 한 영역은 결코 독립적일 수 없다. 몸과 마음의 관계에서 보듯이 건강한 상태나 그렇지 못한 경우이든지 몸과 마음은 상호 의존도가 높다. 건강한 몸을 가질 때 마음이 건강할 수 있고, 마음의 건강은 또한 몸의 건강을 유지하는 데도 도움이 된다. 연약하고 아픈 상처를 가진 마음은 질병에 노출되기 쉽지만 건강하고 활기찬 마음은 몸을 질병에서 치유하는 데도 도움이 된다.

영성과 다른 차원과의 관계도 마찬가지이다. 건강한 영성을 가진 자는 타인을 존중하고 성실한 의사소통을 원활하게 하며 환경과의 관계에서도 친밀하고 높은 수준의 좋은 관계를 유지할 수 있게 된다. 그러나 고독과 결핍된 영성은 인간관계를 풍요하게 할 수 없다. 전인성은 건강보다 넓은 개념으로 전체의 온전성이 포함되고 몸과 마음과 영성이 상호보완적이

---

116) Paul Tillich, *Love, Power and Justice* (New York: Oxford Univ. Press, 1954), 25. Howard Clinebell, Well Being, 4.
117) Pierre Teilhard de Chardin, *The Phenomenon of Man* (New York: Harper & Row, 1959), 265. Howard Clinebell, Well Being, 4.

며 서로를 성장하도록 촉진시키고 역동적으로 전체의 조화와 건강한 삶을 이루는 것이다.

WHO는 건강에 관하여 정의하기를 "질병과 결점의 부재뿐만 아니라 육체적이고 정신적이며 사회적으로 온전한 상태를 의미한다"고 했다.[118] 그러므로 전인성은 질병이 없거나 건강이 부족한 상태가 아니라 온전성을 추구하는 성장과정이며 그 사람의 삶의 방식이고, 어떤 자세로 사느냐는 사랑의 문제이며, 모든 영역이 서로 주고받는 상호보완적이기에 어느 하나의 차원이나 영역의 건강으로 전인성을 평가할 수 없다.

2. 성서적 전인성

기독교상담의 인간이해는 성서를 바탕으로 하는 신학적인 통찰이 있어야 한다. 성서적 인간이해는 인간의 본질을 보는 것과 구성요소로 보는 두 가지 차원에서 연구가 가능하다.

인간의 본질을 두고 성서적으로 이해하는 것은 유신론과 전통적인 신학자들의 견해이다. 유신론에서 보는 인간은 정신적 요소를 가진 피조물이며, 하나님의 형상을 닮은 영적인 존재의 인격체이다.[119] 그러므로 인간은 전능하신 창조주 하나님의 위엄과는 대조적으로 아무 것도 아닌 죽어야할 다른 존재와 같은 피조물에 불과하다.[120] 기독교상담은 인간이 본질적으로 하나님의 형상을 닮은 영적인 존재라고 말하는 성서의 인간관을 기초로 해야 한다. 이것이 인간은 여러 차원의 영역으로 구성되었다는 전

---

118) Siroj Sorajjakool and Henry Lamberton, *Spirituality, Health, and Wholeness: An Introduction Guide for Health Care Professionals* (New York: The Haworth Press, Inc., 2004), 138.
119) 이종성, 신학적 인간학 (서울: 대한기독교출판사, 1986), 9.
120) M. P. Engel, *John Calvin's Perspective Anthropology* (Atlanta: Scholars Press, 1988), 7.

인성 인간이해의 기초가 된다.

성서의 인간이해에 있어서 인간을 구성요소로 파악하는 견해도 있다. 성서는 인간이 물질적인 요소의 몸과 비물질적인 요소인 영혼으로 구성되었다고 기록하고 있다.[121] 성서에서 말하는 사람이 흙으로 창조된 몸과 대조되는 영혼을 가진 존재라는 것은 인간이 신체적인 부분과 정신적인 차원, 그리고 영혼으로 구성되어 있다는 기독교상담의 인간이해에 기초를 제공한다. 이렇게 성서의 인간관은 생물학적인 입장이나 정신적 존재, 또는 영혼의 어느 한 측면만 보지 않고 통전적으로 본다. 인간이야말로 몸과 마음과 영혼을 가진 존재로서 타인이나 환경과 더불어 불가분의 관계를 맺고 사는 다차원의 존재이다.

모든 인류는 하나님과의 관계 속에서 풍성한 삶을 살도록 전인적인 구원과 치유의 과정이 필요하다. 그러므로 기독교상담은 전인적인 돌봄을 필요로 하고 이를 위해서 현대사회나 심리학이 갖고 있는 인간이해의 제한적인 부분을 성서적인 인간관으로 보완하고 보충하는 전인적 인간이해에서 출발한다. 그래서 신체적이고 심리적 영역에만 머물러 있어서 전인성을 취급하지 못하는 심리학적 방식에서 나아가 타인이나 사회와 주변 환경에 적응하는 역동적이고 상호보완적인 인간이해가 있어야 한다. 이것은 기독교상담에서 필요로 하는 신체적, 심리적, 사회적, 영적인 차원의 모든 영역을 포함하는 전인성의 인간이해이다.

그럼에도 불구하고 기독교상담자가 내담자의 전인성을 무시하고 인간관에 대한 기초적인 이해와 지식이 없이 상담에 임하는 경우가 많은 것은 문제중심의 사고방식과 기술이나 기법에 의존하기 때문이다. 그러므로 기독교상담에서 가장 중요한 것은 상담자의 인간관이다. 기독교상담자는 신앙

---

121) 창세기 2:7, 35:18, 욥기 27:3, 스가랴 12:1, 고린도전서 2:11, 히브리서 12:9, 열왕기상 17:21, 야고보 2:26, 마태복음 10:28, 고린도전서 5:3, 시편 42:1, 창세기 2:7, 3:19, 창세기 2:7, 히브리서 4:12, 데살로니가전서 5:23 등에서 인간은 다원적인 차원의 존재임을 증거한다.

적이고 전인적인 인간이해를 바탕으로 현대 심리학과 신학의 부단한 대화와 통합으로 인간을 통전적으로 이해하는 전인성의 안목을 가져야 한다.

전인성은 전인건강과 같은 말로 사용된다. 그러나 전인건강이란 용어가 영적인 건강을 포함하지 않는 정신적이고 인격적인 건강의 용어로 많이 사용되고 있기 때문에 여기서는 영성을 포함하는 성경적 의미의 전인성이란 용어를 사용한다. 전인성이란 개념을 사용하는 것은 건강한 영성이야말로 인간 삶의 중심이며, 다른 모든 영역으로 영향을 주고 다른 사람과의 관계에도 영향을 미치는 역동적이기 때문이다.

3. 전인성의 영역(차원)

인간이해는 어느 한 가지 방법으로 이루어질 수 없다. 인간성장도 자기완성이나 자아실현이 고립된 영역으로부터 이루어지는 것이 아니다. 인간의 전체를 실현시키는 전인성으로부터 이루어지는 것이다.

전인성은 자신에게 있어서 내적인 건강과 몸의 건강, 타인이나 환경과의 바른 관계와 온전한 영성의 성장과정이다. 인간의 성숙함이 전인성에 있음을 인식하고 모든 영역의 전인성장을 촉진시킬 수 있도록 해야 한다.

모든 차원은 영향을 주고받을 수 있기에 편중된 차원의 이해로는 안 된다. 모든 차원이 개방적이고 상호보완적으로 성장을 이룬다면 인간의 전체는 역동성을 가지고 결합하면서 전인적 성장을 이루게 될 것이다. 어느 한 영역의 부분적인 성장은 편협 되고 제한된 성장으로 기형적이 될 수밖에 없다. 특히, 전인성의 핵심이면서 중심부에 자리잡고 있는 영성의 회복과 성장은 신앙으로만 해결할 수 있는 목표이다.

전인성은 학자에 따라서 서로 다른 차원의 영역을 설정하고 있으며 아래의 표에서 보는 것처럼 서로 다른 다양한 차원으로 설명한다.

학자	Clinebell	wimberly	Tillich	이 책의 영역
전인성의 차원	정신	정신성	무의식적 차원	인성
	몸	신체성	화학적 차원	체성
	친밀한 관계	관계성	생물학적 차원	관계성
	일과 직업	영성	심리적 차원	직업성
	쉼과 여가		영적 차원	영성
	세상과 자연		문화적 차원	
	영적 완성			
연구분야	기독교상담학	심리학	신학	기독교상담학
분류근거	Well Being	건강한 삶	성경	전인성

표 3 학자들의 전인성 영역간의 비교

하워드 클라인벨(Howard Clinebell)[122]은 전인성을 정신적인 영역과 정서적인 영역, 몸의 건강 부문, 타인과의 친밀한 관계, 일과 직업의 영역, 쉼과 여가의 영역, 세상이나 자연과의 관계, 그리고 영적인 차원의 일곱 가지 영역을 설정했다.[123]

신학자 틸리히[124]는 인간이 몸과 마음과 정신과 영혼의 다양한 차원의 영역으로 혼합되어 있다고 했다.[125] 클라인벨이 설정한 영역의 수에는 미치지 못하지만 틸리히의 전인성에 관한 영역은 성서의 인간관을 바탕으로 신학적인 입장에서 정리한 것이다.

에드워드 윔브리(Edward Wimberly)[126]는 네 가지 영역을 설정했다. 첫째는 신체적 영역으로 생명유지에 필요한 심장기관, 호흡기관, 신경조

---

122) Howard Clinebell, *Well Being*, 3-16.
123) Howard Clinebell, *Well Being*, 7-10.
124) Paul Tillich, "The meaning of health," *The Meaning of Health: Essays in Existentialis, Psychoanalysis, and Religion*, 166-172.
125) Paul Tillich, "Pastoral Care," *The Meaning of Health: Essays in Existentialis, Psychoanalysis, and Religion*, 167.
126) Edward Wimberly, *Pastoral Counseling and Spiritual Values: A Black Point of View* (Nashville: Abingdon: 1982), 33. 임경수, "신학과 심리학의 연계적," 242에서 재인용.

직, 소화기관, 그리고 생명을 번식시키는 생식기관이 있다. 둘째는 정신적인 영역으로 의식과 개인무의식, 그리고 집단무의식이 있다. 셋째는 인간 상호관계성으로 개인의 사회적인 역할을 담당한다. 넷째는 영적인 영역으로 개인의 정체성과 관련이 있고 우주의 질서와 하나님과의 관계이다.[127] 이 논문은 기독교상담학적인 입장에서 전인건강을 위한 기본적이고 필수적인 최소한의 영역을 설정한다. 이는 신학적인 입장에서 정리한 틸리히와 기독교상담학자의 입장에서 현대 심리학의 전인건강을 수용한 클라인벨의 견해와 비교하고 종합하여 전인성에 관한 다섯 가지 차원의 영역으로 구분해서 연구한다. 그 다섯 가지 차원의 영역은 인성(마음), 타인이나 환경과의 관계성, 일과 직업성, 몸의 건강인 체성, 그리고 영성이다.

1) 인성(마음)

인성은 내적차원의 영역이다. 물리적인 신체를 움직이는 것은 근육과 환경에 대한 정보를 지각하는 감각기관이다. 신체 내부의 신경계가 감각기관의 정보를 받아서 근육을 움직이게 한다. 문제는 인간의 정신이다. 정신과 신경계가 어떤 관계에 있는지를 말하는 심신관계론(mind-body question)에 대하여 지금까지는 철학자들이 논하다가 이제는 과학자들이 연구한다. 그 결과 뇌의 구조나 화학작용의 변화에 따라 의식이 변한다는 사실이 밝혀졌다.[128] 건강한 인성은 다음 네 가지의 요건이 충족되어야 한다.

첫째는, 자존감이다. 자존감이 높게 확립된 사람은 개방적이며 흔히 경

---

127) Edward Wimberly, *Pastoral Counseling and Spiritual Values: A Black Point of View* (Nashville: Abingdon: 1982), 33. 임경수, "신학과 심리학의 연계적," 242에서 재인용.
128) Neil R. Carlson, 생리심리학의 기초, 김현택 조선영 박순권 옮김 (서울: 시그마프레스2000), 3-4.

험에 의해 영향을 받게 되고 새롭게 된다. 자존감이 낮으면 선입견이나 완고함으로 경험과 현실을 통제하면서 충분한 기능을 발휘하지 못하게 된다.[129] 자존감이 건강해야 자신을 자각할 수 있고 타인을 존중하면서 상호보완적 관계를 맺을 수 있고 자율적이 될 수 있다.

둘째는, 친밀감이다. 친밀감이 있고 자아 정체성이 확립된 사람은 내적으로 행복을 느낀다. 행복은 단지 즐거운 감정이나 상태가 아니라 넘치는 활력과 신체적 건강과 잠재력이 충만하게 이루어진 온전한 유기체의 고양된 상태이다.[130] 내적으로 행복감을 느끼고 자신과 타인이나 환경에 대한 친밀감이 높으면 모든 현재의 경험에서 즐거움을 키우게 되고 개방과 배려의 가치를 높이는 건강한 삶을 살게 된다.

셋째는, 균형적인 발달이다. 양성적인 온전성은 감정과 이성의 균형적인 발달을 말한다.[131] 건강한 인성은 유약하고 양육적인 감성과 분석적인 이성의 균형적인 발달을 이룬 정신적이고 심리적으로 온전함이 있어야 한다. 그래서 균형적인 발달은 온전히 자라야 하면서도 어느 한 쪽에 기울이지 않아야 되고 조화를 이루면서 상호보완적으로 통합되어야 한다.

넷째는, 의식의 풍성함이다. 사람이 자신이나 타인 그리고 환경과의 관계를 맺는 역할은 의식의 차원에서 이루어진다.[132] 내적인 의식이 생동감이 있을 때는 모든 삶이 긍정적이 될 것이지만 의식이 황폐하면 모든 것도 황폐하게 될 것이다. 그러므로 의식이 풍성한 사람은 보다 안전하고 긍정적인 삶을 사는 것이다.

활기차고 생동감이 있는 인성 곧 마음의 건강은 전인성의 다른 차원과 영역들에게 보다 많은 영향을 주고받을 수 있는 중심과도 같다. 내적인

---

129) Duane Schultz, *Growth Psychology: models of the healthy personality* (New York: Nostrand Company, 1977), 33.
130) Duane Schultz, 48-49.
131) Howard Clinebell, *Growth Counseling*, 20.
132) Howard Clinebell, *Growth Counseling*, 21.

안정이 흐트러지게 되면 신체나 다른 세계와의 관계에서도 원만하지 못하게 될 것이지만 내적으로 건강한 사람은 외부 세계와도 건강한 관계를 맺을 뿐만 아니라 자신의 삶이 생동감 넘치는 삶을 사는 인간이 된다.

2) 관계성

관계성은 이웃이나 주변 환경과의 친밀성을 강화시키고 풍요하게 하는 차원이다. 관계성은 오늘날 사회성을 간과하고 개인적인 차원만 강조하기 쉬운 심리학의 한계성에서 보완되어야 할 중요한 영역이다.[133] 관계성은 정신과 신체의 온전성과 영향을 주고받는다. 자신의 몸과 마음이 활기찰 때는 타인과의 관계에서도 상호간의 친밀성을 갖게 되지만 타인과의 친밀한 관계가 이루어지지 못하면 자신의 정신과 몸의 감각으로부터도 단절된다. 그래서 관계성은 몸과 마음의 온전성을 촉진시키는데 여기서 관계성은 타인과 생태계 및 사회제도와의 건강한 관계이다.

먼저 타인과의 관계성이다. 인간관계는 행복한 삶의 원천이다. 타인을 신뢰하고 사랑할 때 행복감과 안정감을 느끼며 가치 있는 존재로 자각하게 된다.[134] 인간은 관계 속에서 태어나 관계 속에서 성장하고 관계중심으로 사는 존재이기에 타인과의 친밀한 관계성을 높여서 전인성을 향상시켜야 한다. 타인과의 관계를 친밀하게 증진시키기 위해서는 사랑과 협력의 자세가 필요하고 이것으로 관계의 향상뿐만 아니라 타인과 자신의 성장을 촉진 시킨다. 타인과의 불필요한 갈등이 없으면 친밀하고 협동적인 인간관계를 통하여 삶을 풍요롭고 행복하게 만들 수 있다. 심리적 갈등과 고통은 대부분이 인간관계에서 시작되고 인간관계에서 사랑의 욕구가 좌절되

---

133) 임경수, "신학과 심리학의 연계적," 245.
134) 권석만, 인간관계 심리학 (서울: 학지사, 2000), 23.

면 우울과 불안과 절망을 경험한다. 진정으로 사랑하고 협력할 때 친밀감은 향상되고 서로가 행복을 경험하게 된다.

타인과의 의미 있는 관계는 전인성을 높여준다. 타인과의 친밀하고 의미 있는 관계 안에서 심리적인 욕구가 충족되고 지속적인 관계와 지지체계를 통하여 삶의 질도 향상된다. 그래서 정상적인 사람들은 의미심장한 관계의 심리적 지지체계의 범위가 크고 넓지만 신경증의 사람들은 관계체계가 한정되어 있으며 그 범위도 극히 소수이다. 관계의 수준도 정상적인 사람들은 가족이나 친척과 친구들로부터 개방적이고 호혜적이며 풍부하고도 긍정적인 도움을 주고받지만 신경증의 사람들은 멀리 떨어져 있거나 죽은 사람들이 포함될 수도 있고, 정신증의 사람들은 더 작고 경직되고 상호 파괴적이며 억압적인 사회적 관계망에 사로잡혀 있다.[135] 건강한 사람일수록 타인과의 관계성이 친밀하고 사랑과 의미 있는 보다 폭이 넓은 관계성을 지향한다. 그래서 타인과의 관계성을 친밀하고 사랑의 관계로 증진시키면 전인성의 건강을 도모할 수 있다.

주변 환경과의 적응에 있어서도 마찬가지이다. 인간은 환경과의 관계에서 수동적인 존재가 아니라 그들과 작용하면서 영향을 받고 적응하는 목표지향적인 존재이다. 그래서 인간은 환경과의 역학적 상호작용을 하는 유기체이다.[136] 주변 환경과의 관계성은 생태계와 사회조직체계와의 관계로 다시 나눌 수 있다.

자연 생태계에 대한 의식과 돌봄은 삶의 질과 생존에 영향을 주는 모든 자연 환경에 대한 적응성이다. 인간은 자연으로부터 소외될 때 잠재력이 철저하게 구속되지만 잘 적응할 때는 풍부한 삶을 즐길 수 있다. 그러므로 인간은 주변의 자연 환경을 보다 동반자로 높이 평가하고 돌봐 주어

---

135) Howard Clinebell, *Growth Counseling*, 28.
136) William H. Ittelson, Harold M. Proshansky and Gary H. Winkel, 환경심리학, 윤홍섭 옮김 (서울: 성원사, 1995), 5-6.

야 한다.[137] 이렇게 자연환경과 친밀한 관계를 맺으며 뛰어난 적응성을 가질 때 인간의 전인성은 활력이 있게 된다.

인간과 다른 종의 차이는 특유한 생물학적 속성뿐만 아니라 학습능력이다. 변모하는 환경에 반응하고 자신의 행동을 수정시키면서 새로운 환경을 조성해서 효과적으로 수정하고 통제할 수 있는 존재가 인간이다.[138] 그러므로 생태계의 위기는 인간의 위기이다. 삶의 질을 높이고 활력 있는 전인성을 위해서도 생태계의 환경과 상호보완적이고 역동적인 관계를 맺으면서 수정과 통제와 학습을 통해 친밀하고도 유기적인 관계를 맺도록 해야 한다.

사회제도와의 관계에 있어서도 적응성이 떨어지고 무력감을 갖게 되면 사람과의 관계뿐만 아니라 경제적이고 정치적인 생활에 어려움을 겪게 되고 자기 존중감 향상과 개인적 성장에 장애가 된다.[139] 그러므로 사회관습이나 제도에 무조건 적응하는 것이 목표가 아니라 자존감을 향상시키면서 성장의 기회가 되는 방식으로 적응성을 길러야 한다. 기독교상담은 생태계의 위기와 전인성을 제한하고 방해하는 사회적인 관습이나 제도에서 고통을 겪고 있는 내담자들에게 환경에 적응할 수 있도록 돌볼 수 있어야 한다. 그래서 내담자로 하여금 모든 주변 환경과의 관계성을 높이고 건강한 전인성을 이루며 살도록 해야 하는 책임이 있다.

3) 일과 직업성

인간이 하나님을 거역하고 받은 형벌은 수고와 노동이었다.[140] 형벌 이

---

137) Howard Clinebell, Growth Counseling, 30.
138) William H. Ittelson, Harold M. Proshansky and Gary H. Winkel, 101.
139) Howard Clinebell, *Growth Counseling*, 34.
140) 창세기 3:17-19.

후 악화된 조건 속에서 노동은 고통이었지만 일은 그 이전에 태초부터 주어졌다. 하나님은 자기 형상대로 인간을 창조하시고 이르시기를 생육하고 번성하여 땅에 충만할 것이며 땅을 정복하고 모든 생물을 다스리라고 하셨다.[141] 그러므로 인간의 일과 직업은 축복이며 건강하게 살아가는 방법이다.

일과 직업은 그 인생을 완성하고 자존감을 높이는 주요한 원천이다. 인간은 일생동안 많은 일을 하면서 자존감을 높이고 보람을 찾지만 스트레스와 좌절도 일을 통하여 겪는다. 그래서 소득이 주는 의미 이상을 일과 직업 속에서 찾을 수 있다면 높은 자존감을 갖게 될 것이다.[142] 그러므로 직업을 선택하는 데는 신중해야 하고 가치관, 흥미, 성격, 적성, 능력, 전망, 가족의 기대와 지원 등을 고려해야 한다.[143]

자신이 선택한 직업에 대하여 만족하고 즐겁게 일을 한다면 그것은 심리적이고 신체적인 건강에 기여가 된다. 평생을 살면서 싫은 일을 한다면 그 일은 파괴적이지만 좋은 일을 하면서 사회에 기여하고 있다는 것은 그만큼 삶의 의미를 더해 줄 것이다.[144] 그래서 전인성을 평가할 때는 일과 직업성이 얼마나 건강한지를 점검하여야 한다. 자신의 직업을 사랑하고 있으며 보수는 만족한지, 자신의 재능을 일 속에서 충분히 발휘하고 있다고 생각하는지, 일을 통하여 받는 스트레스는 얼마나 되는지, 그리고 일 속에서 효과적인 과업을 수행하고 있는지에 대한 점검은 일과 직업을 통한 전인성을 높이는 데 꼭 필요한 기준이다.

일과 직업은 삶의 현장이며 삶 속에서 자기를 실현하는 개성화의 한 수단이다. 그러므로 누구든지 자기의 일과 직업에 대한 바른 이해가 필요하

---

141) 창세기 1:27-28.
142) Howard Clinebell, *Well Being*, 8-9.
143) 권석만, 341.
144) Howard Clinebell, *Well Being*, 135.

다. 사람은 자신에게 부여된 일과 직업을 통하여 생존하면서 자존감을 높이며 만족하고 즐거운 인생을 살게 되는 것이다. 일 속에서 수고를 하고 일을 통하여 받는 고통도 있지만 자신의 일을 사랑하고 직업을 통하여 보람된 삶을 산다는 것은 일과 직업성이 전인성에 있어서 중요한 영역이기 때문이다.

4) 체성

인간의 몸은 근육, 혈관과 혈액, 각색 내장 등으로 이루어져 있다. 이 몸은 질병과 싸우고 변화하는 체온에 적응하며, 환경의 변화에 반응하고 성장하는 주목할 만한 유기체이다. 이렇게 인간의 몸은 경이하고 놀랄 만한 존재로 복잡하게 지어졌다.[145] 구약성서의 시편 기자는 하나님의 인간 창조를 신묘막측하다고 고백하였다.[146] 복잡하면서도 소중한 몸은 전인성의 차원들 중에서도 중요한 영역이다.

생기 있는 몸을 소유하고 있으면 건강한 사람이 될 수 있다. 대개의 전통적인 상담과 심리치료에서는 몸의 건강보다 오로지 우리들의 심리향상에만 집중하였다. 그러나 신-라이히학파(the neo- Reichian)는 몸 치료에 관심을 갖게 하였으며, 성장상담에서도 몸과 정신과 영성을 위한 상담과 심리치료를 실시하고 몸과 마음에 있어서 상호보완으로 전인성을 이루는데 깊은 통찰을 주었다.[147] 몸이 건강하면 감정과 감각의 영역들이 풍성해진다. 그러므로 몸의 건강을 위해서는 자신의 신체를 함부로 사용하지 말고 적당한 휴식을 취해서 감정과 사고의 효과를 높여야 한다. 무엇보다

---

145) Gary R. Collins, *Christian Counseling: A Comprehensive Guide* (Dallas: Word Publishing, 1988), 328.
146) 시편 139:14.
147) Howard Clinebell, *Growth Counseling*, 25.

도 자신의 몸을 소중히 해서 생기를 불어 넣어야 한다.

인간은 자신의 몸을 어떻게 얼마나 가꾸고 관리하느냐에 따라서 질병과 고통에서 해방되고 활기차며 효율적인 기능을 하게 된다. 이 체성은 전인건강에 있어서 다른 차원에 심각하고도 많은 영향을 줄 수 있다. 기독교상담은 건강한 체성을 위한 신학적이고 기독교상담학적인 작업이 있어야 한다. 그래서 생명체의 전체와 연결되어 있는 건강한 체성으로 전인성을 향상시켜야 한다.

5) 영성

영성은 인류학, 사회학, 철학, 신학, 상담학 등 여러 분야에서 연구 방식이 있지만 기독교상담학적 입장에서의 영성을 포함하는 접근이 있어야 한다. 영성은 사람이 자신을 초월하는 신비한 영적존재와 관련을 맺는 영역이다. 그러므로 영성을 연구하고 이해하는 것은 심리학의 한계를 극복하는 전인적인 인간이해에서 출발하여 한 인간이 자신을 초월하는 하나님을 만나는 중요한 차원을 개발하고 발전시키는 방법이다. 기독교상담에서 영성을 포함한 전인적인 인간이해가 필요한 것도 비인간화와 인간성 상실의 현대사회에서 전체적인 인간성 회복을 위한 전인성이 필요하기 때문이다.

영성이 초월자와의 관계성이라 할 때 영성의 논의도 모든 종교에서 할 수 있고 또 그렇게 논의가 되고 있다. 이렇게 영성의 의미는 종교와 각종 연구의 분야마다 독특하고 독자적인 개념을 갖고 있는 것이 사실이다. 그래서 비인간화 현상이 심화되고 있는 현대 사회에서 영성은 중요한 연구와 논의의 주제가 되고 있다. 기독교상담의 전인성을 연구하는 이 논문에서는 심리학과 여타 종교 등에서 말하는 영성을 논하지 않고 기독교 영성을 중심으로 제한해서 접근한다.

기독교 영성은 자신의 한계를 넘어서는 타자와의 관계의 영역이다. 그러므로 자신을 초월해야 하고 초월하는 자는 하나님의 영성에 참여하게 될 것이다. 성경은 인류가 하나님의 형상을 닮았다고 했다.[148] 인간은 자신 안에 있는 하나님의 형상으로 더 큰 세계를 만나고 관계하고 활동하는 것이 기독교 영성이다. 이로써 인간 내면에 존재하는 하나님의 형상으로 자신의 한계와 능력과 범위를 초월하도록 하나님과의 관계를 개발하고 자신에 대한 의존성을 줄여야 한다.

영성은 전인성의 근원인 하나님으로부터 오는 성장과 치유의 에너지를 공급받는 중심 통로이다. 그러므로 영성은 인간을 영적 가뭄의 세상으로 몰아넣는 윤리적 혼동과 영적으로 헛되게 하고 병들게 하는 죄악과 우주적 고독 그리고 절망으로부터 살아 움직이는 전인성을 가꾸어 주며 치유하는 인간이 되도록 새롭게 하는 힘을 공급하는 역할을 한다.[149]

영성은 전인성의 모든 차원을 종합하고 연결하는 고리이다. 건강한 영성은 모든 인간성장의 중심이며 인간이 만물 중에서 가장 독특한 존재임을 증거하는 유일한 차원이다. 영성이야말로 현실적인 희망, 삶의 의미와 목적, 가치, 내적 자유, 신앙적 체계, 절정경험 그리고 하나님과의 관계 향상을 목표로 한다.[150] 그러므로 영성은 인간 삶의 모든 차원을 포함하는 전인성에 있어서 중심부이며 핵심이다. 건강한 영성은 전인성의 모든 차원들에게 영양을 공급하는 통로이며 방편이다. 그래서 영성은 인간의 삶을 풍성하게도 하고 빈약하게도 만든다. 기독교상담은 영성을 개발시키고 성장시켜서 존재의 근원인 하나님과의 긴밀하고도 생명력 있는 관계를 개선하도록 해야 한다.

---

148) 창세기 1:26-27.
149) Howard Clinebell, *Well Being*, 7-8.
150) Howard Clinebell, *Growth Counseling*, 37.

4. 전인성에 관한 함의

　기독교상담이 요구하는 자기완성이나 자아실현이 고립된 어느 한 영역으로부터 이루어지는 것이 아니다. 한 인간의 전체를 실현시키는 전인성으로부터 이루어지는 것이다. 전인성은 자신에게 있어서 내적인 건강과 몸의 건강 타인이나 환경과의 바른 관계와 온전한 영성의 성장과정이다. 기독교상담자는 인간의 성숙함이 전인성에 있음을 인식하고 상담과 치료를 통하여 모든 영역의 전인성장을 촉진시킬 수 있도록 해야 한다. 기독교상담에서 이루어져야 할 전인성은 반드시 다음과 같은 사실들이 전재되어야 한다. 그렇지 않으면 진정한 전인성의 의미는 약화되고 말 것이다.

　첫째로 전인성은 어느 한 차원의 편중된 성장으로는 안 된다. 전인성의 모든 차원은 다른 차원에 각각 영향을 주고받을 수 있기 때문이다. 전인성의 모든 차원이 개방적이고 상호보완적으로 성장을 이룬다면 인간의 전체는 유기적으로 역동성을 가지고 결합하면서 전인적인 성장을 이루게 될 것이다. 어느 한 영역의 부분적인 성장은 전체의 영역이 상호보완 되지 못하며 편협 되고 제한된 성장으로 기형적이 될 수밖에 없다.

　둘째는 성경적이어야 한다. 그것은 기독교상담과 심리치료가 인간을 구성하는 모든 영역의 요구 조건에 부응하기 때문이다. 전인성의 모든 차원은 분리되거나 독립적인 요소로 존재할 수 없다. 모든 차원의 영역을 통합하고 전체적인 인간성으로 강조되고 있는 것이 성경이다. 성경적인 입장에 기초한 전인성을 강조하는 이들은 인간이 몸과 마음과 영혼으로 이루어져 있고 전인의 건강을 추구하고자 상담하고 치료하는 것이 기독교상담이라 하였다. 그러므로 전인성을 목표로 하는 기독교상담이야말로 성경에 기초한 가장 기독교적인 상담의 분야이다. 이미 고찰한 바와 같이 기독교상담은 영성을 바탕으로 하는 전인성을 추구한다. 영성은 한 인간이 하나님 앞에서 사는 삶이다. 영성은 하나님과 자신과의 관계이며 하나님 앞에서 무릎 꿇고 사는 하나님과의 진정한 관계회복이다. 그러므로 기독교상담의 궁극적인 목적은 하나님과의 관계회복이며 하나님 앞에서 인간의 삶을 완성하도록 돕는데 있기 때문에 성경적이어야 한다.

셋째는 성령의 도우심을 구해야 한다. 성령이야말로 진정한 상담자이며 기독교상담자는 그 보조자이다. 그러므로 궁극적인 상담과 치유는 성령의 역사이다. 이것은 성령이 우리의 연약함을 도우시며,[151] 보혜사 성령이 우리를 가르치시고 생각나게 하시리라는[152] 성서의 말씀처럼 성령의 역할과 사역이 기독교상담의 필수적이다.[153] 그래서 기독교상담만이 전인성을 추구할 수 있고, 전인건강을 위한 성령의 사역을 의존하는 성서적인 상담이다.

넷째는 특정한 영역의 전문화를 요구해서는 안 된다. 전인성은 서로 다른 차원의 전문 영역을 포기하는 것이 아니다. 특정한 부문의 능력을 개발하고 총체적인 삶의 질을 높이기 위해서도 다른 영역 간의 협동과 조화가 필요하다. 어느 영역의 전문화는 결국 한계가 드러나기 마련이다. 그래서 전인성은 어느 하나의 특정한 영역의 전문화가 아니라 모든 차원의 성장과 협력과 지원이다.

다섯 번째는 영성의 비중을 낮추거나 간과해서는 안 된다. 전인성의 핵심이면서 중심부에 자리 잡고 있는 영성의 회복과 성장은 기독교상담만이 해결할 수 있는 목표이다. 일반상담의 전인성은 중심이 없는 서로 다른 차원과 영역으로서의 건강을 추구할 수밖에 없다. 그래서 기독교상담에서도 일반 심리학을 바탕으로 하는 전인성을 추구하다 보면 기독교상담의 진정한 정체성이 크게 훼손될 수밖에 없다. 기독교상담은 영성을 위한

---

151) 로마서 8:26
152) 요한복음 14:26
153) 영어성경 RSV(Revised Standard Version)는 보혜사를 the counselor라고 번역한다.

상담이기에 진정한 전인성을 이루는 가장 바람직한 기독교상담의 정체성이 있어야 한다.

여섯 번째는 서양의학의 장애를 극복해야 한다. 기독교상담에서 전인성과 관련하여 이해하고 접근하는데 장애가 되는 또 다른 요인은 서양의학이다. 서양의학은 인간을 생물학적이고 생리적인 측면에서 연구하고 진단하며 세부적인 분야를 집중적으로 치료한다. 그래서 신체를 부분적이고 세분화시키는 서양의학은 동양의 전통과 같이 전체의 건강을 논하는 전인성의 개념을 이해하는 데 바람직하지 못한 장애적인 요인이 될 수 있다.

일곱 번째는 수용과 대화로 기독교 내적인 장애 요인을 극복해야 한다. 기독교 내적인 장애 요인으로는 인간을 하나님과의 관계에서만 보는 입장과 지나치게 인간중심으로 이해하려는 양극단의 편협한 견해가 있다. 기독교상담에서도 이렇게 편협된 주장을 수용하여 성경으로만 상담하고 치유하면서 심리학적인 이론을 무시한다. 그런가 하면 심리학의 이론에만 치중하여 진단하고 치유하는 극단적인 인본주의 심리학 중심의 일반상담을 무조건 수용하는 입장이 있다. 이렇게 되면 인간의 전인성은 간과되고 어느 한 가지 차원의 영역만 강조되어 진정한 전인건강을 위한 상담이 이루어지지 못하는 것이다.

전인성 상담은 기독교상담의 중요한 과제이면서도 장애요인이 많다. 이러한 문제들을 극복하지 못하고 전인성의 한계와 이해에 관한 준비 없이 대처하면 상담과 치료를 원활히 이루지 못할 뿐만 아니라 기독교상담의 정체성마저 잃게 된다. 그러므로 기독교상담자는 전인성에 관한 이해와 상담의 목표를 분명히 설정하고 내담자로 하여금 성숙한 인간으로서 전인성을 촉진시키는 방향의 돌봄과 상담 및 치료가 요구된다.

제5장 상담관계의 윤리성

For we have not a high priest which cannot be touched with the feeling of our infirmities; but was in all points tempted like as we are, yet without sin. (Hebrews 4:15)

제5장 상담관계의 윤리성

　상담의 관건은 상담자와 내담자의 신뢰를 바탕으로 하는 상담관계 형성에 있다. 상담관계는 윤리의 문제이며 아무리 기법이 좋아도 비윤리적인 상담자는 관계를 위협하고 훼손시켜서 상담을 실패케 한다. 상담자는 상담관계를 위협하는 요인을 분석하고 관계증진을 위해 노력해서 효율적이고 성공적인 상담을 수행토록 해야 한다.
　대부분의 상담자들이 상담을 하면서 신념과 통찰력 없이 임하고 있는 실정이며 내담자와의 관계를 왜곡하고 그들에게 심각한 피해를 입히기도 한다. 그래서 현대 상담에서 강력하게 제기되고 있는 새로운 강조점이 상담자의 윤리성이다. 그것은 상담자와 내담자의 관계에서 상담자가 방해하고 오용하는 것을 방지하고 내담자의 이익을 도모하기 위함이다. 상담자의 요인으로 인한 상담의 실패가 많음에도 불구하고 지금까지 상담윤리에 대한 인식과 연구는 부족하였다.
　상담자의 비윤리적인 행동은 상담의 전과정과 목표에 부정적인 영향을 주게 되고 상담 그 자체를 실패하게 한다.
　상담윤리는 내담자에게 하나님의 은혜를 공급하는 것을 가로막지 않으려는 기독교상담자들이 가져야할 자질이다. 다른 사람의 삶에 개입하는 심각하고도 위험스러운 일을 하기에 상담자에게는 가장 높은 수준의 윤리와 도덕성이 요청된다.

1. 상담윤리의 필요성

우리 사회는 지금 집단주의 문화에서 개인주의 문화로의 급격한 변화하고 있다. 이러한 변화는 지금까지 통용되던 대화의 방법이나 권위체계의 사용을 무력하게 만들었다. 타인에게 영향을 주는 기능을 가진 부모, 연장자, 교사, 목회자 등은 전통적으로 사용하던 의사소통 방법이 더 이상 유효하지 못한 현실 앞에서 무력감을 호소한다. 무력해진 인간관계 전문가들에게 개인주의 문화에서 발달한 상담의 방법은 매우 중요하고 유효한 대안으로 등장하고 있다.

이제는 대중사회로서 생활의 가치들이 다양한 개인주의로 바뀌고 있는 시대이다. 그 중에 대표적인 것이 집단주의 문화에서 개인주의 문화로의 변화이다. 개인주의 사회는 개인의 이익이 우선이다. 그래서 개인의 이익을 우선하기에 제도나 관습의 영향이 크지 못하다. 그래서 주어진 규범이나 제도적 생활을 무너뜨리게 된다. 이러한 현대 상황은 상담과정의 관계 속에서 상담자와 내담자 사이에 관계적인 약화와 상담관계의 위기적인 상황을 일으킬 수도 있다. 그러므로 상담자는 내담자와의 관계윤리가 훼손되거나 약화되지 않고 증진되도록 힘써야 한다.

개인주의 문화에서 개인의 권위는 더 이상 존재하지 않는다. 부모와 교사나 목회자 등이 직업적 권위를 갖고 개인에게 영향을 주는 것은 불가능하다. 타인의 내적 권위를 인정하면서 그것을 사용하는 방법이 개인주의 문화에서 타인에게 영향을 주는 과정이다. 이 과정을 연구하고 조직화한 것이 현대 상담학의 방법이다.

윤리 의식은 모든 조력 직종에서 필수불가결의 요소이다. 그 중요성이 갈수록 강조되고 있다. 집단주의 문화에서 조력직은 자격증으로 충분하였다. 그러나 개인주의 문화에서 조력직은 상대방의 신뢰가 핵심이다. 타인의 신뢰를 얻고 유지하는 것이 조력전문가 역할의 전제가 된다. 상담에서도 내담자의 신뢰를 배반하지 않고 내담자의 이익을 위한다는 확신을 제공하는 것은 조력전문가로서 상담자 윤리이다.

상담이 도움을 요청하는 내담자와의 인간관계에 기초하여 이루어지는 활동이기에 윤리적인 요소가 깊이 관련되어 있다. 미국에서는 상담윤리에 관한 활발한 논의를 계속하고 있지만 우리나라에서는 제대로 이루어지지 않고 있으며 학자들이나 상담 종사자들이 거의 관심을 기울이지 못했다. 관심을 기울이지 않았다고 하여 덜 중요하다는 것은 아니다.

우리나라에서 상담윤리의 문제를 공식적으로 제기한 것은 1977년 한국상담자협회 산하 소위원회에서 윤리요강을 작성한 때 부터이다. 2년 후 제15차 한국상담자대회에서 "한국상담자 윤리요강"을 공포하였다. 불과 30년 전의 일이다.

이제 우리나라도 상담이 질적인 발전을 거듭하고 있는 때에 기독교상담에서도 다양한 윤리적 문제들을 습득할 수 있도록 논의가 이루어져야 한다. 그래서 기독교상담자들로 하여금 건전한 윤리적 판단과 상담에서 직면할 윤리 문제에 효과적으로 대처할 수 있도록 해야 한다. 기독교상담가는 윤리의식이 필수적인 자질에 속하는 것임을 알고 상담관계의 신뢰성 회복을 위해서 힘써야 한다.

2. 비밀유지와 훼손

상담자는 상담과정에서 획득한 내담자의 비밀을 유지해야 한다. 뿐만 아니라 내담자와 타인을 위해서는 적절한 방법으로 공개할 필요성도 있다. 상담정보의 비밀성 엄수와 유용성에 관하여 기존문헌에 나타난 목회자의 의식과 직접 조사한 신도의 의식에는 차이가 있다. 기독교상담자는 신도의 의식과 요구에 부응하기보다는 윤리적인 의무를 다하는 전문상담가가 되어야 한다.

1) 비밀유지의 엄수

내담자의 비밀을 유지해야 할 중요한 이유는 상담자가 비밀을 드러냄으로써 내담자로부터 신뢰와 도덕적 존중과 사회적 책임을 상실하기 때문이다. 내담자는 자신의 비밀이 공개되었다는 사실을 알게 될 때 신뢰를 배신당하는 고통을 겪게 된다. 상담의 정보는 내담자의 사생활과 안전을 위한 것이기에 윤리적인 문제가 된다. 환자를 다루는 의사의 의무이며 히포크라테스의 선서에서도 나타난다.[154]

성경에서도 남의 말을 하지 말 것을 말씀한다(잠언 11:13, 20:19). 두루다니며 험담하거나 남의 비밀을 누설하는 것은 신실하지 못한 자의 처신이라 하였고, 예수께서도 형제가 죄를 범하면 가서 너와 그 사람과만 상대하라(마18:15)고 하셨다.

미국상담협회(The American Counseling Association: ACA)가 1995년도에 발표한 "윤리강령 및 실천규범(AC+A Code of Ethics and Standard of Practice)에는 Section B에서 비밀보장(confidentiality)에 대한 조항을 두고 있으며 B.1.a에서 "상담자는 내담자들의 사생활 보장권을 존중하며 내담자에 관한 정보를 불법적으로 혹은 부당하게 공개하지 않는다"로 규정하고 있다.

기독교상담에 있어서 잠재적인 내담자라 할 수 있는 신도들을 대상으로

---

154) 히포크라테스의 선서에는 "어느 집에 들어가도 환자의 행복 때문이며, 고의적 부정과 가해를 피하고 남녀를 불문하고 그들이 자유인이든 노예이든 간에 정교(情交)를 나누지 않는다. 치료할 때 보고 들은 것과 치료에 관계 없는 다른 사람의 사생활을 누설하지 않는다는 신념으로 침묵을 지킨다." 는 구절이 있다.

조사한 바에 의하면 상담자의 비밀엄수는 의무라는 의식을 갖고 있었다. 조사 대상자들은 남자가 90명, 여자가 72명으로 총 162명이었다. 이들에게 "상담자는 내가 상담한 내용의 비밀성을 지켜야 할 의무가 있느냐?"는 질문을 하고 5점 척도로 응답케 하였다. ① 아주 그렇다 75명 ② 약간 그렇다 27명으로 전체 응답자의 63%가 자신의 상담 내용을 공개해서는 안 된다고 하였다.

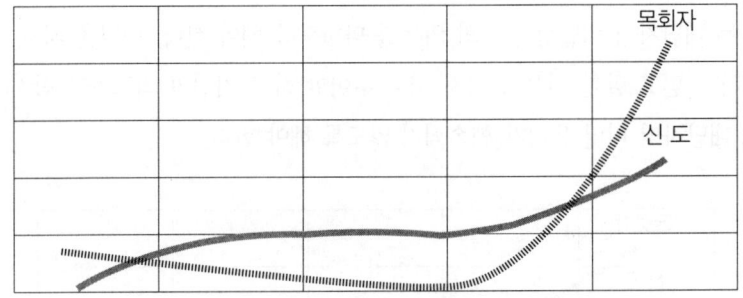

그림 8 비밀 엄수에 대한 목회자와 신도의 응답 비교(%)

목회자들은 신도들보다 비밀성 유지에 관하여 더 엄격하였다. 목회자들에 비하여 신도의 의식이 약간 느슨한 것은 자신의 문제에 대하여 좀더 관대한 입장을 보인 것이지 결코 비밀성 엄수에 대한 부정은 아니다.

2) 비밀유지의 예외 사항들

상담자가 내담자로부터 획득한 정보를 공개하는 것이 유익한 경우가 있다. 신도들에게 "상담 비밀에 관한 정보를 설교에서 예화로 들어본 적이 있느냐?"는 질문을 하였다. 아래의 표에서 보듯이 162명의 응답자 중 "아주 그렇다"가 5명, "약간 그렇다"가 45명으로 전체 응답자의 31% 이상이 설교에서 상담 비밀에 관한 정보를 들어보았다고 대답했다. 이 결과는 오늘의 목회자들이 상담의 내용과 정보를 설교에서 상당부분 공개하고 있다는 현실을 반영한다.

신도는 자신의 상담 내용을 설교나 강연 등을 통하여 들었을 때 자신의 상담자가 될 목회자를 불신하게 되고, 이런 현실이 계속된다면 효과적인 기독교상담은 기대할 수 없게 된다. 자신의 상담 정보에 대한 공개에 부정적인 사람이 62.8%였고 목회자 자신도 인정하고 있듯이 기독교상담자는 내담자의 비밀성 유지의 의무를 다하도록 해야 한다. 비밀을 지켜 주리라고 믿고 말한 것을 끝까지 지켜 주어야 하고 최선의 의도라고 할지라도 내담자의 비밀 유지가 훼손되지 않도록 해야 한다.

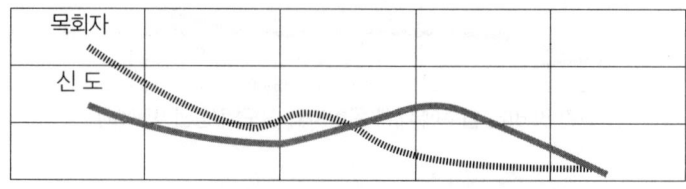

그림 9 정보의 유용성에 관한 응답 비교(%)

미국상담협회(ACA)의 "윤리강령 및 실천규범"의 B.1.c에서는 사생활보장 원칙에서 제외되는 내용을 제시한다. 첫째는 내담자와 관련된 이들이 위험에 처해 있을 때 비밀공개가 필요하고, 둘째는 내담자의 정보공개에 관한 법적 요청이 있어을 경우이다. 비밀보장이 원칙이지만 법률이나 상담자 윤리강령에서는 그 예외를 인정하고 있는 셈이다.[155]

---

155) 정신보건법 제 26조(평가입원) 제 1항은 "정신병으로 자신 또는 타인을 해할 위험이 있다고 의심되는 자를 발견한 정신과 전문의 또는 정신보건전문요원은 시.도지사에게 당해인의 진단 및 보호를 요청할 수 있다"고 규정하고 있으며 동법 제 28조(응급입원) 제 1항은 "정신환자로 추정되는 자로서 자신 또는 타인을 해할 위험이 큰 자를 발견한 자는(중략)... 의사와 경찰관의 동의를 얻어 정신의료기관에 당해인에 대한 응급입원을 의뢰할 수 있다"고 규정하여 부득불 공개할 수 있는 예외의 규정을 두고 있다.

우리나라에도 정신보건법 제26조(평가입원) 제1항에서 "정신병으로 자신 또는 타인을 해할 위험이 있다고 의심되는 자를 발견한 정신과 전문의 또는 정신보건전문요원은 시·도지사에게 당해인의 진단 및 보호를 요청할 수 있다"로 되어 있다.

정신보건법 제 28조(응급입원) 제 1항에도 "정신환자로 추정되는 자로서 자신 또는 타인을 해할 위협이 큰 자를 발견한 자는(중략)... 의사와 경찰관의 동의를 얻어 정신의료기관에 당해인에 대한 응급입원을 의뢰할 수 있다"고 한다. 윤리적으로나 법적으로 볼 때 상담자가 상담과정에서 내담자로부터 획득한 정보를 공개해야할 경우가 있는 것이다.

(1) 타인 학대의 위험이 있는 경우

상담 중에 내담자가 타인을 학대하겠다는 계획을 보고하였을 때 정보공개는 생명을 구하고 피해자들을 평생 남을 수 있는 상처로부터 보호하는 것이다. 노약자나 여성 및 아동학대는 사회와 가정사역 차원의 심각한 문제이며 교회는 이들을 위하여 그리스도를 대신해서 일할 방법을 찾아야 한다.

특히 노약자와 여성이나 아동 또는 내담자의 가족을 폭행할 계획을 상담 중에 보고 받았다면 상담자는 그들을 보호할 수 있는 적절한 방법을 강구해야 한다. 내담자로부터 다른 사람을 보호해야 할 위험이 있음에도 불구하고 상담자의 예측이나 판단이 실패하면 내담자와 타인에게 피해를 주게 되고 사회적인 문제까지도 일으킬 수 있다. 그러므로 상담자는 내담자로부터 잠재적인 피해자들을 보호할 윤리적인 의무를 갖고 있다.

케네스 스테포드(Kenneth Stafford)는 어린이 학대를 네 가지 범주로 정리하여 신체적 학대, 정서적 학대, 성적 학대 그리고 방치라고 하였다. [156] 어린이 학대는 혐오할 만한 죄악이며 그들의 영혼을 포함한 전인적인

---

156) Kenneth Stafford, 「기독교 상담지침서」, 강승문 역 (고양: 크리스챤다이제스트, 1991), 231.

피해를 주는 것이기에 상담자는 윤리적 의무감을 가지고 이들을 보호할 수 있어야 한다.

신도에게 "학대나 폭력 등의 이유로 비밀성 유지의 예외를 인정하느냐?"는 질문을 하였다. 전체 162명 중 35%가 비밀성 유지의 예외를 인정하였고, 54%의 88명은 그래도 안 된다고 하였다. 이는 아직도 우리 사회가 비밀은 보장되어야 하고 훼손되어서는 안 된다는 신뢰를 바탕으로 이루어져 있다는 것을 말한다.

기독교상담자는 신도들의 뜻이 타인학대의 위험이 있을 경우에도 비밀이 훼손되어서는 안 된다고 할지라도 전문인으로서의 윤리적인 의무를 지켜야 한다. 그러기 때문에 내담자와 이 문제에 대한 이견이나 갈등이 노출되지 않도록 초기 상담과정에서 비밀성의 훼손에 관한 논의가 있어야 한다.

내담자의 비밀을 공개하게 될 때 사전에 적절한 방법을 강구하지 못하면 상담이 도중에 중단될 수도 있고 법적인 문제로까지 비화될 가능성도 없지 않다. 상담자는 부득불 정보를 공개하는 것이 내담자와 타인을 학대나 폭력으로부터 보호하는 것이라는 사실을 주지시켜야 하다. 그리고 여기에 대한 기록을 문서로 남길 수 있도록 합의하는 것이 최선의 방법이다.

(2) 성적 학대가 있는 경우

미국 상원의 사법위원회 보고에 의하면 5명의 미국 여자들 중 1명이 강간을 당한다고 한다. 해마다 3백만 명 이상의 여자들이 구타를 당하고 있으며 구타를 당하는 여인들 중에서 1백만 명은 응급처치가 필요하다고 했다. 그리고 성적 학대의 피해자들 대부분은 가해자들을 알고 있었다.[157] 즉, 피해자는 알고 있는 사람들로부터 계획적으로 당하고 있는 것이다. 이

---

157) John Charles Wynn, 「가족치료와 목회사역」, 문희경 역 (서울: 도서출판 솔로몬, 1998), 196.

는 내담자로부터 성적 학대에 관한 정보를 보고 받은 상담자는 이 사실에 대하여 비밀을 유지하기보다는 적당한 공개를 필요로 한다. 그렇지 않으면 피해자는 계속해서 가해자로부터 성적학대나 피해를 당할 가능성이 있기 때문이다.

근친상간을 당했던 성인들은 외상 후 장애(post traumatic disorder)를 겪게 되는데 이들은 언제 또 다시 고통스러운 강요를 당하게 될지를 생각하고 두려워한다. 상담가가 성적 학대의 심각한 결과에 대한 이해가 부족하여 비밀을 유지하기에 급급하다면 내담자와 제 삼자를 엄청난 피해의 현장으로 내려 보내는 것과 같다.

(3) 자살계획을 보고하는 내담자

자살은 어디에도 비길 데 없는 비극이다. 내담자가 자살을 했을 때 그 충격은 오랫동안 가족들과 주변인들에게 큰 충격을 준다. 그러므로 자살할 계획을 갖고 있는 내담자를 보호하는 것도 상담자의 윤리적인 문제이다. 상담자는 자살하려는 내담자의 삶에 개입해야 한다. 이것은 성경적이며 상담윤리의 문제이다.

신도들의 응답을 보면 응답자의 63%가 상담 중에 보고된 자살 의도에 관하여 공개를 해서는 안 된다고 한다. 신도들의 이러한 반응은 학대나 폭력의 위험이 있을 때처럼 자살할 계획도 비밀이 훼손되어서는 안 된다고 응답한 것이다. 그래서 상담자가 가족에게 알려서 가족들의 협조를 구해야 한다고 생각하면서도 내담자와의 비밀엄수와 유지라는 필요성 때문에 조치를 취하지 못하게 된다. 그러므로 상담자의 윤리성에 입각하여 반드시 후속조치를 취해서 더 큰 사고와 비극을 사전에 예방해야 하는 책임이 있다.

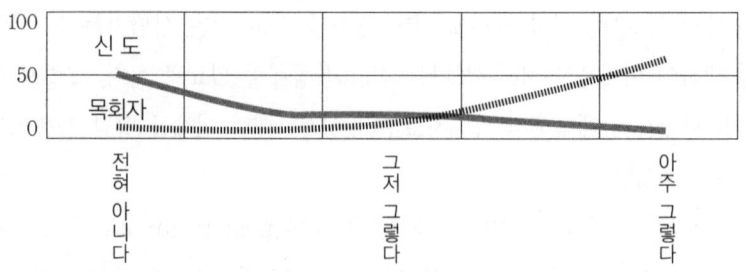

그림 10 자살고백이 있을 때의 공개에 대한 응답 비교(%)

자살하려는 사람에게 개입하기 위해서는 자살 위험을 판단하는 것이 중요하다. 유능한 상담자는 내담자의 특성, 인생 여정, 상황 여건에 따라 위험 정도를 판단한다. 자살의 위험 정도를 판단할 때는 내담자의 과거 자살을 시도한 경험이 있는지를 보아야 한다. 난폭하고 화를 잘 내는 사람인지도 평가해야 하는데 난폭하고 다루기 힘든 분노로 인생을 살아온 사람은 자살하려는 행동을 강하게 나타내기 때문이다. 또 비폭력적이면서도 우울 증세를 갖고 있는 사람이 최근에 갑작스러운 상실감을 경험하였을 때 자살을 시도할 가능성이 높다.

현실치료의 이론을 실재로 적용하는데 기여를 했던 현실치료자 우볼딩(Robert E. Wubbolding)에 의하면 자살가능성을 가진 내담자는 다음과 같은 특성을 가지고 있다.[158]

① 값비싼 물건들을 처분한다.
② 자살 방법 등 자살 계획을 세우고 토의한다.
③ 이전에 자살시도가 있다.

---

158) Gerald Corey, 「심리상담과 치료의 이론과 실제」, 조현춘, 조현재 공역 (서울: 시그마프레스, 1996), 116.

④ 희망의 상실, 무력감, 자신이나 세상에 대하여 분노한다.
⑤ 가족이나 친구들은 자신이 없어도 섭섭하지 않을 것이라고 한다.
⑥ 우울 다음에 갑작스런 긍정적 방향에로의 행동변화가 있었다.

자살을 방지하기 위해서는 열린 마음으로 자살에 대해 논의해야 하고 자살을 대체할 수 있는 다른 생각을 갖도록 해야 한다. 자살 충동이 일어날 때 도움을 받을 수 있는 가족이나 친구에게 알리기로 약속하고, 자살하지 않겠다는 계약을 체결하는 것도 중요하다. 상담자는 자살 계획을 가진 내담자를 병원에 입원하도록 도와주고 그리스도 안에서 성숙되도록 격려해야 한다.[159]

자살의 공식통계는 불분명하다. 자살은 사적인 사건이므로 공적인 통계를 산출하기가 불가능하기 때문이다. 경제기획원의 사망인구통계와 경찰통계연보의 자료는 매년 다르게 나타난다. 1983년도의 경찰통계에 의한 자살자 수는 경제기획원의 통계보다 무려 3배가 많았다.[160] 아래의 표는 통계청이 발표한 연도별 사망자와 자살자의 통계이다.[161]

표 4 통계청이 발표한 연도별 사망자와 자살자

연 도	사 망 자	자 살 자
1991	199,673	3,066
1992	208,321	3,533
1993	217,154	4,123
1994	230,677	4,211
1995	238,132	4,840
1996	236,234	5,856
1997	238,714	6,022
1998	240,254	8,569
1999	246,539	7,075
2000	247,346	6,460

---

159) Peter Mosgofian and George Ohlschlager, op. cit., 180-185.
160) 원호택, 「이상심리학」 (서울: 법문사, 1997), 458.
161) 통계청, http://www.nso.go.kr/cgi-bin/, 2002. 9. 13.

통계청이 발표한 지난 10년간 사망자 수와 자살자 수를 비교할 때 자살자는 매년 증가하고 있는 추세이다. 최근 2년간의 수가 감소한 것은 IMF 체제로 급격한 증가를 이룬데 대한 자연적인 감소현상이었다. 아래의 표는 통계청이 발표한 지난 10년간의 사망원인별 사망률 대조표이다.[162]

사망원인명	1991		2001		증감	
	순위	사망률	순위	사망률	순위(단계)	사망률
암	1	105.2	1	123.5	-	18.3
뇌혈관 질환	2	72.6	2	73.8	-	1.2
심장질환	3	49.1	3	34.2	-	-14.9
당뇨병	7	12.4	4	23.8	3	11.4
간질환	5	32.2	5	22.3	-	-9.9
운수사고	4	38.2	6	21.0	-2	-17.2
만성질환	8	11.5	7	19.0	1	7.5
자살	10	9.1	8	15.5	2	6.4
고혈압	6	29.9	9	10.2	-3	-19.7
호흡기 결핵	9	10.4	10	6.3	-1	-4.1

표 5 통계청이 발표한 10년간 사망원인별 사망률 대조표

위의 표와 같이 사망원인별 사망률의 변화를 보면 자살이 지난 10년 동안 6.4명으로 상승하여 순위에서 무려 두 단계를 뛰어 올랐으며 사망률은 인구 10만 명당 비율이다.

이러한 통계지표는 다른 사망원인에 비해 자살율이 매년 증가하고 있다는 것으로 기독교상담가가 미리 대비해야 할 사항이다. 지역조사에 의하면 자살자의 90%가 심리적 장애를 보였으며 30%이상을 차지하는 것이

---
162) Ibid.

우울증이다. "자살하겠다는 사람은 자살하지 않는다"는 것은 미신이며 10명중에서 8명은 어떤 방식으로든지 자신의 자살 의도를 알린다고 한다.

자살자는 계획을 실행하기까지 신속하고 명확하게 결정하지 못하고 대부분은 다른 사람이 구조할 수 있는 여지를 남겨 놓는다. 그리고 자살은 특정 계층의 전유물이 아니다. 누구든지 자살을 한번쯤은 생각하고 있고 실행할 가능성도 있다는 사실을 상담자는 인지하고 있어야 한다. 우리 사회에서 상위계층이나 엘리트층에서도 자살을 실행하여 많은 사람을 놀라게 하는 일들이 많다. 정상적이고 이성적인 상태에서 결행하는 경우도 있음을 알아야 한다. 그러기에 자살을 시도하려는 자는 얼마든지 상담자를 찾아올 수 있다. 기독교상담자는 이런 사실을 미리 예견하고 여기에 대한 윤리적인 의무를 다할 수 있도록 대비해야 한다.

상담자는 내담자의 자살 방지를 위한 상담지침을 미리 정해놓는 것도 필요하다. 자살 방지를 위하여 우볼딩이 제시한 행동목록은 다음과 같다.[163]

① 가능하면 위기가 있을 때 구급대에 연락하겠다는 약속을 받아 둔다.
② 무기를 소지하고 있으면 제 삼자에게 알린다는 사실을 분명히 한다.
③ 내담자의 정서상태를 관찰할 수 있도록 상담시간 외에도 연락할 수 있는 방법을 강구해 둔다.
④ 치료에 수반하여 약물치료를 고려한다.
⑤ 사례의 심각성에 따라 입원을 고려한다.
⑥ 자살방지나 위기 개입방법에 대한 훈련을 받고 최신의 연구와 이론을 숙지한다.

내담자로부터 자살할 계획을 갖고 있다는 보고를 받았을 때 상담자는

---
163) Gerald Corey, 「심리상담과 치료의 이론과 실제」, 117.

자살 위험의 결정을 내리고 필요한 조치를 취하여야 한다. 자살 위험을 가진 내담자의 요청을 진지하게 받아들이고 도와주면 그를 구할 수 있다. 자살 위험을 가진 내담자를 강제적으로 병원이나 시설에 수용시킬 수도 있다. 상담에서 얻은 정보는 내담자를 보호하기 위하여 비밀 유지 의무에 상관없이 적절한 방법으로 공개하는 것이 상담가의 윤리적인 의무이다.

(4) 낙태상담

전문상담자는 낙태문제와 같은 사회·문화적인 상담에 대처해야 한다. 이미 기독교상담자들은 낙태와 에이즈 등과 같은 무서운 현실과 싸워야 했다. 그러나 갈수록 동성애는 더 성행하고 있으며 미국에서는 동성애자에 대한 안수문제로 논쟁하고 있는 현실이다. 에이즈 바이러스도 끊임없이 인류를 위협하고 있다. 사회·문화적 내용의 상담에 있어서 기독교상담자의 윤리적인 문제도 있다.

낙태 문제의 논쟁이 격렬한 지금 기독교상담자는 이 결정에 대하여 조언해야할 상황이다. 낙태에 관한 법적인 문제를 숙지해야 하며 윤리적인 해답을 갖고 있어야 한다. 문제는 십대이다. 십대로부터 낙태에 대한 보고가 있었을 때 상담자는 부모의 참여를 권해야 하고 부모와 상의할 때까지 낙태를 보류토록 해야 한다. 십대의 내담자가 부모와 상의하는 것이나 임신을 알리는 것을 두려워한다면 그 이유를 주의해서 듣고 그녀가 할 수 없는 것을 할 수 있도록 도와주어야 한다.[164]

(5) 에이즈환자 상담

HIV(인체 면역결핍 바이러스 human immune-deficiency virus) 검사에서 양성반응이 나타난 에이즈(PWA)에 걸린 사람이 동성애에서 벗어

---

164) Peter Mosgofian and George Ohlschlager, op. cit., 331.

나려는 몸부림으로 상담자를 찾아왔을 때 어떻게 할 것인가? 상담자는 에이즈가 치명적이며 치료하기도 어려운 현실을 알고 윤리적인 대처가 있어야 한다.

에이즈 환자라는 사실을 섹스 파트너에게 공개하도록 요구한다면 과연 그 내담자는 상담자를 인정하고 신뢰할 것인가? 그렇다고 비밀유지에만 급급할 것인가? 에이즈가 치명적인 전염성을 가지고 있다는 사실을 알고도 내담자의 비밀유지에만 몰두할 수 없다. 에이즈가 치명적이며 치료하기도 어려운 현실을 알고 윤리적인 대처가 있어야 한다.

에이즈의 전염 활동은 거의 네 가지 형태로 알려져 있다. 난잡한 동성애와 마약의 정맥주사와 수혈 그리고 임신 중의 태아 전염이다. 수혈은 그래도 비교적 안전하다고 할 수 있지만 동성애와 마약의 정맥주사는 늘고 있으므로 현대인들은 에이즈 바이러스에 노출될 위험을 안고 있다.[165] 그러므로 일부일처의 건전한 부부생활을 하는 사람과 수혈을 받지 않는 사람들을 제외하고는 모든 사람들이 위험에 노출되어 있는 것이 현실이다.

상담자는 에이즈 바이러스를 가진 사람이 공개적으로 알려지지 않도록 주의하고 보호해야 한다. 에이즈 바이러스를 소유한 내담자와 상담할 때는 정확한 기록을 보존하고 다른 사람에게 감염되지 않도록 합리적인 조처를 취하면서 심리적이고 영적으로 혼란을 겪지 않도록 도와야 한다. 에이즈 상담을 위해서도 에이즈에 관한 최근의 정보를 수집하고 질병과 정신건강 상실에 관한 주기를 이해하고 대처해야 한다.

에이즈 환자도 다른 질병의 환자들처럼 장기적이고 주기적으로 회복과 재발이 계속 진행되면서 자신감이나 자존감 등을 잃고 정신적인 건강을 상실하게 된다. 이럴 경우에 상담자는 긍정적이고 후원적인 상담으로

---

[165] Gregg R. Albers, 『에이즈 상담』 기독교상담시리즈 29, 윤종석 역 (서울: 도서출판 두란노, 1996), 172-175.

질병의 말기에 찾아올 피할 수 없는 감정에 대한 준비가 있도록 해야 한다.[166]

상담자는 사회·문화적인 내용의 상담에서 자신의 가치와 기준을 강요하지 말고 그것을 지혜롭게 드러내야 한다. 그리고 에이즈 등과 같은 환자에게 절제하고 보다 안전한 생활 습관을 가지도록 권유하면서 비밀보장과 공개 사이의 갈등과 한계에 대하여 논의하고 합의해서 그 내용을 구체적으로 기록해야 한다.[167]

사회·문화적 내용의 상담에 있어서 낙태와 에이즈상담 외에도 여러 문제에서 앞으로 계속 증가할 것이다. 가족문제와 마약문제는 우리 사회에 그 문제점들이 심각하게 노출되고 있으며 기독교상담의 주요 내용으로 부각되고 있다. 기독교상담자들은 하나님의 도우심과 승리를 믿고 윤리적인 한계에 관한 지식을 습득하고 적절한 대응이 있어야 한다. 그것이 내담자와 다른 많은 사람들을 사회·문화적인 문제로부터 구할 수 있는 상담자의 윤리적인 의무이다.

3) 비밀유지와 훼손에 관한 법적판례

상담자는 비슷한 상황에서 고통을 겪는 다른 많은 사람들을 인도하고 경고하는 차원에서 상담 내용을 공개해야 할 필요성을 느낄 때가 많을 것이다. 그러므로 내담자에게 필요시에는 자신의 정보를 공개해도 좋다는 동의를 받아두어야 한다. 상담 초기에 내담자로부터 상담 내용에 관한 정보를 동료나 감독자와 토의할 수도 있다는 사실을 알려주고 이것을 문서나 녹음으로 남겨두어야 한다. 내담자로부터 동의를 받아 두면 적절한 예

---

166) Ibid., 204.
167) Peter Mosgofian and George Ohlschlager, op. cit., 332-339.

화나 교훈으로 사용할 수도 있다.

제럴드 코리(Gerald Corey)에 의하면 비밀유지와 훼손에 관한 유명한 법적 판결은 1976년 캘리포니아 주 대법원에서 있었던 테라소프 대 캘리포니아 주립대학 평의원(regent of the university of california)에 대한 판결이며 그 내용은 다음과 같다.[168]

강박관념에 사로잡힌 질투심이 많은 테라소프(tarasoff)의 남자 친구 프로센지 포다(Prosenjit Poddar)는 버클리 대학의 외래 정신과 진료소에 있는 심리학자들에게 테라소프에 대한 살인행위를 하기 앞서 자신의 폭력 의사를 나타냈었다. 심리학자들은 이러한 위협을 심각하게 받아들이고 병원에 입원시키고자 시도하다가 실패하고 경찰에 알렸다. 경찰은 포다에게 살인 의도를 발견할 수가 없어서 석방했고, 진료소의 정신과 의사는 담당 심리학자들을 사생활 비밀 보장을 위반하였다고 문책하고 더 이상 개입을 금지시켰다.

포다는 치료를 받으러 오지 않았고 몇 달 뒤에 테라소프를 살인하였다. 테라소프의 부모는 대학과 진료소 그리고 이 소송에 연루된 여러 진료진에 대해 부당한 죽음을 주장하며 소송을 제기하였다. 1심과 항소심에서 피고측이 승소하였으나, 1974년 캘리포니아 주 대법원은 정신치료 의사는 살인위협은 삼자에게 경고할 책임이 있다고 판결하여 원심을 뒤집었다.

테라소프 판결의 의미는 상반된 두 개의 가치가 충돌하였을 때 우선되는 것은 생명을 보존하는 것이다. 치료의 비밀을 지키는 것보다 더 중시되는 것이 생명존중이다. 내담자가 가하는 해악으로부터 위협을 받는 제 삼자를 보호하기 위한 목적으로 개입하는 상담자는 법적으로 보호되고 존중되어야 한다. 내담자의 비밀이 깨어진 데 대한 소송으로부터 면책되어지도록 권리를 부여하면서 또한 어려운 문제를 가진 사람들이 언제든지 접

---

168) Gerald Corey, 『심리상담과 치료의 이론과 실제』, 111-112.

근할 수 있도록 노력해야 한다.

  기독교상담자에게 있어서 비밀을 유지한다는 것은 내담자로부터 신뢰를 받을 수 있고, 성공적인 상담에 대단히 중요한 역할을 한다. 그러나 상담 윤리적인 원칙에서는 절대적이라고 할 수 없다. 상담자는 비밀 유지의 한계와 공개에 대한 위험을 판단해서 성공적인 상담을 이루도록 해야 한다. 무엇보다도 내담자와 제 삼자 그리고 공익을 위할 수 있도록 해야 한다.

  내담자의 비밀을 공개할 경우의 위험에 관한 평가를 내려야 한다. 심각하고 절박한 위험의 징후를 알 수 있을 경우에 희생자의 신분이 알려지면서 일어날 위험요소도 판단해야 한다. 판단이 내려지면 부적절한 일이 일어나지 않도록 예방해야 하고 내담자를 자발적으로나 강제적으로 입원을 시켜야 한다. 희생을 당할 수 있는 사람이나 내담자와 함께 손상과 충격을 받게 될 사회를 보호할 윤리적인 의무에 대한 책임을 다하도록 해야 한다.

3. 성적 접촉

  상담자와 내담자간의 공감과 수용으로 인한 친밀감은 성적 접촉으로 발전하게 될 위험이 있다. 상담관계를 형성하기 위해서 어느 정도의 신체적 접촉이 가능하다고 하지만 성적 친밀감은 상담의 실패 가능성과 내담자에게 돌이킬 수 없는 피해를 주게 된다. 설문 조사에 의하면 성적 접촉에 관한 신도들의 의식도 부정적이었다.

  내담자가 상담자에게 자신의 고민이나 감정을 보고하고 두 사람의 상담관계가 진전되면 친밀해 지게 된다. 친밀한 관계는 이성일 경우에 성적인 관계로 발전할 수 있으며 성적인 관계로 발전하게 되면 상담관계는 퇴색하고 피해자는 이성 상담자를 불신할 것이다. 결국 피해자는 죄의식과 수치심으로 우울증이나 사회적 부적응 현상의 증세를 일으킨다. 그러므로 상담자는 이성 내담자와의 성적접촉으로 상담의 효과를 상실하지 않도록 사전에 방지하고 노력해야 할 상담관계의 윤리적인 의무가 있다.

1) 신체적 접촉

상담자와 내담자 사이에 신체적 접촉이 상담효과에 도움이 되느냐는 문제는 윤리문제에 있어서 중요한 주제이다. 사랑이나 정서적 지지와 위로를 신체적인 접촉으로 표현해야 하는지 아니면 그것이 위험한 일인지에 대한 연구가 필요하다.

신체적 접촉이 시작되면 내담자의 마음속에는 성적인 감정을 가질 수 있다. 상담자가 목회자요 기독교인이기 때문에 이성에 의해 자극 받지 않는 것은 아니다. 친근한 면담을 계속하다가는 내담자가 유혹할 수도 있고, 상담자에게 지나치게 끌릴 수도 있는 것이다. 반대로 상담가가 내담자에게 매력을 느낄 수도 있을 것이다. 그러므로 상담자는 내담자로 하여금 자신에게 밀착하지 않도록 조심해야 한다.

일반적으로 신체적 접촉이 적절하게 필요한 경우가 있다. 어려서부터 애정의 결핍을 겪은 자들이다. 이들은 사회적으로나 정서적으로 성숙하지 못한 내담자이며 신체적인 접촉으로 안정감을 줄 수 있다.

다음은 현재 극한 슬픔이나 외상을 겪고 있는 내담자를 상담하는 위기상담이나 정서적인 지지가 필요한 경우이다. 그리고 상담을 종결하거나 인사를 할 때 악수를 하는 약간의 신체적 접촉은 필요하다.

신도들에게 "상담자와 내담자에게 신체적 접촉이 있어도 되느냐?"는 질문을 했다. 아래의 표와 같이 응답자 162명 중 66명이 "전혀 아니다"로 응답하였고, 49명이 "약간 아니다"라고 하였다. 신도들은 70.9%가 상담자와 내담자의 신체적 접촉을 부정적으로 보고 있는 것이다.

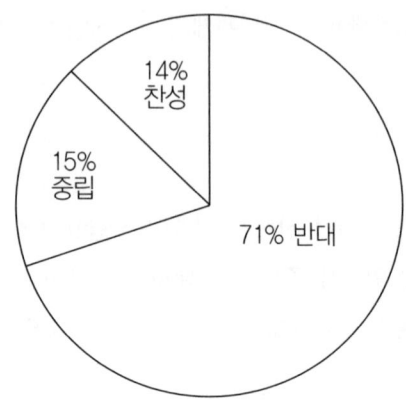

그림 11 신도가 생각하는 신체적 접촉의 허용도(%)

신체적 접촉에 관한 신도의 응답을 성별로 보면 남자는 응답자 90명 중에서 36명이 "전혀 아니다"라고 하여 40%가 절대적으로 부정적인 견해를 가지고 있었으며 여성도 72명의 응답자 중에서 30명이 "전혀 아니다"라고 하여 41.6%가 신체적 접촉에 관하여 절대적으로 부정적이었다. 이 견해에 대한 남녀 간의 차이는 없었으며 연령별로 응답한 결과를 보면 "전혀 아니다"고 응답한 자들이 20대가 40.6%, 30대가 44%, 40대가 39.2% 그리고 50대 이상이 33.3%이었다. 이 조사의 결과는 신도는 신체적 접촉에 대하여 부정적인 견해를 가지고 있으며 남녀와 세대의 차이가 없이 상담자와 내담자와의 신체적 접촉을 경계하고 있었다.

역사적으로 전문가의 세계에서 성적 접촉에 대한 관심은 고대의 히포크라테스에게로 올라간다. 의학의 기본 윤리법전인 히포크라테스 집성(hippocratic corpus)에는 "환자의 운명은 의사의 손에 있고 시시각각으로 아름다운 여인과 처녀들을 만난다. 그러므로 이러한 상황에서는 반드시 자기조절을 해야 한다"라고 되어 있다. 히포크라테스 집성이 그리스어로 번역되면서 "히포크라테스 선서"라고 불렸고, 의사들의 선서에는 "나는 모든 의도적인 범죄와 잘못을 저지르지 않을 것이며 특히 남성이나 여성의 신체를 능욕하지 않을 것이다"라고 되어 있다.[169]

전문가들은 20세기 말엽에 이르러 상담자와 내담자의 성적 관계에 관심을 갖게 되었다. 이미 많은 문제가 발생한 결과였다. 1975년 미국심리학협회(American Psychiatric Association: APA) 연차대회에서 치료자와 내담자간의 성적 접촉은 강간과 동등하다고 주장하여 큰 관심을 불러 일으켰다.[170] 한국에서는 아직도 성적 접촉의 윤리적인 문제가 관심을 끌지 못하고 있는 주제이지만 전문상담자로서 반드시 명확하게 인지해 둘 필요가 있다.

약간의 신체적 접촉이 필요한 경우가 있다고 하더라도 중요한 것은 상담 기법이나 상담자의 진실을 표현하는 그 이상으로 남용되어서는 안 된다. 내담자가 상담가의 신체적 접촉을 신뢰할 수 없다면 상담과정을 믿을 수 없을 것이며 신체적 접촉이 허용되는 경우라도 신중해야 한다.

내담자가 울거나 괴로워 할 때 상담가가 내담자의 고통을 충분히 경험하고 표현해야 할 필요에 따라 신체적 접촉이 있을 수도 있다. 신체적 접촉을 통해 상담자 자신이 편안한 마음으로 상담과정을 보다 친밀하게 진행시킬 수도 있을 것이다. 그러나 누구의 욕구가 충족되는지를 생각해야 한다. 상담가는 내담자에게 솔직해야 하며 신체적 접촉의 범위를 넘어서지 않도록 항상 경계해야 한다.

---

[169] Peter Mosgofian and George Ohlschlager, 『상담 중 일어나는 성적 비행』 현대 기독교 상담시리즈 10권, 김연 역 (서울: 도서출판 두란노, 1997), 21-22.
[170] Ibid.

2) 성적친밀감

상담 사역에 있어서 성적 부정행위는 문제의 쟁점이다. 기독교상담자들이 훈련을 받았지만 순수한 도움을 받고 인정받으려는 내담자로부터의 호소를 애정관계의 요청으로 오해하는 경우가 있다. 상담가의 태도를 혼동한 내담자는 사랑과 돌봄의 형태로 받아들이기가 쉽고 순수한 동기나 악의 없이 진행되었어도 성적 친밀도는 내담자 모두에게 중대한 해를 끼치게 된다.[171]

성적 부정행위에 대한 현대적 정의는 성적 접촉, 성적 유혹, 혹은 성적 희롱을 하기 위한 행동이나 표현이다. 내담자와의 부정한 성적 접촉을 가진 상담가의 동기나 특성에 대하여 알려진 것이 별로 없지만 다음과 같이 여섯 가지 유형으로 유목화 할 수 있다.[172]

첫째는 내담자와의 윤리적 경계에 관해서 훈련을 받지 못했거나 판단력을 갖추지 못한 사람들이다.

둘째는 내담자와의 경미한 성적 접촉을 한 후 이것을 후회하거나 경미한 신경증적 증상을 보이는 사람들이다.

셋째는 성적 접촉을 부인하고 왜곡시키거나 합리화하는 심각한 정서적 문제를 가진 신경증적이거나 사회적으로 고립된 사람들이다.

넷째는 충동적 행동을 통제하는 데 어려움을 겪은 경험이 있는 성격장애를 가진 사람들이다.

다섯째는 반사회적이고 자애적 성격장애를 가진 자들이다.

여섯째는 정신병적 또는 경계성격장애를 가진 사람들이다.

---

171) Peter Mosgofian and George Ohlschlager, 『상담과 법률』, 94.
172) G. R. Schoener, "Assessment and development of rehabilitation plans for counselors who have sexually exploited their clients,"*Journal of Counseling and Development*, (1988), 227-232. 장혁표, "상담에서의 윤리적 문제," 『사대논문집』 (부산대학교) 제38집 (1999): 8. 재인용.

내담자에게 부정한 성적 행위를 가진 상담자에 대한 또 다른 연구는 세 종류의 유형으로 첫째는 다양한 이유로 인한 개인의 감정적 연약성으로 성적 부정행위의 위험에 노출되는 경우이며, 둘째는 그의 행동이 본질적으로 파괴적이고 약탈적인 사람이며, 셋째는 두 유형의 복합적인 성격을 가진 상담자이다.[173]

상담이나 치료에서 성적 친밀감을 비윤리적인 것으로 판단하는 데는 몇 가지 이유가 있다. 먼저 치료자가 자신의 기능이나 역할에서 생기는 힘을 남용할 가능성이 있기 때문이다. 내담자는 상담자에게 개인적인 일까지도 드러내야 하고 자신의 두려움, 비밀, 희망, 성적 욕구, 갈등 등을 말하게 되는데 내담자와 성적 동맹을 맺은 상담자는 기본적으로 신뢰를 깨뜨리고 매우 부정적인 영향을 주게 된다. 또 다른 이유는 성적 접촉이 내담자로 하여금 의존성을 조장하는 것이다. 내담자는 상담가나 치료자를 이상적으로 보게 될 가능성이 있고 그러므로 배우자와의 관계와 질에 대해 상담하지 않을 것이며 상담이나 치료 시간 외에는 타인과의 의미 있는 관계를 시도하지 못하게 된다.[174]

상담자와 내담자간의 성적인 관계가 실제로 어느 정도 발생하는지는 알려진 것도 없고 이런 문제는 조사가 불가능하다. 내담자와 성적인 관계를 맺은 상담자 자신의 행동을 밝히려 하지 않을 뿐더러 내담자도 상담자와의 성적인 관계를 밝히려 하지 않는다. 그러나 학자들의 연구 조사에 의하면 아래의 표에서 보는 것처럼 상담자와 내담자 간에 성적인 관계가 발생하고 있다는 것이 사실이다. 아래의 표는 상담자와 내담자의 성적 관계의 빈도에 관한 연구이다.[175] 조사대상자의 성별에서 보는 바와 같이 남자

---

173) Peter Mosgofian and George Ohlschlager, 『상담과 법률』, 98.
174) Gerald Corey, 『심리상담과 치료의 이론과 실제』, 104.
175) 장혁표, op. cit., 7.

상담자들이 내담자와의 성적 접촉이 더 많았다. 이 결과의 특징은 내담자들이 자신의 문제를 의뢰할 상담자를 선택할 때에 도움이 될 것이며 그것은 곧 성적 접촉으로부터 사전에 예방할 수 있는 자료로 사용할 수 있다.

연구자	년도	조사대상	전체(%)	남자(%)	여자(%)
Holroyd와 Brodsky	1977	심리학자	7.4	12.1	2.6
Pope 등	1979	심리학자	7.5	12.0	3.0
Pope와 Bouhoutsos	1986	심리학자	6.0	9.4	2.5
Akamatsu	1988	심리학자	3.0	3.5	2.3
Stake와 Oliver	1991	심리학자	2.0	2.9	0.9

표 6 상담자와 내담자간의 성적 관계의 빈도에 관한 연구

성적 친밀감이 내담자에게 미치는 해로운 결과는 강간이나 근친상간의 희생자들과 마찬가지로 장기간 동안 심리적 상처로 남게 된다. 상담가가 내담자와 성 접촉을 가질 때는 벌써 윤리와 법적 그리고 전문적 표준을 상실하게 된다. 이용당했다고 느끼는 내담자는 비통함이나 분노로 인하여 치료에서 얻은 효과를 감소시킨다. 다른 종류의 심리적 도움에 대해서도 마음의 문을 닫아 버릴 것이다. 상담가의 성적 친밀도는 곧 내담자로 하여금 죄의식에 빠지게 하고 성적 혼동을 경험케 할 것이며 신뢰감의 손상으로 많은 상처를 주게 된다.

3) 성적 비행을 범하기 쉬운 상담자의 특성

성적 경계선을 넘어서는 상담자들은 여러 가지 이유로 그런 행동을 하게 된다. 피터 모스고피앤의 연구에 의하면 성적 비행을 범하기 쉬운 사람들을 평가하고 그들이 갖고 있는 위험 요소들을 다음과 같이 말했다.[176)]

---

176) Peter Mosgofian and George Ohlschlager, 『상담 중 일어나는 성적 비행』, 88.

① 지나친 개인의 비밀에 민감함
② 냉담함
③ 완고하고 경건한 체 하는 도덕적 태도
④ 배우자 외의 사람들과의 일상적인 교제
⑤ 배우자와 가족에 대한 무관심
⑥ 부부간의 친밀감 부족
⑦ 일차선적 인생 방식(도움을 주는 역할 외에는 전혀 관심이 없다)
⑧ 일 중심적 경향
⑨ 성적인 위험을 소홀히 하고 가정 방문과 다른 만남에 기꺼이 참여
⑩ 동료의 충고를 무시함

이렇게 성적 비행의 위험요소를 특별히 소유한 사람이 있다고 하지만 상담자는 누구든지 성적 위험 앞에 노출되어 있다. 내담자와의 접촉에서 성적 관계로 발전하는 자신을 보호하기 위해서는 자신의 행복을 평가하여야 한다. 내담자와의 개인적이고 사회적인 접촉의 한계와 약속이나 상담 기간의 일정한 선을 설정하고, 합의사항을 유지하도록 해야 한다. 또한 자신을 과도하게 드러내지 않고 전문가적인 상담태도를 갖도록 힘써야 한다.[177]

기독교상담자는 문제를 만난 사람들을 상담하고 그들을 도와서 건강한 생활을 하면서 하나님의 영광을 드러내는 삶을 살도록 도와주어야 할 전문가이다. 그럼에도 불구하고 내담자와의 성적 관계에 빠지게 되면 내담자뿐만 아니라 그 주변의 많은 사람들에게까지 악한 영향을 미치게 된다. 자신의 나약함을 생각하고 사람의 종이 아닌 하나님의 영광을 위해 살고자 힘쓰는 전문가적인 상담가가 되도록 해야 한다.

---

177) *Ibid.*, 351.

4) 성적부정행위의 피해

성적 부정행위는 심각한 피해를 가져온다. 그것은 상담자와 함께 내담자 모두에게 돌아간다. 상담관계에서의 성적 부정행위가 도움을 받아야 할 내담자에게 치명적인 피해를 입힐 수 있기 때문에 기독교상담자는 이 요인으로 인한 상담관계의 손상이 일어나지 않도록 해야 한다.

미국 캘리포니아 심리학자들의 연구에 의하면 상담자와 성적인 관계를 가진 559명의 내담자를 조사한 결과 피해자의 90%가 크게 상처를 입었다고 하였다.[178] 그들은 상담가를 불신하게 되었으며 정신건강 분야의 전문가들로부터 도움을 구하는 데 주저하게 되었다. 대부분이 심각한 우울증 증세를 보였으며 11%는 입원이 필요하였고 1%는 자살을 하였다. 더욱 심각한 경우는 상담자와 내담자간의 성 접촉이 상담 초기에 발생하였거나 상담자에 의해 먼저 시작되었을 때이다. 내담자가 당하는 피해는 그 외에도 우울증, 정서적 혼란, 성적 역기능, 죄책감, 수치심, 사회적 적응력 상실, 마약과 알코올 남용의 증가, 체중의 감소, 결혼생활의 갈등, 이혼, 치료법 사용의 불가능 등의 역효과가 나타난다.[179]

기독교상담에서 부정한 성적행위는 대가를 요구하고 상담가 뿐만 아니라 내담자에게 있어서도 치명적인 피해를 입히기 때문에 기독교상담가의 윤리문제가 되는 것이다. 기독교상담자는 성적인 한계선을 분명히 세우고 그것을 유지하는 법을 배워야 한다. 자신의 취약성을 고려하고 건전한 성생활로 하나님께서 창조하신 한 남자와 한 여자의 결혼생활에 충실해야 하는 것이 전문가적인 상담자의 자세이다.

---

178) Jacqueline C. Bouhoutos, "Sexual Intimacy Between Psychotherapists and Patients," *Professional Psychology: Research and Practice 14*, 2 (1983): 185-196. 장혁표, *op. cit.*, 8-9. 재인용.
179) Peter Mosgofian and George Ohlschlager, 「상담 중 일어나는 성적 비행」, 108.

상담자가 내담자와 성관계를 맺지 않고도 성 접촉이나 성적 친밀감이 상담과 치료를 방해할 뿐만 아니라 명백한 비윤리적 행위임을 알아야 한다. 상담가도 이성과의 상담관계에서 내담자로부터 성적 매력을 느낄 수 있을 것이다. 내담자도 상담자를 성적 이상형으로 느끼고 접근하고픈 욕구가 생길 수 있다. 기독교상담자는 성적 친밀감을 해소하고 효과적이고 성공적인 상담을 위하여 성적 금기사항을 훈련해야 한다. 보다 실제적인 전략을 세워서 윤리적인 행동의 가치를 인식하고 감정을 다루는 전문가가 되어야 한다.

4. 이중 관계

상담관계와는 별도로 상담자와 내담자간의 개인적이고 사회적인 관계를 맺는 것을 이중 관계라 한다. 이중 관계는 가장 빈번하게 일어나면서도 해결하기가 어려운 윤리적인 문제이다. 기독교상담자는 내담자에게 상담 이외의 다른 관계가 설정되지 않도록 해야 한다. 이중 관계는 상담 행위에 해를 가할 수 있으며 부당한 영향력과 이해관계의 충돌을 일으키게 된다.

1) 자율성을 침해하는 신앙강요

기본적으로 기독교상담자는 하나님 나라의 전파와 내담자로 하여금 하나님의 사람으로 새로워지기를 목표로 삼는다. 그러므로 상담자는 내담자의 신념이나 가치관을 존중해야 한다. 그들에게 기독교적인 관점을 강요하는 것은 비윤리적이며 기독교적인 상담이 이 때문에 신임을 잃을 수도 있다.[180] 조언자이기보다 촉진자로서의 역할을 해야 하는 상담자에게 난해하면

---

180) Bruce Litchfield and Nellie Litchfield, op. cit., 75.

서도 해결해야할 과제는 비기독교인의 내담자에게 신앙을 권장하는 일이다. 신앙강요에 대한 신도들의 반응은 부정적이다. 그들은 상담에 관한 전문지식을 갖고 있지 않음에도 불구하고 기독교상담가가 상담과정에서 자신의 신앙을 강요하는 이중 관계에 대한 부정적인 견해를 나타냈다.

"상담자가 비기독교인을 상담하면서 신앙을 강요할 수 있다고 생각하느냐?"는 질문에서 신도들은 아래의 표와 같이 162명의 응답자 중 32명이 "전혀 아니다"고 하였고, "약간 아니다"가 46명, "그저 그렇다"가 43명, "약간 그렇다"가 33명, "아주 그렇다"고 응답한 사람은 8명이었다. 이는 신앙 강요를 긍정적으로 보고 있는 신도가 25.3%인데 비해 부정적으로 보고 있는 신도들이 48%로 압도적이다.

그림 12 신앙강요에 관한 신도들의 응답

신도들은 상담자가 신앙을 강요하여 상담관계 외에 이중 관계를 요구하는 것에 대해서 부정적으로 생각하고 있으며 효과적인 영향을 주지 못한다는 사실을 인지하고 있다. 상담자는 내담자의 영적 평안을 위해서 자신의 종교적인 신앙을 권장해야 하지만 치료과정에 해를 끼치지 않고 신중한 평가를 하도록 하고 효과적으로 복음을 제시하여야 한다.[181]

기독교상담자는 궁극적으로 하나님의 나라 확장을 위한 선교의 도구로 상담을 활용하기에 비기독교인의 내담자에게 신앙을 권장할 수 있다. 그러나 방법에 있어서 상담과정 중에 강요가 되어서는 안 된다. 내담자의 자율성을 침해하는 신앙 강요가 상담 관계에 해를 끼칠 수 있기 때문이다.

교회에 의해 거룩한 위임을 받은 기독교상담자는 내담자가 신자이든 비신자이든 간에 그들을 인격적으로 대해야 한다. 그들로 하여금 온전함에 이르고 대인관계에 자신감을 갖게 하며 정신적인 안정과 영적인 성숙을 이룰 수 있도록 해야 한다. 내담자에게 하나님의 은혜로 사는 신앙을 권고해야 한다. 뿐만 아니라 치료에 도움이 될 수 있도록 전문상담가로서의 역할에도 충실해야 한다.

2) 헌금 등의 금전적 요구

상담에서 이중 관계는 힘과 권위의 불균형으로 인하여 상담가가 내담자를 이용하는 경우가 있다. 기독교상담자는 내담자에 비해 더 많은 영향력을 행사하는 입장에 서게 된다. 내담자들이 상담자를 찾는 것은 도움을 받고자 하기 때문에 의존적 입장에 서게 되는 것이며 따라서 상담자에 비해 약자이다.[182] 이런 힘의 불균형이 상담가로 하여금 내담자에게 불필요한 헌금이나 금전 등을 요구하는 경우가 발생한다.

미국에서는 이중 관계의 영향력으로 한 여상속자가 방송선교회에 6백만 달러 이상을 헌금했는데 부당한 영향력을 행사하였다는 판례로 헌금

---

181) Peter Mosgofian and George Ohlschlager, 『상담과 법률』, 249.
182) 장혁표, op. cit., 6.

을 되돌려 주는 경우가 있었다.[183] 결국은 내담자의 헌금이 성직자의 상담에서 적절치 못한 영향의 결과라는 것이 인정된 것이다. 우리나라에서는 아직까지 헌금강요로 인한 법정 소송은 없지만 교회 내에서 이런 문제가 불거져 나와 물의를 빚는 경우가 있다. 헌금강요를 받은 신도가 부득불 교회를 옮기는 사례가 많이 있다. 상담을 받던 이들이 헌금강요를 받고는 내담자가 임의로 상담을 종결하고 그것의 부당함을 호소하는 것이다. 이에 대한 사례로써 50세의 K권사가 있다.

K권사의 남편은 생전에 알코올 중독과 가정 폭력을 행사하며 가족들과 헤어져 살다가 2년 전에 별세하였다. K권사는 자녀들의 성장을 보면서 남편의 행태를 떠올리게 되었다. 남편 생전의 모습이 어린 자녀들에게 어떻게든지 영향을 미쳤을 것으로 생각하고 I기도원의 M목사를 만나 가족상담을 요청한 것이다. M목사는 먼저 이백만원의 헌금을 요구하였고, 2차 만남에서는 헌금을 재촉하면서 강요하였다. 이에 부당함을 느낀 K권사는 임의로 상담을 종결하였으나 늘 그것이 마음에 걸려서 죄의식을 갖게 되었다.

K권사의 사례에서 보듯이 목사는 하나님의 종이라는 권위의식을 가지고 약자의 입장에 선 내담자에게 헌금이나 금전 등을 요구할 수 있다. 힘의 불균형으로 인해 내담자의 문제를 해결하기보다는 상담자 자신의 욕구를 채우고자 신뢰와 의존을 이용하게 되는 것이다. 목회자를 하나님의 대리인 정도로 의식하는 한국적인 기독교 상황에서 미국처럼 법정문제로 비화되는 경우가 아직은 드물다. 그러나 기독교상담자는 이중관계로 상담에 영향이 미치지 않도록 노력해야 한다.

이중 관계는 소송으로 끌고 가서 법적인 책임을 져야 할 경우도 있다. 이중 관계는 분명 효과적이고 성공적인 상담을 저해하는 윤리적인 문제이

---

183) Peter Mosgofian and George Ohlschlager, 「상담과 법률」, 247.

다. 상담가는 내담자의 신뢰와 존중을 이용해서 부당한 영향력을 행사하지 않아야 한다. 이중 관계는 내담자와 친해지면서 돈을 빌린다던가 성적 관계를 맺는 것을 포함하면서 충돌을 일으킬 수 있고 모순된 행동으로 상담 관계를 의도적으로 종식시키려 한다.[184]

기독교상담자는 내담자로 하여금 최대한의 혜택이 주어지도록 성공적인 상담을 위해서 이중 관계를 피해야 한다. 개인적인 관계를 삼가하고 의심을 살 수 있는 관계는 명확하게 한계를 설정해 두어야 한다. 잠정적이면서도 제한된 이중 관계를 맺고 있다면 문서로 계약 메모를 만들어야 한다. 모든 목회활동은 신중하게 이루어져야 하고 이중 관계는 최대한 피해야 할 것이다.

3) 기독교상담의 이중 관계

이중관계로 인한 역할간의 갈등은 한 가지 임무의 기대와 책임이 다른 역할과 충돌을 일으키면서 발생한다. 상담자는 목회적인 상황 속에서 상담관계가 설정되어 신도를 상대로 부득불 이중 관계에 돌입하게 되면 역할과 임무의 상이성으로 인한 갈등에 빠지게 된다.

아래의 표와 같이 기독교상담은 교회 공동체 내에서 실시되고 엄밀한 의미에서 기독교상담자는 상담의 주체가 아니라 하나님이 주체이신 독특한 이중 구조를 가진다. 하나님께서 교회에게 상담의 직무를 위임하셨고 교회가 상담자를 선택, 훈련, 지도, 감독하며 평가한다. 그러므로 기독교상담은 교회 공동체의 자원을 활용하고 교회도 상담자를 지원하고 격려하며 지도하는 이중 구조를 갖게 된다. 특수한 이중구조 속에 있는 기독교상담자는 내담자와 불필요한 이중 관계를 피하고 교회가 위임한 상담

---
184) Ibid., 251-252.

이 성공적으로 종결되게 하는 윤리적인 의무가 있다.

이중관계는 공명정대한 상담을 불가능하게 한다. 경계선이 모호하기 때문에 객관성을 잃을 수도 있다. 기독교상담자가 부득불 이중 관계에 들어가게 될 때는 내담자에게 상담가로서의 역할에 대한 한계성을 분명히 밝히는 것이 좋을 것이다. 브루스 리치필드와 넬리 리치필드는 목회자에게 상담을 받은 교인의 40%가 얼마 지나지 않아 교회를 떠났다고 하였다. 이중 관계는 자칫 갈등 관계로 발전하기 쉽기 때문에 목회자는 신도들에게 장기적인 치료를 하기보다는 단기적이고 지원적인 위기상담을 하거나 다른 상담자를 소개하는 쪽으로 상담을 제한하는 것이 좋다.[185] 내담자로 하여금 생활 속에서 많은 관계를 맺도록 유도하고 사회적인 관계 속에서 문제를 풀어가도록 해야 한다.[186]

기독교상담자는 이중 관계의 충돌과 갈등으로 인하여 상담과정에서나 자신의 목회활동에 좋지 못한 영향이 미칠 수 있음을 고려하여야 한다. 기독교상담자는 이중 관계 때문에 오는 임무의 상이성으로 인한 갈등과 혼란을 미리 예방할 수 있도록 상담가로서의 정체성을 확립하고 객관성을 잃지 않도록 힘써야 한다.

신도들에게 "상담 종결 후에 기독교상담자는 내담자에게 자신의 교회로 출석할 것을 권고할 수 있느냐?"는 질문을 했다. 아래의 표에서 보는 것처럼 162명 중 31명이 "전혀 아니다"라고 하였고, "약간 아니다"가 38명, "그저 그렇다"가 40명, "약간 그렇다"가 43명, "아주 그렇다"가 10명이었다. 즉, 반대가 42%였고, 찬성은 33%에 불과하였다.

이 결과를 보면 목회자들이 타교회 신도들을 상담하면서 상담이 종결된 후에 자신의 교회로 출석할 것을 권고하는 것에 대하여 중립을 지킨

---

185) Bruce Litchfield and Nellie Litchfield, op. cit., 75.
186) Jay E. Adams, *The Christian Counselor's Manual* (Grand Rapids: Baker Book House, 1973), 207.

40명 외에 긍정과 부정을 비슷하게 응답함으로써 기독교상담자들에게 혼돈을 주고 있다. 신도들의 의식이 상담윤리의 기준이 될 수는 없다. 기독교상담자는 혼돈을 주는 요인을 알고 전문가적인 훈련을 습득하고 항상 이중 관계에 돌입하려는 욕구를 삼가야 한다.

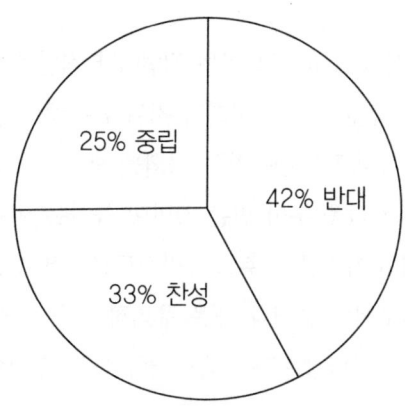

그림 13 상담자 교회로 출석권고에 관한 신도들의 응답

5. 상담관계의 증진을 위한 방안

윤리적인 상담자는 전문가의 역할을 해야 하고 윤리 강령을 실천하며 법적으로도 책임의식을 가져야 한다. 그리고 상담업무를 관리하여 양질의 서비스를 제공하고 자신의 한계를 인정하며 유능한 전문가에게 위탁하고 기독교상담자로서 기독교 영성을 소유토록 해야 한다.

상담의 가장 중요한 도구는 상담자 자신이다. 상담자는 내담자와의 관계증진에 힘써야 한다. 자신감이 있으면서도 내담자의 접근이 용이해야 한다. 정서적으로는 안정되어야 하며 단정한 외모와 폭넓은 지식을 겸비한 윤리적인 전문상담가가 되어야 한다. 그리고 상담관계 증진을 위한 방안들에 대하여 보다 적극적인 자세가 필요하다.

1) 전문훈련

높은 수준의 지식을 소유하고 있는 직업이나 집단을 전문직이라 한다. 전문직에 종사하는 전문가들은 사회적 지위와 수준이 높을 뿐만 아니라 훈련된 자들이다. 그러므로 전문가는 사회를 보호하고 봉사해야 할 책임이 있다. 전문가의 자격을 부여 받은 것만이 능사는 아니다. 적어도 기독교상담자는 인격적인 자질을 갖추고 그리스도로부터 소명을 받아야 한다. 그리고 상담전문가로서의 훈련과 높은 윤리적 수준을 갖추어야 한다. 그렇지 않으면 선무당 사람잡는다는 속담처럼 돕는 상담이 아니라 헤치는 상담이 되고 만다.

상담은 제자리에 머물러 있는 것이 아니라 학문적이고 실제적인 면에서 급격하게 성장하고 있으며 목회활동 전반에 걸쳐서 역동적으로 나타나고 있는 분야이다. 기독교상담은 근래에 와서 이론과 접근하는 방법들이 크게 발전하고 있다. 기독교상담자는 일반적인 상담이론을 기독교적으로 사용하든지, 전적으로 기독교적인 방법으로만 하든지 아니면 일반적인 것들과 기독교적인 내용을 혼합하여 새로운 유형의 방법을 취하든지 간에 현대 상담 및 심리치료 기법에 대한 이론과 실제를 연구하면서 전문훈련을 받아야 한다.

기독교상담자는 이론뿐만 아니라 실제에 있어서도 최근의 기술을 습득하고 그 요령을 개발해야 한다. 윌리암 바클레이(William Barclay)는 말하기를 "훈련 없이 이루어지는 일은 하나도 없다. 많은 운동선수들과 사람들이 훈련을 저버리고 태만해졌기 때문에 낙오자가 된다. 훈련과 노력 없이 정상에 오른 사람이 없으며 설사 그 고지에 올라섰다 해도 훈련 없이 그 자리를 지킨 사람은 없다"고 했다.[187] 훌륭한 상담가가 되기 위해서도 전문적인 훈련이 필요하다. 훈련을 보다 많이 받은 사람들이 성숙하고 진정한 자유인이 될 것이며 고도의 숙달된 상담자들에 의해서 효율적이고 성공적인 상담이 이루어진다.

지금까지 기독교상담은 영적이거나 개인 문제 그리고 가정에서 발생하는 위기에 대해 충고하는 것으로 만족했다. 이제는 목회자들이 상담가로서 공공의 신뢰를 얻을 수 있는 능력을 갖추기 위하여 높은 인격과 훈련과 경험과 준비를 갖추어야 한다.[188] 상담 사역을 위한 훈련이 부족하여 발생하는 결과는 법정 소송과 목회자에 대한 신뢰의 추락을 가져다줄 뿐이다. 니드함(Needham)은 신중한 목회자가 상담을 위해서 교정해야 할 실행 방안을 서술했다.[189]

① 당신의 재능, 능력, 훈련받은 것을 능가한 상담
② 의학적이고 정신적 치료 처방에 부합되지 않은 권고
③ 약물치료에 관한 상담
④ 개인의 개성과 심리학적 테스트에 대한 해석 및 평가
⑤ 기록에 대한 관리 소홀
⑥ 불충분한 훈련과 감독으로 이루어지는 상담
⑦ 폭력 의도나 진술에 대한 심한 불신임

---

[187] Donald s. Whitney, *Spiritual Disciplines for the Christian Life* (Colorado Springs CO: NavPress, 1991), 20-21. Gary R. Collins, 『기독교 상담의 성경적 기초』, 안보헌 역 (서울: 생명의 말씀사, 1996), 398. 재인용
[188] Paul D. Meier et al., *Introduction to Psychology and Counseling* (Grand Rapids: Baker Book House, 1991), 313.
[189] Tomas L. Needham, "Helping When the Risks Are Great." *Clergy Malpractice* (Philadelphia: The Westminster Press, 1986), 89-90. Ibid., 352. 재인용.

⑧ 정신 질환자나 이와 유사한 사람들을 귀신들렸다고 오진하는 것
⑨ 자신의 직책, 지위, 학력, 능력 등의 부정확한 전달
⑩ 이혼 권유
⑪ 내담자와의 성적 접촉
⑫ 의뢰인 개인의 비밀 유지 위반
⑬ 질병의 현존을 부인하거나 치료과정에서의 심각성과 정신질환에 대한 부인
⑭ 정신적 문제를 간단한 영적 치료로 해결한다고 믿게 하는 것
⑮ 모든 문제들을 영적, 육신적 문제로 믿고 정서와 정신적 차원의 문제를 부정

많은 사람들이 상담을 받고 싶은 첫 번째 대상자로 목회자를 생각한다. 크리스천들은 생활 속에서 부딪치는 무수한 문제를 만났을 때 가장 유능한 재원으로 목회자를 상담가로 찾게 될 것이다. 이제 기독교상담가는 목회에서 상담이 부각되고 주도적인 한 형식으로 상담이 요청되고 있는 시대적인 배경과 심리학적인 역동성을 이해하고 전문가적인 자질을 갖추도록 힘써야 한다. 최소한의 연구와 훈련으로 상담을 필요로 하는 사람들을 효과적으로 도울 수는 없다. 훈련받지 못한 상담자가 상담을 필요로 하는 자들에게 심각한 상처를 주거나 충분한 도움을 주지 못하게 된다. 목회자들은 신도들을 도울 수 있는 상담 기술과 지혜를 얻기 위해서도 전문 훈련을 받는 유능한 상담가가 되어야 한다.

2) 윤리강령 실천

인간관계의 질적 측면에 대한 관심이 늘어나면서 전문가와 고객들과의

관계에 대한 문제가 세밀한 관심으로 확산되고 있다. 이는 전문인들이 고수하고 있는 관행적인 행동들에 대한 공개적인 규정이 필요하다는 의식의 확산이다. 우리나라는 전문직 단체에서 윤리강령을 제정하여 준수토록 교육하고 어기면 처벌하는 전통이 없다. 오히려 그 단체의 이익을 위해 공개되지 못하도록 노력하는 경우가 더 많다. 그저 막연하고 명문화되지 않은 윤리의식이 있을 뿐이다.[190] 이제는 전문 상담기관 등에서 윤리강령을 제정하고 상담자들은 그것을 의무적으로 실행토록 해야 한다.

윤리강령은 많은 역할을 한다. 직업 행동과 비윤리적인 행동을 규정하고 그 일에 대한 관심과 신뢰를 고취시키는 기능을 갖는다. 기독교상담에서 윤리규약의 발전은 건전한 방법으로 논의되어야 한다. 윤리강령은 법적인 문제에 대한 고려가 있어야 하지만 최근까지 상담사역에 법이 개입되는 것에 대하여 주의를 기울이지 않았다. 법적인 문제에 대한 고려 없이 윤리강령을 제정하고 발전시키는 것은 착오이다. 이제는 법을 연구하고 이해해서 상담 사역이 교회의 사역에 유익하도록 현명하게 사용할 수 있어야 한다. 성경의 가치와 법 이해를 바탕으로 한 윤리 규약으로 내담자들과 전문 사역자들을 보호해야 한다.[191]

미국심리학협회에서는 상담자의 전문적 활동의 기초가 되는 윤리적 원리와 쟁점에 관한 책임 있는 활동을 위한 안내지침으로 심리학자 윤리강령을 제정하였다.[192] 미국심리학협회의 『심리학자의 윤리적 원칙에 대한 사례집』(Casebook on ethical principles of psychologists, 1987)을 보면 상담가들이 상담실에서 직면할 수 있는 여러 가지 윤리적 문제들에 대한 사례를 열거하고 있다. 『심리학에서의 윤리: 전문가 강령과 사례』

---

190) 반신환, "개신교 목회자의 비밀성(confidentiality)에 관한 의식," 『동서문화』 31 (1998): 102.
191) Peter Mosgofian and George Ohlschlager, 『상담과 법률』, 430-431.
192) Gerald Corey, 『심리상담과 치료의 이론과 실제』, 83.

(Ethics in psychology: professional ptandards and cases, 1985)에서도 윤리의 원칙과 사례를 폭넓게 다루고 있으며 윤리적 의사결정, 윤리위원회, 비밀유지와 프라이버시, 심리검사, 금전문제, 광고, 내담자와 이중관계, 동료와의 관계, 학문적으로 발행하고 가르치는 것, 연구쟁점, 구체적 상담장면에서의 윤리적 딜레마와 같은 주제를 담고 있다.[193]

미국상담협회는 아래의 표와 같이 상담자를 위한 윤리적 지침(Ethical guidelines for counselors)으로 『윤리강령 및 실천규범』(Code of ethics and standards of practice, 1995)을 제정했으며, 미국 결혼과 가족협회(AAMFT)도 『윤리적 규범』(Code of ethics, 1990)을 제정하였고, 국립사회활동가협회(NASW)에서도 『윤리규범』(Code of ethics, 1996)을 제정해 놓고 있다.[194]

---

193) Ibid., 126-127.
194) Marianne Schneider and Gerald Corey, 『집단상담 과정과 실제』, 김명권 외 역 (서울: 시그마프레스, 2000), 32.

전문 (Preamble)		
윤리조항 (code of ethics)		Section A: 상담관계(the counseling relationship)
		Section B: 비밀보장(confidentiality)
		Section C: 전문가적 책임(professional responsibility)
		Section D: 다른 전문가와의 관계 (relationships with other professionals)
		Section E: 평가, 사정, 해석 (evaluation, assessment, and interpretation)
		Section F: 교육, 훈련 및 슈퍼비젼 (teaching, training, and supervision)
		Section G: 연구 및 출판(research and publication)
		Section H: 윤리적 문제의 해결(resolving ethical issues)
실천규범(standards of practice)		

표 7 미국상담협회의 윤리강령 및 실천규범

우리나라는 상담관계에서 필요한 윤리에 관한 안내지침이나 윤리규범을 제정해 놓고 있는 전문기관들이 별로 없다. 한국상담자협회가 1979년도에 "한국상담자 윤리요강"을 제정하였으며 이 후로 상담학회 등에서 윤리강령을 제정하고 있다. 한국상담자협회가 제정한 윤리요강은 상담자의 태도, 내담자 보호, 상담관계 등에 관한 규정들이 있을 뿐이다. 이에 반해 미국의 대표적인 상담조직인 미국상담협회에서 제정한 윤리강령에는 위의 표에서 보는 바와 같이 상담관계, 비밀보장, 전문가적 책임, 다른 전문가와의 관계, 평가, 사정 및 해석, 교육훈련 및 슈퍼비전, 연구 및 출판과 관련된 내용 등이 구체적으로 명시되어 있다.[195]

우리나라에서도 실제적이고 구체적으로 명시된 상담윤리강령이 제정되어야 한다. 이제라도 한국적인 상황에서 기독교상담자들이 지켜야 할 바람직한 상담을 위한 윤리요강이 제정되어야 한다. 윤리요강은 한 번 제정으로 끝나는 것이 아니며 시대적인 상황과 윤리의식의 변화에 부응할 수 있도록 끊임없는 연구와 개정으로 발전되어야 마땅할 것이다.

윤리강령은 다양한 상황에서 직면하는 윤리적인 문제들에 대하여 적절한 대응을 할 수 있도록 항목을 만들고 고안된 것이다. 기독교상담자는 심리학자들이나 상담 전문가들의 윤리적 쟁점과 원리를 제시하고 있는 윤리강령에 대한 폭넓은 식견을 가지고 그것을 실천할 수 있도록 해야 한다. 상담 현장에서 실제로 발생할 수 있는 윤리적 쟁점들을 연구하고 안내 지침을 실천한다는 것은 전문인으로서 책임과 도덕적이고 합법적인 상담활동을 가능케 하는 일이다.

3) 법적인 책임의식

새로운 세기를 맞아 상담의 요구가 급격히 증가되고 있다. 교회에서도 기독교상담이 여러 사역들 가운데 많은 비중을 차지하게 되었다. 기독교상담의 영향이 증가하면서 나타나고 있는 것이 윤리 문제이며 그 중에서도 상담가의 법적인 책임에 관한 논의가 많다. 우리나라에서는 아직 구체적인 사례가 없지만 외국의 경우에는 상담자들이나 교회가 소송에 휘말리는 사례가 빈번하게 나타나고 있는 실정이다.[196]

---

195) 정원식 외, 카운슬링의 원리 (서울: 교육과학사, 1999), 751-792.
196) Peter Mosgofian and George Ohlschlager, 『상담과 법률』, 17-18.

캘리포니아에서는 젊은 청년이 자살을 하였으므로 교회의 상담과오라고 하여 유족들이 소송을 제기하였고, 위스콘신 주에서는 내담자와의 성적인 관계로 인하여 목회자와 전문상담자들이 주 법원에 기소되어 처벌을 받았으며, 오클라호마 주에서는 프라이버시 침해로 교회와 상담자들이 소송을 당하여 배상 판결을 받은 바가 있다. 일리노이 주에서는 동성애자라는 이유로 학교에서 퇴학을 당한 학생이 자신을 상담한 기독교 대학과 관계된 상담자를 프라이버시 침해와 비밀유지 의무 위반으로 소송을 제기하였다. 미국에서는 교회와 기독교상담자들을 상대로 하는 소송이 범람하고 있으며 '소송공포증'과 '방어상담'이라는 용어까지 생기게 되었다.[197]

우리나라에서는 상담으로 인한 소송 사례가 드물지만 외국의 실정이 곧 우리의 현실로 나타난다는 것은 의심의 여지가 없다. 한국교회에서 상담의 요구가 많고 기독교상담이 유행처럼 번지고 있는 상황에서 준비되지 못한 상담은 소송에 휘말릴 것이고 법적인 문제로 비화될 것이다.

기독교상담자의 윤리문제에서 법적인 책임을 논하는 것은 이 문제가 상담가로 하여금 소송을 피하는 방법을 제시하면서 법적인 의무가 무엇인지를 이해하려는 목적이 있다. 더 나아가서는 내담자에게 인격적이고 물질적인 손해와 영적인 피해를 미연에 방지하는 중요한 상담윤리 문제이기 때문이다.

기독교상담에서 법적 책임이라 함은 불법행위에 대한 배상책임이다. 불법행위는 형사적이 아니라 민사적이며 계약과 관련이 없는 개인적인 과실이다. 이는 침해에 대한 금전배상을 원칙으로 하며 상담으로 야기되는 과실에 의한 불법행위(전문직 과오라 함)와 고의에 의한 불법행위이다.

전문직 과오는 고의에 의한 불법행위보다 조금 낮은 과오이다. 전문직

---
197) *Ibid.*

에 종사하는 사람들이 합리적인 의무와 기술에 부합치 않은 방법으로 치료하는 행위를 전문직 과오라 한다. 상담자가 내담자에게 필수적으로 요구되는 배려를 다하지 못하고 의무를 위반하거나 보상이 가능한 손해를 입혔을 때 전문직 과오가 성립된다. 미국에서는 안수 받은 성직자 집단을 상대로 전문직 과오로 인한 배상책임 소송에서 실패하였다.[198]

법적 책임을 종교적인 사역에 대한 국가의 감시와 통제라고만 항변할 수 없는 것이 오늘의 실정이며 앞으로의 추세이다. 기독교상담에서 법적인 책임문제가 진정한 상담의 장애가 되기보다는 경건한 사역자들에 의하여 생산적이고 적극적인 상담 수행의 자극제가 되어야 한다. 기독교상담에 대한 법률적 책임을 이해하고 교회는 기독교상담자를 훈련시키고 감독하면서 통제하여야 한다. 그리고 기독교적이고 성경적인 상담가로서 윤리적인 능력을 함양시키면서 내담자나 사회에 대한 과오에 책임을 지는 자세를 가져야 한다.

4) 정당한 업무관리

상담자는 상담과정을 기록 보존하는 업무를 관리할 필요가 있다. 상담과정을 서면으로 기록하고 녹화나 녹음을 해야 하는 것은 상담자 자신뿐만 아니라 내담자에게도 필요한 사실이다.[199] 내담자 자신도 그 이전의 상담과정을 되돌아보고 자신을 새롭게 인식할 수 있기 때문이다.

대부분의 초보상담자들은 상담관계의 불확실성과 자신감에 대하여 내담자와의 대면에서 불안을 느끼게 된다. 불안은 상담을 실패케 하고 상담관계를 악화시킬 수 있다. 상담에서 중요한 도구가 되는 상담가 자신의 자

---

198) *Ibid.*, 37-42.
199) Gary R. Collins, 『교회 지도자를 위한 효과적인 상담』, 44-47.

질 함양과 유능한 전문인으로서 기독교상담가가 되도록 실천지침을 제정하고 상담과정의 업무를 조직하고 관리해야 한다. 모든 상담과정을 서면으로 정리하고 녹음하여 상담 자료를 보존하는 것은 성공적인 기독교상담을 위한 합리적이고 필수적인 방법이다.[200] 그러므로 상담 초기에 내담자에게 상담 과정을 설명하고 서면 동의를 받아 두어야 한다. 상담자와 내담자가 서명한 구체적인 계약은 좋은 보기가 될 것이다. 상담자 자신을 보호하기 위하여 소송을 대비하는 것이 아니라도 상담과정을 기록하면 내담자에 대한 연속적인 서비스를 촉진시킬 수 있다.

상담자는 상담이 시작되기 전에 내담자에게 비밀 유지에 대한 상세한 설명과 상담가의 책임에 대하여 설명을 하고 서면 동의를 받아야 한다. 내담자로부터 동의를 받을 때는 비밀 이상의 가치와 유익을 말해 주어야 한다. 내담자가 동의를 하여 비밀유지의 의무가 포기되고 받아들여졌다고 해도 그것을 공개할 사유가 생겼을 때 필요한 최소한의 것만 공개해야 한다. 상담 과정을 기록하고 문서로 정리하여 보존하며 녹화 등의 자료를 남긴다는 것은 상담자 뿐만 아니라 내담자에게도 상담 과정 중에 얼마나 변화되고 있는지에 대한 자극제가 되므로 도움이 된다. 결국 상담업무 관리는 내담자를 보호하고 상호간의 신뢰를 바탕으로 한 상담가의 윤리적인 문제이며, 이것으로 상담자는 내담자에게 보다 높은 차원의 상담서비스를 제공할 수 있게 된다.

5) 명확한 상담관계의 종료와 위탁

기독교상담자는 저마다 한계가 있음을 인정하고 다른 전문가의 자문을 받을 수 있어야 한다. 자신의 능력 밖의 상담이라고 판단이 되면 상담과정

---

[200] *Ibid*.

을 적절히 종결하고 보다 유능한 상담자나 기관으로 위탁해야 한다. 상담이 실패했을 때 상담관계를 적절하게 종결시키는 것은 상담자의 의무이다.

내담자로부터 상담가의 능력이나 한계를 넘어서는 것을 요구받을 때 거절치 못하고 응함으로써 발생하는 곤경과 무익한 상담이 되지 않도록 해야 한다. 의학적이고 정신과적 치료를 요하는 사람을 상담하는 기독교상담자는 다른 전문가에게 상담하거나 위탁하는 일에 민감해야 한다.[201]

피터 모스고피엔에 의하면 상담에는 내담자의 유형에 따라 세 가지 범주의 방법이 있다.[202]

첫째는 내담자들이 상담자의 전문성과 관심 내에 쉽게 들어오는 경우이다. 이들은 상담자들이 확신을 가지고 치료하고 상담할 수 있게 한다.

둘째는 전문성의 정도를 무시하기 때문에 치료하기 어려운 내담자들이다. 이런 내담자들은 필요한 경우 다른 전문가에게 위탁할 준비를 하면서 효과적으로 다른 전문가의 자문을 구할 수 있어야 한다.

셋째는 전문성의 범주 밖에 있는 내담자들로 상담이 적절치 못한 경우이다. 이런 경우는 상담 현장에서 늘 있게 마련인데도 비난과 소송을 두려워하면서 다른 전문가에게 위탁하기를 꺼린다. 그러나 현명하고 겸손한 상담자는 자신의 한계점을 인정하고 보다 새로운 분야에 유능한 전문가가 되도록 전문적인 훈련을 받아야 한다.

뿐만 아니라 기독교상담자는 상담관계가 효과적으로 끝날 때까지 내담자를 포기해서는 안 된다. 상담관계의 부당한 종료는 내담자에게 손해를 끼칠 수 있고 소송에 휘말릴 수도 있다. 기독교상담가가 휴가나 질병 등

---

201) *Ibid.*, 264-265.
202) Peter Mosgofian and George Ohlschlager, 「상담과 법률」, 275.

으로 오랫동안 자리를 비우거나 상담활동을 포기하는 경우에도 내담자에게 미칠 결과를 주의해야 한다. 내담자가 치료 목적을 달성했을 때는 상담자와 내담자의 동의에 의하여 종료하는 것이 가장 이상적이다. 그러나 치료가 실질적으로 진전이 없을 때도 사실상 종료라고 한다.

내담자가 치료의 진전을 부인하고 종료를 원하든지 아니면 원치 않을 때 적절한 종료와 위탁을 위해서 상담자는 다른 전문상담자와 협의하고 내담자에게 상담관계를 종료해야 할 이유를 밝혀야 한다. 상담이 적절하지 못한 방법으로 종료되거나 계속 유지되면 상담자 자신이나 내담자가 공히 손해를 보게 된다. 전문적이고 유능할수록 자신의 한계와 능력을 평가하고 수용해서 더 효과적인 상담이 이루어지도록 상담자 자신과 내담자를 위해서 자신보다 상위의 전문적인 상담자에게 위탁할 수 있어야 한다. 이로써 상담이 발전하고 문제해결이 용이해지는데 그렇지 않으면 더 심각한 문제를 초래할 수 있기 때문이다. 뿐만 아니라 상담자는 더 발전하고 성장하는 계기로 삼아서 이론을 연구하고 실재를 연마할 수 있어야 한다.

목회자는 특별한 훈련을 받지 않고 장기간에 걸친 심도 있는 상담이나 심리치료를 시도해서는 안 된다. 기독교상담자는 상담 시간과 횟수, 문제의 종류와 심각성에 대해 판단하고 자신의 한계를 발견하면 보다 유능하고 전문적인 상담가나 기관의 조언을 받아야 한다. 목회자가 해야 하는 여러 가지 사역 중에서 성적 부정행위와 비밀 침해의 위험 정도가 높은 분야가 상담이다. 많은 사람들이 성경적으로 문제를 해결하기보다는 불만을 해소코자 법적 조치를 간구 하는 이 시대에 제대로 훈련받지 못한 상담가의 비효율적인 상담으로 문제를 증대시키게 된다. 이제는 그런 위험을 줄이기 위해서도 정당한 상담관계의 종료와 함께 진실한 능력과 도움을 제공할 수 있는 다른 기관으로의 위탁이 있어야 한다.

6) 영성훈련

 기독교상담자는 영성이 있어야 한다. 믿음으로 거듭난 자로(요 3:15-17), 하나님을 두려워하고 진실해야 한다. 뿐만 아니라 어려운 사례에 접했을 때 타인의 도움을 구할 수 있으며, 하나님의 말씀을 배우는 자세로(딤후 2:15), 그리스도를 단 마음으로 따를 수 있어야 한다(벧전 2:21).[203] 모세를 찾아와서 천부장과 백부장과 오십부장을 두어 상담하고 판단할 자를 세우라는 이드로의 조건에도 보면 "온 백성 가운데서 재덕이 겸전한 자 곧 하나님을 두려워하며 진실무망하며 불의한 이를 미워하는 자"(출 18:21)라고 하였다. 여기 하나님을 두려워하며 진실무망하여 불의한 이를 미워하는 자는 영성을 소유한 자라고 할 수 있을 것이다.
 기독교상담자는 영성적 가치관을 소유해야 한다. 가치는 무엇이 진실이고 선이며 아름답고 옳은 것인지에 대한 개인적인 신념과 기준이다. 상담자와 내담자는 그들 스스로의 가치관이 있다. 가치들이 분명하고 확고할 때 확신을 가지고 대처할 수 있다. 가치에 대하여 갈등하면서 가치관이 분명하지 못할 때 내담자를 명백하게 안내해 주지 못한다.[204] 그럼에도 불구하고 오늘날 사회적 가치관과 목회 현장의 요구는 많은 괴리가 있다. 사회는 점점 더 개방적이고 자유적이지만 목회 현장의 요구는 보수적이다. 혼전이나 혼외의 성관계나 주초문제와 제사문제 등은 우리 사회와 교회 내에서의 요구가 현격한 차이가 있다. 이런 것이 기독교상담자들로 하여금 가치관의 혼돈을 경험케 한다. 혼돈의 시대에 영성적 가치관으로 교회 내외의 가치에 대한 괴리를 극복할 수 있어야 한다.
 상담자는 전문인이나 비전문인이든지 윤리적 의무에 대하여 관심을 가

---
203) Gary R. Collins, 『교회지도자를 위한 효과적인 상담』, 26.
204) Gary R. Collins, 『기독교와 상담윤리』, 27-28.

져야 하고 모든 상담 상황에서 하나님과 내담자 그리고 지역사회 앞에 책임이 있다. 예를 들면 살인을 계획하는 내담자가 있을 때 그 대상자를 보호해야 하는 것과 마찬가지이다. 상담에서 감정이입, 따듯함, 순전함, 진지한 관심 등이 필요하면서 영적인 것만 강조되거나 무시해도 안되지만 사랑, 희락, 화평, 오래참음, 자비, 양선, 충성, 온유, 절제의 성령의 열매(갈 5:22-23)로 특징지어지는 영성이 있어야 한다.

기독교상담자는 상담의 심리적 기술을 잘 적용하면서 동시에 성경과 기도로 영적 문제를 처리할 수 있어야 한다. 인류의 위대한 상담자 예수 그리스도는 묵상과 기도로 끊임없는 훈련을 거듭하셨다. 기독교상담자는 그리스도의 영성을 닮도록 배우고 훈련받아야 한다.

영성적으로 성장한다는 것은 인간적으로 성장하고 성숙해진다는 말이다. 인간은 거대한 영성적 실체와 관계를 맺으면서 자기를 실현한다. 이런 실체와 점점 더 친밀해짐으로 영적인 성장을 이루게 된다. 인간의 성장욕구는 영성적 자아를 계발하는 것이고 근본적인 소외는 우리들 존재의 핵심으로부터 벗어나는 것이다.[205] 그러므로 기독교상담자는 끊임없이 자신을 영성적인 존재가 되도록 영성수련을 필요로 한다.

영성훈련은 초월적 존재를 목표로 자기를 깊이 살피고 새롭게 하는 작업이다. 그것은 자기 발견의 과정이며 이웃과의 관계이고 나아가 초월자와의 관계를 갖는 것이다. 기독교상담가는 끊임없는 영성훈련을 통해서 기독교상담이 심리학이나 심리치료의 범주를 넘어서서 성서적이며 신앙적으로 문제를 바라보고 진단하며 치료해야 한다. 그리고 내담자로 하여금 영혼의 동반자가 되게 해야 한다.

상담은 교회에서 중요한 사역이다. 기독교상담은 상담자와 내담자에게 보상의 열매가 제공되며 그리스도께서 맡겨주신 목양지인 교회가 큰 유익

---

205) Howard J. Clinebell, 『성장상담』, 이종헌 역 (서울: 성장상담연구소, 1994), 122.

을 얻을 수 있는 사역이다. 그러나 보상에 비해 준비가 요구되고 상담과정에서 어려움이 많은 것이 기독교상담이다. 효율적이고 성공적인 기독교상담을 위해서는 상담자와 내담자간의 신뢰를 기반으로 하는 상담관계 형성이 있어야 한다. 기독교상담의 윤리적인 문제에서 상담가의 요인으로 관계형성이 파괴되면 내담자는 상담자를 회피하거나 부득불 상담이 종결된다. 이런 비정상적이고 윤리적이지 못한 상담으로 인한 피해는 내담자와 교회로 돌아가기에 지금까지 상담관계를 위협하는 윤리문제를 상담가의 요인을 중심으로 연구하고 그 극복방안을 제시하였다.

현실적으로 볼 때 상담 사역에 대한 수요와 전망은 희망적이다. 지금까지 목회자들은 상담을 수행하면서 성도들의 생활에 관여한다는 사실에 대하여 명예롭게 여겨 왔다. 앞으로는 상담 사역이 큰 역할을 담당하는 시대가 도래할 것이다. 그러나 상담으로 인하여 가장 어려운 시대가 될 수 있음도 알아야 한다. 상담은 상담자와 내담자의 친밀한 상담관계 형성이 성공의 관건이다. 그러므로 상담관계를 위협하는 윤리적인 문제에 대처해야 한다.

기독교상담 사역자들은 상담을 수행하면서 성도들의 생활에 관여한다는 사실에 대하여 명예롭게 여겨 왔다. 앞으로는 상담 사역이 교회생활과 목회활동에서 큰 역할을 담당하는 시대가 도래할 것이다. 그러나 상담으로 인하여 가장 어려운 시대가 될 수 있음도 알아야 한다. 기독교상담은 상담자와 내담자의 친밀한 상담관계 형성이 성공의 관건이다. 그러므로 상담관계를 위협하는 윤리적인 문제에 대처해야 한다. 상담이 치료와 화해의 수단으로 도전과 위기를 맞으면서도 필요에 의하여 발전되어 왔듯이 앞으로도 내·외부로부터 많은 위협들을 받으면서 기독교상담은 더욱 발전하게 될 것이다.

증대되는 위험은 상담 사역에 종사하고 있는 사람들에게 피할 수 없는 정상적인 것이다. 목회자와 상담전문가들이 예상해야 하는 필수적인 것이 희생이며 기독교상담가가 직면하는 모든 책임을 올바르게 처리하는 가장 좋은 방법으로는 윤리적 문제를 고려함이다. 기독교상담 분야에서 윤리적인 문제라도 잘 해결된다면 목회자는 상담가로서의 사역을 통하여 교회와 내담자 모두에게 최상의 이익을 제공할 수 있을 것이다.

상담활동에서 요구되는 것은 상담자로 하여금 전문가로서의 활동이며 여러 가지 상황에서의 윤리적 결단이다. 전문상담자는 자신의 행동과 동기를 윤리적인 입장에서 끊임없이 검토하고 보다 훌륭한 전문상담가로서의 역할을 할 수 있어야 한다. 그런 점에서 상담자의 윤리문제는 더욱 개방적으로 연구되어야 할 과제이다.

제6장 전인성을 위한 개성화의 과정

For we have not a high priest which cannot be touched with the feeling of our infirmities; but was in all points tempted like as we are, yet without sin. (Hebrews 4:15)

제6장 전인성을 위한 개성화의 과정

전인성(wholeness)은 전인건강(well being)을 말한다. 그러나 전인건강이란 용어가 영적인 건강을 포함하지 않는 정신적이고 인격적인 건강의 의미로 많이 사용되고 있기 때문에 구별할 필요가 있다. 여기서 전인성이라 함은 영성을 포함하는 전인건강이다.

20세기 말에 이르러 의학과 심리학 분야에서 과학적인 방법으로 인간을 이해하는 것이 불가능함을 인식하게 되었다. WHO(UN의 세계보건기구)의 건강에 관한 정의에서도 영적인 문제를 인정하고 정신적이고 영적인 건강을 포함시켰다. 21세기에 이르러서는 심리학적 지식과 기독교 신학의 상호보완적인 방법으로 인간을 이해하기 시작하였다. 이로써 한 인간은 신체뿐만 아니라 정신적이고 영적인 차원의 건강을 필요로 하고 또 그렇게 되어야만 건강하고 행복한 삶을 영위하는 전인성의 인간, 즉 전인적인 존재이다.

틸리히는 현대사회를 수평적 차원의 기술 문명이 주도하는 사회라고 하였다. 초월성과 수직적 차원의 영역을 무시하고 인간 존재가 가지고 있는 깊은 차원의 영역을 상실한 인간관이 현대사회의 인간이해이다.[206] 그래서 현대의 인간이해는 정신과 영적인 차원을 인정하고 있는 추세이지만

---

206) 임경수, "신학과 심리학의 연계적 학문을 통한 기독교 상담의 정체성," 기독교상담학회지 7(2004.5): 231-57.

기독교상담에서는 이것을 넘어서는 보다 높은 차원의 의미를 가진 전인적인 인간이해가 필요하다.

현재 전인성에 관한 국내 연구는 의학계를 중심으로 진행되고 있다. 이제는 기독교상담에서도 깊은 연구가 되어야할 분야이다. 상담이 부적응의 문제를 안고 있는 자들만 위한 것이 아니라 건강한 사람들에게도 필요한 것이기 때문이다.

외국에서 전인건강은 뉴에이지운동(New Age Movement)과 동양사고를 복합시킨 혼합주의의 경향을 띠고 생활운동으로 전개되고 있는 경향이 있다. 이러한 운동이 국내에서는 '기'에 대한 열풍으로 전인성의 의미와 본질이 상당히 많은 부분 왜곡되고 무비판적으로 도입되는 실정이다.[207] 그래서 전인성에 관한 연구는 더욱 기독교적이고 복음적인 입장을 견지하는 기독교상담 분야에서 연구되어야할 시급한 과제를 안고 있다.

전인성은 어떤 상태가 아니라 과정이다. 전인성의 과정은 일생을 통하여 계속될 것이며 의식과 무의식적 부분들이 영성의 조절과 통합으로 이루어지는 과정이다. 이것을 연속적으로 온전하게 이룰 수 있는 과정이 심리학에서는 융의 개성화의 실천이다. 그래서 다른 이들로부터 자신을 차별화 하고 진정한 고유성에 이르도록 해서 한 인간으로 온전하게 살도록 하는 것이 전인성을 위한 개성화의 과정이다.

1. 개성화의 의미

개성화는 인간의 신체적이고 심리적인 영역 외에도 사회성, 직업성, 관계성, 영성을 망라한 전인적인 건강을 추구한다. 전인적 건강을 위해서는

---

207) 조무성, "의료 전문화와 전인건강 문화 : 성경적 세계관의 적용," 신앙과 학문 2, no.4 (1997): 53.

의식적 및 무의식적 부분들이 통합되어야 하고 개성의 온전성에 이르며 자신을 고유성에 이르게 하는 개성화가 있어야 한다. 그래서 한 개인의 일방적으로 편향된 삶의 태도가 균형을 이루면서 진정한 개성을 실현 하고 심리학적인 의미의 개성화와 함께 신학적인 정신의 통합으로 이루어지는 자아실현이다.

모든 인간은 개성화의 실현으로 집단적인 규범, 교훈, 관습, 그리고 가치로부터 벗어나면서 점점 자신이 된다. 그러므로 개성화는 의식의 자아가 무의식의 전체정신을 의식화 하는 자기실현의 과정이며 어떤 고정된 상태가 아니다. 무의식의 의식화 과정에서 개인적 무의식과 집단적 무의식의 내용들을 성찰하고 인식하면서 의식의 영역을 확장시키는 것이 개성화의 과정이다. 융의 개성화에 관한 의미는 다음과 같이 세 가지로 정의할 수 있다.

첫째는 전체 정신의 자기실현이다. 무한한 가능성이 잠재된 무의식의 내용들을 살려서 자기의 전체정신을 실현하는 것이다.[208] 이로써 무의식의 심층에 자리하고 있는 자기(self)의 전체성을 지향하면서 개성화를 이룬다. 자기는 밝고 어두운 면을 포괄하고 있으며, 누구나 예외 없이 심층의 중심에 있는 자기의 전체성을 실현하는 개성화의 과정으로 인격의 발달을 이룬다.

둘째는 개별화이다. 자기화라고 할 수 있는 개별적인 존재가 되어 성숙한 인격이 되는 것이다. 다른 그 무엇과도 비길 수 없는 고유성을 가진 본래의 자기가 되는 것이다. 그래서 개성화를 개별화나 자기실현으로 부를 수 있다.[209] 성숙한 인격은 전통적으로 말하는 모범시민이나 도덕군자와는 다른 진정한 자신의 개성을 실현하는 과정의 자기화이다. 그래서 개성

---

208) Mary Ann Mattoon.
209) Carl G. Jung, C.W. Vol. 7. 173.

화는 진정한 자기의 개성을 실현한다.

셋째는 무의식의 의식화이다. 무의식의 의식화는 무의식의 내용들을 인식하는 과정이다. 이는 단순한 무의식의 의식화가 아니다. 개성화는 무의식의 내용들을 의식화해서 통합하고 분화시키며 보다 깊은 무의식 층의 비개인적인 내용들을 의식에 편입시키는 과정이다.[210] 융은 인간의 의식이 유아기에서 무의식으로부터 생겨나와 계속 발달한다고 생각했다.[211] 지배적인 무의식이 의식화되는 것이 중년 이후에 일어나는 독특한 개인, 하나의 전체적 존재가 되는 것이다. 그래서 자신답게 되는 것이라고도 한다. 그러므로 개성화는 자아보다 무한히 많은 것을 포괄하면서 자신 속에 모든 세계를 포용하게 된다. 이로써 무의식의 내용들을 지적으로나 감정적인 통찰로 깨닫고 의식화 하는 자기 인식의 과정이다. 한 인간이 평생 동안 모든 무의식의 내용들을 인식하고 자기를 실현하지는 못한다. 무의식은 아직도 의식되지 않은 것이다. 그러나 무의식의 상당부분을 적극적으로 인식함으로 의식의 내용에 동화시킬 수 있다. 이러한 무의식의 의식화는 깨달음이며 무의식의 적극적인 성찰과 분석을 필요로 한다.

넷째는 상태가 아닌 과정이다. 정신적 부분들의 각성과 통합으로 의식을 강화하고 차별화하는 과정이다. 융은 삶에서의 문제들이 전체성을 향해 나아갈 때 해결될 것이라고 하면서 이것을 개성화로의 길이라고 하였다. 그가 개성화라고 말 한 것은 individuation이 분열하다는 divide 앞에 접두사 in을 붙인 말로서 이젠 더 이상 분열되지 않는다는 뜻이 내포되어 있기 때문이다.[212] 그래서 인생의 후반기에 일어나는 통합과정은 개성화의 과정이다. 이 과정은 마음이 무의식, 특정한 기능, 태도, 혹은 원형에 있어서 조화로운 균형을 이루는 것이다. 어느 하나의 기능이나 태도

---

210) Carl G. Jung, *C.W.* Vol. 7. 177.
211) W. B. Clift, *Jung and Christianity*, 25.
212) W. B. Clift, *Jung and Christianity*, 25.

가 우세하지 않고 상반되게 존재하던 특성이나 특질의 균형과 조화이다.

융의 개성화는 인간 발달에 있어서 유아기에 관심을 가졌던 프로이트와 달리 생애 전체를 반영한다. 생애발달에 있어서 융의 독특한 기여는 개성화에 관한 연구이다.[213] 융은 유아의 성적관심에 관한 프로이트의 이론에 유보적이었으며 미발달적이라고 보았다. 융에 있어서 생애는 서로 대조되고 보완되는 생의 전반기와 후반기로 나뉘어 진다. 전반부는 자아의 출현과 경험의 확대 및 외적인 환경의 요구에 적응과 성장이 목적이다. 후반부는 삶의 의미에 대하여 관심이 증대되고 전체성을 위한 자기를 실현하는 개성화에 있다.[214] 그래서 유아기나 청소년기에 어느 일방으로 편향되었던 삶의 태도가 중년기에 와서 균형을 이루면서 자기를 실현하고 전체성과 함께 타인과 구별되는 개성화를 실현하게 된다는 것이다.

2. 개성화의 과정

융의 개성화는 전체성을 목표로 진행되는 과정이다. 그것은 이미 설명한대로 무의식의 의식화이며, 무의식의 내용들이 통합되고, 조절과 균형을 이루는 과정이다. 이 과정의 궁극적인 목표는 전체성이며 그것은 곧 타인과 철저히 구별되는 진정한 자기화이다.

자기실현에 도달하는 과정으로 융의 개성화는 정서적이다. 직선을 따르지도 않고 항상 위로 이르지도 않는다. 그것은 발달과 퇴보, 단절이 없는 변화와 정체로 구성되고 있다. 이 과정은 긍정적인 내용뿐만 아니라 부정적인 내용의 융합도 포함한다.[215] 인간은 누구나 자기를 실현하고자 하는 내부의 요구를 갖고 있으며 그 가능성도 충분히 있다. 모든 무의식을 의

---

213) Mary Ann Mattoon, 165.
214) Mary Ann Mattoon, 182-183.
215) Mary Ann Mattoon, 184.

식화할 수는 없지만 근본적으로는 누구나 무의식의 의식화를 지향한다. 무의식의 의식화를 위해서는 적극적인 인식의 노력이 있어야 한다. 그래서 내면의 세계인 무의식의 분석이나 종교적 수행은 무의식의 의식화를 위한 개성화의 실현에 있어서 가장 좋은 적극적인 방법이다.

융의 개성화 과정은 몇 개의 단계로 이루어지는데 첫 번째 과정은 의식의 성장으로 페르소나(persona, 가면)의 분화이다.[216] 두 번째 단계에서 마지막까지는 무의식의 의식화이다. 둘째 단계는 개인적 무의식 속에 있는 그림자(shadow)의 성찰이다. 셋째는 집단적 무의식에서 만나는 심리적 이성으로 남자의 마음속에 있는 아니마(anima)나 여자의 마음속에 있는 남성성(animus)의 통합과 조절이다. 그리고 마지막 네 번째 단계는 심층 깊은 곳에 있는 원형의 자기실현(self actualization)이다. 개성화 과정의 내용들을 도표로 그리면 아래의 그림과 같다.

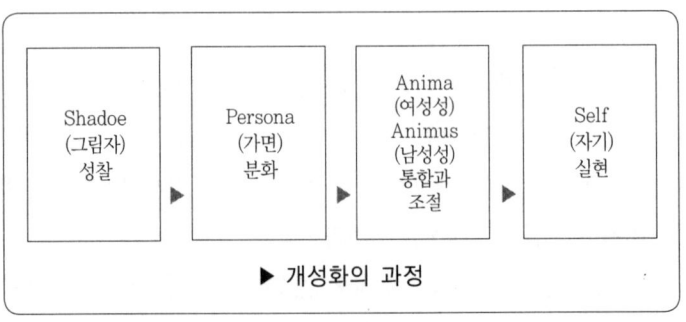

그림 14 융의 개성화 모형도

개성화의 과정[217]은 무의식의 자율성과 보상작용으로 균형을 이룬다.

---

216) 가면은 고대 희랍의 배우들이 연기할 때 역할에 맞는 이미지로 만들어진 것이다. 배우의 역할을 위한 이미지로 융은 가면이라기보다 페르소나라는 말을 그대로 사용한다.
217) 개성화과정은 화살표 방향으로 진행되며 첫 번째 단계인 페르소나의 분화는 의식의 수준이다. 그리고 원문을 그대로 사용한 것은 정확한 한글 번역이 없으며 융 자신도 용어선택을 번역보다는 원문 그대로 사용했다.

이는 자율신경계가 외부의 스트레스에 대응하여 신체적 균형을 유지하고자 조절하는 것과 같다. 자아의식이 편향된 의식화를 하고자 할 때 무의식은 그렇게 되지 않도록 의식의 방향과는 다른 방향으로 이미지를 활발히 보내서 그것을 보상한다.[218] 그러나 무의식이 자율적으로 보상작용을 한다고 해서 자기를 인식하려는 노력을 게을리 해서는 안 된다.

개성화의 과정에서 자기를 실현하는 최종과정은 일반적인 순서이지 언제나 이런 순서로 진행되지는 않는다. 반복되기도 하고 다음 단계에 이르러서 전 단계의 내용들이 다시 나타나기도 한다.

1) 페르소나(Persona)의 분화

이미 정의한대로 페르소나(persona, 가면)는 다른 사람들의 요구에 의하여 규정되어 있는 자기의 이미지이다. 어떤 상황의 필요에 따라 적응할 수 있도록 설정된 체계와 방식이다. 페르소나를 현재의 자신인양 착각하고 혼동하면 안 된다. 내가 속해 있는 사회나 집단이 나에게 요구하는 상이 페르소나이다. 우리는 세상과 사회에 대하여 페르소나라는 가면을 쓰고 산다.[219] 그래서 역할에 고정되고 혼동된 페르소나를 유연성 있게 분화시키고 자신의 개성과 다른 사람들의 기대를 중재하고 타협할 수 있는 것이 개성화의 첫 번째 단계이다.

(1) 페르소나 알기

페르소나는 집단정신이며 자신의 개성이라고 착각하기 쉽고 나의 것이라고 생각하는 그것이 곧 타인의 생각이나 요구에 맞춘 자신일 뿐이다. 페르소나를 자신으로 생각하면 진정한 자신을 볼 수 없다. 페르소나는 버려야할 것이라기보다는 오히려 구별되어야 하는 분화가 있어야 한다. 분

---

218) 이부영, 그림자, 39.
219) W. B. Clift, *Jung and Christianity*, 18.

화를 위해서는 페르소나를 북돋우어 줄 수 있도록 배워서 사용할 수도 있어야 한다. 그래서 페르소나를 인식하고 의식에 통합해서 상대적으로 구별하고 사용하는 분화의 작업이 필요하다.

① 생활 속에서 체면손상을 많이 느끼는가?

한국인은 체면을 중시하는 관습을 갖고 있다. 한국사회를 지배했던 유교의 관습에서 비롯된 체면은 한국인의 생활양식에 뿌리를 깊이 내리고 있는데 이것이 개인을 향한 집단문화의 요구이며 우리들의 페르소나라고 할 수 있다.

체면을 중시하는 우리 문화에서 다른 사람의 기대와 시선을 외면하지 못하고 페르소나를 갖고 살면 환경과 관습에 얽매이게 된다. 그러나 페르소나가 분화되면 수치심과 죄책감이나 체면에서 보다 자유롭게 되고 그런 것들로 인한 상처를 미연에 방지하게 된다. 관계를 중시하지만 그것으로 체면에 손상을 받는 사고방식은 우리들의 삶에서 분화되어야 하고 그런 성숙함이 페르소나의 분화이다.

② 상황의 변화에 적응하기가 힘드는가?

페르소나는 그 집단이나 사회의 요구상이기 때문에 내가 상황이 바뀐 자리에서 얼마나 잘 적응하는지를 알아야 한다. 건강한 적응태도가 아니라 새로운 환경에 적응하기 위하여 건강하지 못한 방법으로 굽실거리며 아부하거나 반대로 고압적인 자세로 나가거나 상대방의 요구에 너무 민감해서 자신의 정체성을 살리지 못하는 경우가 없는지를 살펴야 한다.

③ 상처를 많이 받는가?

지금 사용하고 있는 페르소나가 필요치 않은 사회로 가 보는 것이다. 그래서 페르소나가 상처를 받도록 크고 작은 경험으로 자신을 성찰하는 것이다. 페르소나를 구별하기가 쉽지는 않지만 환경이 바뀌었거나 자신의 생활에서 어색하고 당황스러운 경험이 생기거나 적응이 어렵고 상처받는 행동방식이 무엇인지를 발견하고 성찰하면 페르소나를 인식할 수 있는 것이다. 개성화를 촉진시키기 위해서는 자신의 페르소나는 어떤 것들이 있는지를 인식하고 구별해서 분화시키는 노력이 필요하다.

인간은 자신과 페르소나와의 동일화를 이루지만 어떤 상황이나 계기를 맞아 페르소나에서 분화할 때 비로소 자신을 보게 된다. 그러므로 성숙한 인격체를 위해서는 페르소나를 자신의 모습으로 여기기보다는 오히려 그것을 유용한 도구로 삼아야 한다.

(2) 페르소나 검사문항

번호	문항 내용	1	2	3	4	5
1	나는 다른 사람들이 나에게 요구하는 삶을 알지만 그렇게 살지는 않는다.					
2	나는 다른 사람들의 주장이 옳다고 판단되면 나의 주장을 포기한다.					
3	나는 체면보다 정당한 규칙을 지키는데 힘쓴다.					
4	나는 나의 직분(신분)에 관계된 의무보다 공동체의 유익이 더 중요하다고 생각한다.					
5	나는 다른 사람의 행동에 대하여 나의 감정을 쉽게 표현하지 않는다.					
6	나는 자기의 주장이 옳다면 이해할 수 있는 자료를 제시해야 한다고 생각한다.					
7	우리는 많은 사람이 결정해도 개인의 의견이 존중될 수 있도록 배려해야 한다.					
8	나는 잘못된 제도나 규칙을 바꾸는 운동에 동참할 수 있다.					
9	나는 개인의 행동이 전체에게 어떤 영향을 주는지 생각하고 있다.					
10	나는 나의 품위를 유지하기 위해 투자한다.					

(3) 페르소나의 분화

적절한 가면을 쓰고 산다는 것은 인간이 세상을 사는 지혜이다. 집안에서 하던 행동 그대로 밖에서 할 수는 없다. 친구 앞에서 하는 행태를 직장 내에서 그대로 나타내며 살수는 없는 일이다. 그러므로 새로운 환경에 접했을 때 그 집단이나 환경이 요구하는 적절한 페르소나는 건강한 삶의 모습이다.

너무 과도하게 사용하면 이중적인 인격자와 같은 비난을 받기 쉽다. 환경의 경계나 구분이 없이 살면 정신이 나간 사람처럼 비쳐질 것이다. 그러므로 페르소나 바꾸기를 위해서는 몇 가지 훈련이 필요하다.

① 먼저 체면손상을 받지 않도록 마음을 강하게 유지하는 훈련을 해야 한다.
② 새로운 환경에 적응하는 훈련을 해야 한다. 그래서 낯선 환경이 두렵지 않아야 하고, 자신감이야말로 자신을 있는 그대로 새로운 환경에 적응하는 가장 좋은 방법이다.
③ 과도한 욕심이나 희망을 버리고 살아야 한다. 있는 그대로 수용할 줄 아는 겸비한 덕을 세우도록 마음의 수양을 쌓도록 해야 한다.
④ 타인이나 집단의 요구를 이해하는 관용이 필요하다. 지피지기면 백전백승이라고 하지 않았던가. 남을 이해하고 자신을 안다는 것이야말로 과도한 가면을 과도히 사용하지 않고도 자신감 있는 건강한 삶을 사는 지혜이다.
⑤ 기도해서 쉽게 상처받지 않도록 노력해야 한다. 바울은 빌립보서 4:11-13에서 어떠한 형편에든지 자족하기를 배웠으며 비천과 풍부에 처할 줄을 알고 배부르며 배고프고 풍부와 궁핍에 처하는 비결을 배웠다고 하였다. 그리고 그는 13절에서 "내게 능력 주시는 자 안에서 내가 모든 것을 할 수 있느니라"고 위대한 고백을 하였다.

개성화의 과정 중에서 페르소나는 의식 속에 있기에 어떤 과정보다도 노력하고 연습하면 성취할 수 있다.

개성화의 과정이 성경적이어야 하고 영성 중심으로 이루어져야 하기에 개성화의 과정마다 가장 적당한 성경구절을 인용하고 실천토록 해야 한다.

2) 그림자(Shadow)의 성찰

개성화에 있어서 두 번째 단계는 그림자의 성찰이다. 이는 의식의 자아가 무의식의 내용들을 만나는 첫 번째 단계이다. 그림자는 무의식적인 부분에 억압되어 있는 보이지 않는 자아의 일부분이기에 성찰해야 할 대상이지만 쉽게 의식하기가 어렵다.

그림자는 자아로부터 배척당한 열등성과 인격의 부정적인 측면이 있으므로 무의식에 억압되어 있으면서 드러내고 싶지 않은 성격의 다른 면이지만 반드시 파괴적이거나 부정적인 것만도 아니다.

그림자는 의식의 빛에 의하여 그늘 속에 던져진 것이다. 그러므로 아직 발달하지 못한 열등한 인격이나 제2의 자아로서 감추어지고 억압되어 있다. 부끄럽고 열등한 부분을 받아들이는 것이 고통스럽지만 배제하거나 제거가 불가능한 것이 그림자이기에 인격의 일부로 인정하고 친해져야 한다.[220]

특히 자아의식으로 그림자의 어두움을 경험하게 되고 선한 자아를 의식하면 짙게 도사리고 있는 그림자의 충동으로 물의를 일으키게 되기도 한다. 무의식에 도사리고 있는 그림자를 이해하지 못하고 의식에 나타난 선한 자아를 강조하다 보면 긍정적인 자아와 반대되는 그림자의 표출로 이중인격자나 위선자라는 이중성에 빠지게 된다.

그림자는 대부분이 개인적 무의식에 드리워져 있지만 집단적 무의식에도

---

220) 심상영, 58-60.

있고 자기(self) 속에도 있다. 집단적 무의식에 있는 그림자는 원형상으로 나타나게 되는데 문제는 개인적 무의식 속의 그림자가 표출되면 나쁜 사람이 되는 정도지만 집단적 무의식에 드리워진 그림자가 투사되면 비난 받는 자로 전락하게 된다.[221] 이렇게 되면 자신의 행위가 세상에서 가장 선한 것으로 인식되면서 비인간적인 원형상의 그림자를 투사하게 되는 것이다.

그림자는 내 마음의 무의식에 억압된 고정되어 있거나 죽은 실체가 아니라 살아 있는 이미지이다. 그래서 무시할 수 없고 의식화해서 수용하고 인정하는 과정이다.

(1) 그림자 알기

그림자를 의식하기 위해서는 무의식에 깊은 관심을 가져야 한다. 그래서 그림자의 존재를 깨달을 수 있는 성찰이 필요한 과정이다. 깨닫고 소화해서 의식의 영역으로 넓히는 것이 곧 자기실현의 확대이다. 그러기 위해서는 세속적인 도덕규범과 갈등을 이겨야 하고 자신의 열등한 그림자를 의식화 하고 분화시키는 용기가 있어야 한다.

① 도덕적인 저항에 민감한가?

그림자를 인식하기 위해서는 도덕적인 용기와 결단이 필요하다. 융의 그림자는 도전적 문제이며 인격의 전체를 동원하도록 요구한다. 어두운 그림자를 인식하자면 도덕적 저항과의 만남은 필수적인 조건이다.[222] 자신의 부정적인 측면을 인식하고 의식화해야 교정할 기회도 생기기 마련이다. 그래서 창조적이든 열등성이든 그림자의 실체를 의식화하기 위해서는 적지 않는 도덕적 노력과 결단을 필요로 한다.

---

221) 이부영, 분석심리학, 76-77.
222) Carl G. Jung, C.W. Vol. 9-2. 8.

② 타인의 행동을 보고 과도하게 분노하는지를 살피라

타인의 행동에 관하여 과도한 분노의 마음이 있는지를 살펴야 한다. 자신의 그림자를 인식하기 위해서는 타인의 행동에 대한 자신의 반응을 성찰해야 한다. 융의 제자 프렌츠(Marie Louise von Franz)는 타인으로부터 결점을 비난 받을 때 끓어오르는 분노를 느낀다면 그 순간 의식하지 못하던 그림자를 발견할 것이라고 하였다.[223] 타인으로부터 비난을 받을 때 분노를 느낀다는 것은 자신의 무의식에 잠재된 아픈 것을 건드렸기 때문에 반응을 하는 것이다. 개성화를 위해서는 그러한 순간을 놓치지 말고 그림자를 의식화하는 민감한 작업이 있어야 한다.

③ 남의 행동에 비난일색인가?

자신도 모르게 타인의 행동을 비난하는 경우가 있다. 이는 나쁜 것이 남에게는 있고 자신의 것은 피하려는 자기방어의 수단으로 투사되었기 때문이다. 아픈 마음을 피하려는 자기방어의 수단이 사용될 때는 투사된 무의식의 내용을 성찰하고 의식화할 수 있는 기회로 삼아야 한다. 투사된 그림자를 의식화하자면 많은 용기와 반성이 있어야 한다.

④ 가까운 사람에게 특별한 행동이 있는가?

그림자는 자신보다는 남에게 잘 보이게 마련이다. 그러므로 그림자를 성찰하기 위해서는 가까운 사람에게 나의 이해하지 못할 특별행동이 어떤 것들이 있는지를 알아봐야 한다. 어떤 단체나 그룹에서 프로그램으로 서로의 장단점을 나누고 분석한다는 것은 자신의 그림자를 성찰하는 좋은 방법이다.

주의할 것은 의식과 무의식의 내용이 일치해서 세계를 볼 때 진정한 의미의 분노가 일어난 것을 의식과 무의식의 불일치에서 오는 그림자의 투

---

223) 이부영, 그림자, 89.

사로 봐서는 안 된다.

⑤ 가족의 행태를 잘 살펴보라

가족에게 투사된 그림자도 있다. 도덕적으로 완벽하고 엄격한 부모의 요구가 자녀에게 방종으로 나타나는 경우이다. 이는 부모의 무의식에 억압된 그림자는 이심전심으로 자녀에게 전달되고 자녀의 행동을 비난하는 부모는 그런 행동을 더욱 가중시키는 것이 된다. 이렇게 그림자를 의식화하지 않으면 그것은 가까운 가족에게 투사된다.

(2) 그림자의 검사문항

번호	문항 내용	1	2	3	4	5
1	나는 나의 약점이 무엇인지를 잘 알고 있다.					
2	나는 나의 약점이 드러났을 때 부끄러워하지 않는다.					
3	나는 다른 사람이 나를 험담하는 이야기를 들었을 때 화내지 않는다.					
4	나는 내게 변덕스러움이 있는 것을 인정한다.					
5	나는 내 인생에 대해 대체로 만족한다.					
6	나는 더 잘살기 위해서는 내가 변화되어야 한다고 믿는다.					
7	우리는 성공하지 못한 사람도 인정받을 수 있도록 해야 한다.					
8	우리는 다른 사람이 이상한 행동을 해도 존중할 수 있어야 한다.					
9	나는 다른 사람이 나를 인정한다고 믿고 있다.					
10	나는 나의 인간 됨됨이를 알고자 노력한다.					

(3) 그림자의 성찰

그림자는 무의식의 요소이기에 성찰하고 분석해서 알아내기도 어렵지만 치유하기도 힘드는 단계이다. 그러나 누구든지 그림자가 있기에 분석하고 치료해야 한다. 그리고 자신의 그림자를 수용하고 친해지도록 하고 그것을 건강한 모습으로 사용해야 한다.

① 먼저 태도의 균형적인 개발과 성장이 있어야 한다.

융은 1928년부터 개성화 과정의 역할을 확대 연구하면서 그 과정의 청사진을 유형학에서 찾았다. 그의 저서 Psychological Types도 The Psychology of Individuation이라는 부제를 붙였다.[224] 인간의 태도는 내, 외향의 어느 한 쪽으로 정신적 에너지를 지향하게 된다. 그리고 감정, 직관, 감각, 사고의 기능적인 유형에서 어느 하나나 둘이 성장하고 발달한다. 여기 성장으로부터 열등적인 태도와 기능들은 무의식화 하게 된다.[225] 대부분의 사람들은 자신의 최초 및 두 번째의 기능을 인생의 전반기에 개발하고, 그리고 훨씬 후에 세 번째 기능을 개발하지만 네 번째의 기능까지는 전혀 개발하지 않는다. 열등성의 태도와 기능유형은 우월기능의 그림자이다. 그러므로 무의식에 저장된 열등성의 태도유형과 기능유형들을 인식하고 의식화해서 개발하고 성장시켜야 한다. 모든 태도와 기능유형들의 균형적인 성장을 이루는 것이 무의식의 그림자를 성찰하는 개성화의 과정이다.

진정한 개성화를 위해서는 자신의 심리적인 태도와 기능의 경향성을 이해하고 성장에 있어서 열등한 부문을 의식화하고 개발하면서 성장시켜야 한다.

---

224) Mary Ann Mattoon, Jungian Psychology in Perspective (New York: A Division of Macmillan Publishing Co, 1981), 186.
225) W. B. Clift, Jung and Christianity, 17.

② 열등함을 인정하고 수용하라

열등의식에 의식에 사로잡히면 비극을 초래하게 되고 자신이나 타인을 파멸시키는 무서운 힘을 발휘하게 된다. 가인이 하나님과의 관계에서 아벨에 대해 열등의식에 사로잡혀 결국은 돌을 들고 인류 최초의 살인자가 되었다.[226] 사울은 다윗에게 열등감을 느낀 나머지 다윗을 괴롭혔다. 결국은 사울이 패망의 길을 걷게 된 것이다. 그러므로 나의 부족함과 열등감한 부분을 인식하고 수용해서 더 잘하도록 노력하고 힘쓰는 것이 중요하다.

③ 본능적 에너지를 승화(sublimation)시켜라

자기를 실현하려는 개성화를 위해서는 무의식 속에 감추어진 그림자를 성찰하고 의식화해서 가치 있는 것으로 만드는 과정이 있어야 한다. 이 본능적 에너지를 활력과 창조적 에너지로 개발해서 인격 성장과 발달에 유용한 수단으로 삼아야 한다.

프로이트의 방어기재 중에서도 가장 긍정정인 것이 승화이다. 승화는 자신의 충동이나 본능적 욕구를 사회적으로 용납된 행동으로 표현해서 본능적 욕구의 에너지를 전환시키는 자아기능이다. 본능을 무조건 억제하지 않고 변화시키기에 충동을 창조적인 방법으로 다루는 전략이다. 예를 들면 자위의 심한 충동을 받는 청소년이 운동에 몰두해서 축구선수가 되는 것이다. 위대한 예술가들이 본능적 에너지를 창조적으로 승화시킨 경우가 많다고 하였다.

---

[226] 구약성서 창세기 4장에는 가인과 아벨의 형제 이야기가 나온다. 가인은 자신의 제사가 하나님께 기쁘게 열납되지 못하였지만 아우 아벨의 제사는 하나님께서 기쁘시게 열납하시므로 예배와 신앙생활에 관한 열등의식으로 아우를 돌로 쳐서 죽이는 인류 최초의 살인사건이 나온다. 구약성서 사무엘상 18장에는 다윗이 이스라엘의 적군 불레셋의 장수 골리앗을 이기고 돌아왔을 때 백성들이 사울은 천천이요 다윗은 만만이라고 노래를 불렀다. 업적이나 능력에 있어서 다윗에게 열등감을 느낀 사울은 불쾌감을 느꼈고 다윗을 향하여 창을 던졌다.

자신의 열등성과 어두운 면을 보다 긍정적이고 건설적이며 창조적으로 발전시켜서 의식의 영역을 넓히는 단계가 그림자의 성찰이다.

3) 심리적 이성(anima, animus)의 통합과 조절

무의식 세계에 존재하는 심리적 이성이 있다. 남성은 정신세계 속에 존재하는 자신의 여성성(anima)을 만나고 여성은 심리적 남성성(animus)을 만나게 된다. 아니마와 아니무스는 우리들 마음속의 혼과 같은 것이어서 의식을 초월한다. 그래서 자아의 통제를 받기 보다는 독자적인 인격체로 존재하는 내적 인격이다. 외적 인격의 타고난 성이 다르듯이 내적 인격도 서로 다른 특성을 가진 것이 아니마와 아니무스이다.

아니마는 남성의 무의식에 자리하고 있는 여성적 특질이며 모든 남성은 정도의 차이가 있을 뿐이지 여성적인 특질을 갖고 있다. 남자다운 사람일수록 여성적인 부드러움이 있지만 억압하는 것을 미덕으로 간주하고 있는 경우가 많다.[227] 아니무스는 아니마와 반대로 여성의 인격 안에 있는 남성 경험의 원형이며 남성으로부터 받은 인상의 축적이다. 아니마와 아니무스를 최초로 제공하는 사람은 이성 부모이다.

(1) 아니마와 아니무스 알기

아니마와 아니무스를 인식하고 의식화하는 것이 어려운 것은 그림자보다 더 깊은 곳에 있어서 의식과는 거리가 멀기 때문이다. 그러므로 더 많은 노력과 성찰이 필요하다. 개성화의 과정은 다음 단계로 나아갈수록 이해하고 알아내기도 어렵고 치료하기도 힘드는 것이 특징이다. 그만큼 수준 높이 개별화 되고 개성화를 이루어가고 있기 때문이다.

---

227) Carl G. Jung, C.W. Vol. 7, 95.

① 꿈을 분석하라

아니마와 아니무스는 무의식적으로 투사되는 매력이기도 하지만 때로는 혐오감을 주는 요인도 된다. 이들은 남자와 여자의 인격 속에 있으면서 꿈, 공상, 환상, 문학, 창조적 사고, 신화, 그리고 우리의 감정적인 행동 속에서 스스로를 이미지로 투사한다.[228] 그래서 아니마와 아니무스는 내적 인격이며 내면의 얼굴과 같다.

② 애착심을 알라

아니마와 아니무스가 언제나 사람에게 투사되는 것만은 아니다. 예술가의 작품이나 물질과 사상과 이념과 왕이나 국가, 술이 투사의 대상이 될 수도 있다.[229] 오늘날 종교적 광신도들이 갖는 신념의 대상이나 유명인에 대한 애정과 존경심도 아니마와 아니무스의 투사라고 볼 수 있다. 이렇게 투사되면 그 대상이 사랑의 대상이 되면서 더욱 애착을 갖고 집착하게 된다.

③ 자신의 신체적인 성보다 다른 이성의 행태를 선호하는지를 분석해야 한다

아니마와 아니무스는 외적 인격인 페르소나를 보충하는 성질을 가지고 있다. 자아를 페르소나와 동일시하고 구별하지 못할 때 자아는 아니마와 아니무스도 동일시하게 된다.[230] 그렇게 되면 본래의 성이 가진 특성을 살리지 못하고 아니마와 아니무스에 집착하여 남자가 유약한 여성으로 살거나 여자가 맹목적으로 남성적인 기질을 투사하면서 살게 된다.

④ 신경질적이고 짜증을 잘 내는 이유를 분석해야 한다

아니마와 아니무스를 인식하지 못하고 그냥두면 미성숙한 자체로 무의

---

228) 심상영, 67.
229) 심상영, 71.
230) 이부영, 아니마와 아니무스, 44-46.

식에 남아 있게 된다. 이것은 주로 남성에게는 변덕스럽고 짜증나는 행태로 나타나게 되고, 여성에게서는 부드럽지 못하고 버릇없는 부정적 행태로 표현된다. 그러므로 자주 나타나는 신경질과 짜증이 왜 일어나는지를 분석하고 해석해야 한다.

⑤ 투사의 체험을 활용해서 인식하라

융에게 투사현상은 방어기제이면서 무의식의 내용을 통찰하는 기회이다. 특히 원형적 투사체험은 강력한 무의식의 특성을 인지할 수 있는 기회이다.[231] 특정한 이성에게 있어서 좋고 싫은 감정이 일어날 때 아니마와 아니무스의 투사현상인지를 주목해야 한다. 언제나 의식은 한 가지 방향으로 진행하는 경향이 있는 반면에 무의식은 보상작용을 통하여 의식의 진행 방향을 지양하도록 활성화하는 기능을 가지고 있다. 의식이 집단성향을 따르고 잘못된 길로 진행할 때는 무의식의 보상작용이 활성화되도록 관심을 기울여야 한다.

무의식적 측면에서 아니마는 사리 있고 부드러운 여성상의 원형으로 기분을 만들고, 아니무스는 말하고 감동적인 여성의 심리적 현상과는 다른 의견(opinion)을 만든다. 그래서 아니마의 기분은 감상적이고 풍부한 감정에 이른다. 아니무스는 확정적이고 생각을 통해서 나오기보다는 너무나 당연한 의견으로 표출된다.[232] 이렇게 부정적인 아니마와 아니무스가 평소에 나타나지 않는 것은 대체로 사람들이 부정적인 아니마와 아니무스를 감추고 있기 때문이다. 그러나 아니마와 아니무스는 결투장 같이 대립되고 경쟁관계에 돌입하게 될 때 나타나서 상대방의 약점을 찌르기도 하고 비판적인 모습으로 표출된다. 상대방의 약점을 찌르기까지 하면서 긴

---

231) 이부영, 아니마와 아니무스, 92.
232) Carl G. Jung, C.W. Vol. 9-2. 14.

장과 적대관계를 일으키는 것은 무의식의 내적 인격이 제대로 인식되지 못하고 분화되지 못했기 때문이다.

(2) 아니마와 아니무스 검사문항

번호	문 항 내 용	1	2	3	4	5
1	나는 때로 남자(여자)답지 못한 행동을 할 때가 있지만 걱정하지 않는다.					
2	남자는 강하고 여자는 부드러운 것만이 미덕일 수는 없다.					
3	남자와 여자의 구별보다 각자의 역할이 중요하다.					
4	나는 남자가 여자처럼, 여자가 남자처럼 살 수도 있다고 생각한다.					
5	나는 다른 사람이 나와 다른 것은 당연하다고 생각한다.					
6	나는 내가 남자(여자)인 것에 만족한다.					
7	우리는 남자와 여자라는 이유로 인간을 차별해서는 안 된다.					
8	청소년들이 유명한 사람들을 무조건 좋아하고 본받아서는 안 된다.					
9	나는 남자아이는 남자답게 살고, 여자아이는 여자답게 살도록 요구하지 않는다.					
10	나는 부부간에도 역할(일)을 바꾸어서 살 수 있다고 믿는다.					

(3) 아니마와 아니무스의 조절과 통합

아니마와 아니무스를 인식하기란 쉽지 않다. 페르소나처럼 뚜렷하게 의식되지도 않는다. 남성이 강함을 추구하면서 자신의 연약하고 부드러움을 인정하는 데는 주저하기 때문이다. 무의식의 아니마와 아니무스는 인식되기 어렵지만 충분히 성찰해서 전체성을 이루도록 해야 하는 것이 자기실현이며 개성화의 과정이다.

① 내 속에 존재하는 미성숙한 아니마와 아니무스를 인식하고 성숙시켜야 한다

심리적 이성 기질을 너무 과도하게 성장하면 이성의 기질을 선호하는 심리적 경향이 나타나서 성을 전환하고 살아야 될 경우도 생긴다. 그러므로 나의 심리적 이성의 기질을 잘 활용할 수 있는 성숙한 아니마와 아니무스로 만들어야 한다. 그렇게 되면 요즘 강한 남성상보다 여성적 리더십을 요구하는 시대에 조화와 균형을 이루는 통합적인 기질을 발휘하게 된다.

② 꿈에서 자신의 이미지가 이성의 이미지로 나타나는지를 분석하라

아니마와 아니무스는 여러 가지 상(像, bild)으로 인식되고 꿈으로 나타난다. 꿈은 무의식의 표현이며 남성들에게는 여성으로 나타나고 여성은 남성으로 나타난다. 그러므로 꿈을 분석하고 해석해서 나의마음 속에 자리하고 있는 심리적 기질의 성향을 분석하는 것이다.

③ 맹목적으로 어떤 현실적인 인물을 열렬하게 사랑하는지 증오하는지를 분석하라

아니마와 아니무스는 때로 외부의 타자에게 투사되는 경우가 있다. 자신의 진정한 상을 인식하지 못하고 이성의 상대방에게 투사해서 매달리면 타자와의 의식된 관계는 있을 수 없다. 뿐만 아니라 아니마와 아니무스가 현실의 인물에게 투사될 때 강렬한 사랑과 증오의 대상이 된다. 그래서

그 관계는 실패로 돌아갈 것이며 맹목적이고 열렬한 사랑과 증오의 대상이 된다.

④ 동성애의 징후가 있는지를 분석하라

아니마와 아니무스가 외부로 투사하지 않고 주체의 내부에 두고 자신과 동일시하는 경우도 있다. 이런 경우에는 동성의 대상에게 투사되어 잠재성을 가진 동성애의 바탕이 되기도 하며 부성전이나 모성전이를 이루어 스스로 부모가 되지 못하고 주변의 사람을 찾아 이에 의지하게 된다.[233] 이렇게 무의식의 심혼상이 외부의 대상에게 투사되면 집착하게 되고, 무의식에 내부에 그대로 머물러 있으면 거의 병적으로 분화되어 발전하게 된다.

⑤ 부모의 이미지로 부터 분리하라

아니마와 아니무스의 상은 부모에게서 유래되고 이를 인식하기 위해서는 부모의 이미지로부터 분리해야 한다.[234] 그래서 부모의 상으로부터 분리하는 것은 가장 중요하면서도 힘든 작업이다. 어머니의 이미지는 결혼하면서 아내에게로 옮겨지는데 남성이 결혼하면 어린애가 되고 의존적이 되거나 반대로 폭군적인 모습을 드러내는 양면성은 부모의 이미지에서 받은 아니마와 아니무스의 투사이다. 그래서 부모의 이미지로부터 분리하고 분화시켜서 객관화시켜야 하는데 그러기 위해선 깊은 성찰이 있어야 한다. 아니마와 아니무스의 객관화 작업은 이들 무의식의 내용과 명상을 통해 대화하면서 무의식의 이미지를 객관화 하고 의도적으로 자아와 분리시키는 작업이다. 그래서 사람은 자신과 대화하는 기술을 익히면서 그 능력을 향상시키고 발전시켜서 무의식의 의식화 작업을 통한 개성화의 과정을

---

233) 이부영, 아니마와 아니무스, 52.
234) Carl G. Jung, C.W. Vol. 9-2. 11.

이루어야 한다.

　아니마와 아니무스는 긍정적인 면과 부정적인 양면성을 갖고 있다. 그러므로 아니마와 아니무스의 인식으로 의식과 무의식의 분화와 통합이 가능하다. 뿐만 아니라 아니마와 아니무스가 긍정적으로 작용할 때 비로소 무의식을 실현하는 개성화의 과정이 또 한 단계 성취되고 이루어지는 것이다.

4) 자기(self)의 실현

　개성화의 마지막 단계는 인격의 중심에 위치한 자기를 인식하고 실현하는 데 있다. 자기의 인식으로 자신의 모든 정신을 통합해서 실현하는 단계는 개성화의 과정에 최종 목표가 되기도 한다.

(1) 자기(self) 알기

　자기는 우리들 인격의 심층에 존재하고 있으며 융은 이 영역을 집단적 무의식이라고 하였다. 이미 융의 구조적 인간이해에서 밝혔듯이 융의 인격구조는 구조적이다. 이 구조들 가운데 개성화의 세 번째 단계의 아니마와 아니무스가 자리하고 있는 영역도 집단적 무의식이다. 그러나 심층의 자기는 아니마와 아니무스와는 달리 인류가 공통으로 가지고 있는 원형이며 누구든지 자기는 같은 욕구를 가지고 있는데 이것의 핵심이 이타심이라고 한다. 그렇다면 자기를 실현하는 개성화의 마지막 과정은 이타적인 정신을 발휘하면서 남을 위해 살고자 하는 심리적 욕구를 실현하는 것이다.

(2) 자기 실현도 검사문항

번호	문 항 내 용	1	2	3	4	5
1	나는 모든 사람이 행복하게 사는데 관심이 많다.					
2	나는 좋은 일을 위해서는 내가 먼저 양보한다.					
3	나는 억울한 사람을 보면 참지 않고 나선다.					
4	나는 모든 일이 조화를 이룰 수 있어야 한다고 생각한다.					
5	나는 우리 사회의 연합을 위해 일하는 사람들을 존중한다.					
6	나는 다른 사람을 돕는데 나의 재산도 내 놓을 수 있다고 생각한다.					
7	우리는 빈부의 격차를 해소하기 위해 노력해야 한다.					
8	우리는 가진 사람이 없는 사람을 위해 양보할줄 알아야 한다.					
9	나는 내 마음 속에 있는 보다 큰 요구가 무엇인지를 알고자 노력한다.					
10	나는 예수님처럼 다른 사람을 위해 희생적인 삶을 살고자 노력한다.					

(3) 자기의 실현

융의 심층심리 집단적 무의식에는 자기가 있고 자기에는 엄청난 에너지를 방출할 수 있는 능력의 원형들이 존재하며 이 에너지는 감동, 공포 등의 강렬한 정동반응으로 나타난다.[235] 이 원형의 내용을 집단적 콤플렉스

---

235) 심상영, 100.

라고도 부른다. 융은 이 콤플렉스를 원형이라 부른 것이다. 이것은 모든 사람에게 존재하는 인간 정신의 보편적이고 근원적인 핵이다. 그러므로 원형의 의식화를 통한 자기실현은 인간답게 사는 기본적인 조건이며 개성화의 마지막 과정이다.

① 집단적 원형의 내용들은 표출되도록 해야 한다
집단적 무의식 층은 좀처럼 노출되지 않는 불덩어리와 같다. 화산이 폭발할 때 그 존재를 인지하듯이 집단적 무의식의 내용은 정신적 위기에 봉착했을 때 의식 표면에 나타난다.[236] 원형의 내용들을 만나면 의식은 확대되고 심화되며 자아는 올바른 균형을 이루면서 자리를 잡는다.[237] 무의식의 콤플렉스인 원형을 의식화하는 데 주의해야 할 점이 많다. 이것으로 사람들을 자극시키는 수단으로 사용해서 맹목적이고 광적인 지지를 끌어들일 수 있는 힘으로 작용시키며 종교에서 박수와 기도로 원형을 표출시켜서 집단적 무아지경에 도달시키는 결과를 초래하기도 한다. 많은 사람들은 집단적 무의식의 내용인 원형이 의식에 작용하고 영향을 주지만 그것을 모르고 산다. 그래서 집단적 원형은 창조의 샘과 같아서 긍정적이고 건설적인 요소로 작용할 수 있게 해야 하고 무의식의 콤플렉스인 원형을 의식화하는 작업은 개성화의 주요한 과정이다.

② 꿈을 분석하라
집단적 무의식에 존재하는 자기의 원형들을 인식하고 의식화하는 데는 먼저, 꿈의 분석이 있다. 꿈은 무의식의 원형이 의식의 세계로 표출되는 것이다. 무의식의 원형들을 의식화하는 개성화의 과정은 일반적인 순서로

---

236) 이부영, 분석심리학, 99.
237) Mary Ann Mattoon, 187.

진행되는 것도 아니고 여러 번 반복하면서 중심을 향해 나아가기 때문에 분석과정이 필요하다.[238] 원형이라는 것은 인간이 선험적 조건에 의하여 태어날 때부터 존재하기 때문에 자신의 전체를 실현하고자 하는 잠재력과 목표를 가지고 있다. 그러므로 반드시 전문 분석가에게만 의존할 필요는 없다. 무의식의 요구에 관심을 기울이면서 꿈의 상징과 함께 의식 세계에 나타난 심리적인 현상들을 끊임없이 성찰하면서 반성하는 것도 분석의 한 방법이다.

③ 대극성의 체험을 통한 의식화를 이루라

심층의 자기는 대극의 합일이다. 무의식의 원형이 탐구되고 의식화되자면 인간 본성의 심연에 있는 대극성과 직면하게 된다. 대극을 경험치 않고는 전체성을 경험할 수 없다.[239] 대극성을 경험하는 데는 기독교적 이해가 필요하다. 빛과 어두움, 선과 악이라는 기독교적 대극성은 경험이 가능하며, 이렇게 기독교의 교리는 여러 가지로 대극성의 개념을 포함하고 있다. 기독교는 이 양극성의 개념들을 대립시켰고 절대적인 원리로 통합하고 해결하였다. 그러므로 기독교적 이해로 집단적 무의식의 세계에 머물러 있는 대극성의 원형들을 의식 세계에서 경험하게 되고 의식화할 수 있다.

④ 연금술(鍊金術)의 작용으로 인식하는 방법이다

1926년 융은 연금술의 작용과 만나는 전쟁에 관한 꿈을 꾼다. 그 꿈은 이탈리아 전선을 후퇴하면서 사방에 포탄이 작렬하는 위험한 상황에서 무의식과 그림자로부터 나오는 자신을 본 것이다. 이미 끝난 전쟁이 자신의 마음속에서 계속되고 있다는 것을 암시받고 밖에서 해결할 수 없는

---

[238] 이부영, 자기와 자기실현, 151.
[239] Carl G. Jung, C.W. Vol. 12. *Psychology and Alchemy* (Princeton: Princeton University Press, 1980), 20.

문제해결이 내면세계에 있음을 깨닫게 된다. 그리고 꿈에서 본 전쟁을 해석하고자 많은 책을 읽었지만 해답을 얻지 못하였다. 그러다가 허버트 실레레(Herbert Silberer)의 연금술에 관한 글을 읽으면서 그의 꿈이 연금술과 관련이 있다는 것을 깨닫게 된다.[240] 그리고 1928년 리차드 빌헬름(Richard Wilhelm)의 『골든 플라워』(Golden Flower)를 읽으면서 연금술의 본질을 이해하게 된다.[241] 이는 하나의 꿈을 해석하고 설명하고자 수많은 책을 읽고 연구한 끝에 얻어진 결론이었다.

융의 연금술 작용이 개성화에 적용되는 것은 연금술의 응고한 물질과 작용을 심적 내용물 및 작용들로 보고 침전이나 납인 연금술의 주된 자재는 성장하지 않은 정신의 심상이었다.[242] 최고의 것을 만들려는 연금술사들의 끝없는 노력에 반영된 무의식적 과정을 찾으면서 그들 가운데 개성화 과정이 상징적으로 표현된다는 사실을 발견한 것이다. 연금술에 관한 연구로 융은 신비주의자라는 오해를 사기도 하지만 물질과 정신을 연결하려 하였다. 연금술의 작용에서 나타나는 여러 단계들은 정신의 서로 다른 요소들이 의식적이 되고 통합되는 정신적 성장으로 나타나는 개성화의 과정이다.

⑤ 꿈과 백일몽이 환상을 통하여 작용하는 내부의 심상들을 성찰하라

이 과정을 통하여 심상과 같은 정신의 무의식적인 구성요소들이 의식에서 체험되고 융합될 수 있다. 이러한 개성화의 과정을 표현하고자 사용하는 전통적인 심상으로 밤-바다 여행 및 죽음과 부활이다. 자코비(Jacobi,

---

240) Herbert Silberer는 1914년 Probleme der Mystik und ihre symbolik을 간행하여 신비한 상징적 관점과 구성적인 관점을 평가하면서 연금술을 비판하면서 연금술의 문제를 통찰하지 못하고 자살했다.
241) Aniela Jaffé, Memories, Dreams, Reflections by C. G. Jung, Richard and Clara Winston Translated (New York: A Division of Random House, 1989), 203-205.
242) Mary Ann Mattoon, 188.

1959)는 수면 중 무의식으로 빠져드는 것을 밤-바다 여행의 원형이라 하면서 요나가 하나님으로부터 도망하려고 시도하다가 바다로 떨어져 고기에 먹힌 후 3일 낮과 밤을 고기 뱃속에서 보낸 것으로 간주한다. 이 경험 후에 요나는 하나님의 명령에 순종하였고 개성화 과정에서 궁극적으로 그의 자아가 자기에게 복종하였다고 한다.[243]

이러한 원형의 심상이 예수 그리스도의 십자가와 부활의 상으로 체험되기도 한다. 개인의 일생에서 사망과 부활은 기본적인 위기를 통하여 체험된다. 예를 들어 사망과 부활은 다음의 직장에서 더 낳은 근무를 할 수 있도록 하는 태도의 변화를 의미하며 직장에서 해고되는 경험의 사망과 부활들의 연속에서 표현된다고 보았다.[244] 결국 융에게 있어서 개성화의 결과는 무의식의 심층에 있는 심상으로서 자기의 실현이다.

⑥ 만달라(mandala)상을 통한 자기의 표현이 무엇인지를 구별하라

인간 무의식의 심층에 존재하는 자기의 원형이 여러 이미지와 함께 원과 사각으로 에워싸여 중심이 강조되는 만달라상 속에서 표현된다.[245]

만달라는 산스크리트어로 제식(祭式)이나 마법의 원(圓)을 지칭하는 뜻이며 인도의 요가 수행자들과 티벳의 밀교에서 명상의 도구인 얀트라(yantra, 機關)로 수행자들을 위한 수단으로 사용된 그림이다. 원과 사각으로 이루어진 그림의 변두리에서 중심으로 마음을 집중하는 선으로 그려지고 채색된 구체적 행태로 만들어진 일종의 명상도구이다.[246] 이 그림에서는 여러 가지 상징적 형상들이 있고 중심에 대극합일을 표현하는 융합을 상징하는 그림이 그려진다. 수행자는 이 만달라를 바라보면서 번뇌

---

243) Mary Ann Mattoon, 184.
244) Mary Ann Mattoon, 185.
245) 이부영, 그림자, 45-47.
246) Carl G. Jung, *C.W.* Vol. 12. 95-96.

를 잊고 마음의 중심으로 집중해 들어가는 명상을 한다. 만달라를 그리고 그것을 명상의 도구로 사용함으로 무의식의 형상과 상징들을 통하여 자기 자신을 인식하는 것이다.

적극적인 상상을 통하여 내면의 상을 점진적으로 표현하는 만달라는 연속된 꿈의 진행과정에서 최고의 가치를 지니는 정신적이고 종교적인 형상을 찾아가는 자기의 원형을 의식화하는 방법이다. 이와 같이 개성화의 최종 목표는 무의식의 심층에 자리하고 있는 자기를 실현하는 것이다. 원형은 이렇게 자각되고 의식화되지 못하면 파괴적인 영향을 끼칠 수 있지만 원형의 자기가 실현될 때는 보다 독립된 자유로운 의식을 가진다. 즉 개성을 획득하고 자기실현의 삶을 살게 된다.

개성화의 종국적 통합은 전체성으로 개체화의 결과 또는 종교적 탐색의 목표인 신과의 결합으로서 설명될 수 있다. 융의 관점에서 종교적 탐색은 무의식의 심층에 존재하는 자기가 신의 심상이기 때문에 개성화 작용에 있어서 대단히 중요하다.[247] 이렇게 집단적 무의식의 지배에서 분화되어 원형의 중심에 자리하고 있는 전체로서의 자기를 실현하는 것이 곧 개성화의 궁극점이다. 만달라의 상징성은 자기의 원형들이 새로운 중심점에서 의식화를 이룰 때 최초의 꿈이 회를 거듭하면서 만달라의 상징성처럼 점점 더 심화되고 구체적인 상징으로 나타난다.

3. 개성화의 결과분석

내면치유를 위한 개성화의 과정을 단계별로 실천하였으면 전인성에 어떤 결과를 나타내고 있는지를 분석할 수 있다. 개성화와 전인성의 상관성은 실험을 통해서 대단히 높은 정적관계라는 결과가 유의미하다는 결과가

---

247) Mary Ann Mattoon, 188-189.

나왔다. 다음 장에서 전인성과 개성화의 상관성 실험연구에 관하여 논하기로 하고 여기서는 먼저 전인성의 정도와 수준 측정으로 내면치유의 결과를 분석한다.

1) 검사도구

번호	영역	문항내용	1	2	3	4	5
1	인성	나는 나의 가치를 인정한다.					
2		나는 모든 일이 감정에 치우치지 않도록 한다.					
3		나는 인생의 목표를 뚜렷하게 세우고 산다.					
4		나는 내게도 남들보다 잘하는 부분이 많이 있다고 믿는다.					
5		나는 언제나 긍정적인 생각을 한다.					
6		나는 다른 사람들 앞에서 분노의 감정을 조절 할 수 있다.					
7		규칙은 함부로 바꾸면 안 된다.					
8		규칙은 모든 사람들이 잘 지키도록 힘써야 하는 것이다.					
9		나는 다른 사람과 나를 비교하지 않는다.					
10		나는 다른 사람의 꾀임에 잘 넘어가지 않는다.					
11		나는 다른 사람과 친밀한 관계를 맺기 위해 노력한다.					
12		나는 나와 다르다는 이유 때문에 남을 미워하지 않는다.					
13		내가 하고 싶은 일도 상대방이 싫어하면 하지 않는다.					
14		나는 다른 사람이 내게 실수하면 그럴 수 있다고 생각한다.					
15		나는 타인의 행동을 객관적으로 평가하고자 노력한다.					

번호	영역	문항내용	1	2	3	4	5
16	관계성	나는 남의 일을 방해하는 사람을 보면 가만있지 않는다.					
17		우리는 누구든지 자신에게 불리한 약속도 지킬 수 있어야 한다.					
18		우리는 인간관계 개선을 위해서는 서로가 양보하고 노력해야 한다.					
19		나는 다른 사람이 어떤 일을 부탁하면 예와 아니오를 분명하게 말하고자 힘쓴다.					
20		나는 어떤 일이든지 그 결과보다 관계를 더 중요하게 여긴다.					
21	직업성	나는 언제나 새로운 일을 시작할 때는 흥미를 느낀다.					
22		나는 모든 환경을 긍정적으로 생각한다.					
23		나는 내가 하는 역할을 잘 이해하고 있다.					
24		나는 일이 잘 안 될 때 원인을 남의 탓으로 돌리지 않고 내 탓이라고 생각한다.					
25		나는 나의 하는 일에 대해서 대체로 만족을 느낀다.					
26		나는 나의 직업이 옳다고 믿는다.					
27		우리는 어려운 일일수록 서로가 협력해야 한다.					
28		내가 보람 있는 일은 다른 사람도 보람이 있다고 생각한다.					
29		나의 직업은 내 적성에 잘 맞는다.					
30		나는 동료와 경쟁하기 보다는 협력하기 위해 노력한다.					
31		나는 건강관리를 위해서 계획을 세우고 운동을 한다.					
32		나는 건강을 위해 과도한 식욕을 억제할 수 있다.					
33		나는 나의 건강에 대해서 깊은 관심을 가지고 노력한다.					
34		나는 피곤해도 이튼 날 아침에 일어날 때는 기분이 좋다.					

번호	영역	문항내용	1	2	3	4	5
35	체성	나는 몸은 좀 불편해도 긍정적으로 살면 된다고 믿는다.					
36		건강을 위해 쓰는 돈과 시간은 아깝지 않다고 생각한다.					
37		우리는 몸이 불편해도 건강하게 살수 있도록 환경을 개선해야 한다.					
38		나는 다른 사람의 건강을 위해서도 주의를 기울이고 있다.					
39		나는 마음과 몸이 연관되어 있음을 믿고 마음의 안정을 위해 노력한다.					
40		나는 내 몸의 변화에 깊은 주의를 기울이면서 산다.					
41	영성	나는 그리스도인으로 깨끗하게 살고자 노력하고 있다.					
42		나는 다급한 문제를 만나면 먼저 기도한다.					
43		나는 교회에서 한 가지 이상의 봉사활동을 하고 있다.					
44		나는 나의 지난 모든 일들을 감사하게 생각하고 있다.					
45		나는 찬송을 부르면 기쁨이 솟아오른다.					
46		나는 성경을 읽을 때 나에게 주시는 말씀으로 생각한다.					
47		나는 교회에서 맡겨진 일들은 개인적인 일보다 우선순위를 두고 감당하고 있다.					
48		나는 교회에서 모든 신도들이 각자의 역할을 잘 감당할 수 있도록 배려해 준다.					
49		나는 다른 사람에게 구원에 관하여 자신 있게 말할 수 있다.					
50		나는 땅 위에 하나님의 나라를 위해 내가 희생당하는 것을 두려워하지 않는다.					

2) 결과분석

실험을 통한 전인성 측정결과를 보면 아래의 표와 같다.

영 역	성	나 이	거주지	신앙기간
인 성	남자〉여자	50대	서울〉지방	20년 이상
관 계 성	남자〉여자	50대	서울〉지방	20년 이상
직 업 성	남자〉여자	20대	서울〉지방	20년 이상
체 성	남자〉여자	50대	서울〉지방	20년 이상
영 성	남자〈여자	50대	서울〉지방	20년 이상

표 16 전인성 실험결과 분석

위의 표에서 보는 바와 같이 인성이나 관계성, 직업성, 체성에 있어선 여자보다 남자들이 긍정적이었고, 연령에 있어선 대체로 50대 이상이 긍정적인데 비하 직업성에 있어선 20대가 가장 높게 나왔다. 20대는 안정된 직업생활이나 직장생활이 불가능한 시기이지만 자신이 하는 일에 대하여 다른 연령대에 비하여 더 높은 긍정적인 반응을 보였다는 것이다. 이는 직장이나 직업생활에서 나이가 들면서 자신이 하는 일에 대하여 회의를 느끼는 사람들이 많다는 것을 보여 주는 결과이다.

거주지에 있어선 모든 영역의 전인성이 지방보다 서울이 긍정적이었다. 서울은 인구밀도가 높고 다른 사람들과의 경쟁생활이 필요한 곳인데 한가하게 살 수 있는 지방보다 전인성이 높다는 결과이다. 이것은 열심히 살아야하고 노력해야 하는 그 사람이 전인건강 지수가 높다는 것을 방영해 준다.

뿐만 아니라 모든 전인성의 영역에서 신앙생활의 기간은 많은 영향을 미치고 있다는 것이다. 신앙생활의 기간이 길수록 살아가는 삶의 모든 영역이 더 긍정적이라는 결과가 신앙생활과 기독교상담이 중요함을 보여주는 결과이다.

더욱 분명한 점은 교회 내에서 신앙생활을 하는 이들이 성의 비율로 보면 여성이 높다. 그처럼 모든 전인성의 영역에서 남자들이 긍정적으로 높은 반응을 보였는데 영성에 있어서는 여성들이 더 높은 긍정적 반응을 보였다.

이러한 실험 결과를 바탕으로 자신의 전인성 검사결과를 분석해서 나의 전인성 수준이 어떤 결과인지를 확인할 필요가 있다.

4. 개성화 과정과 전인성 측정의 한계성

개성화에도 한계가 있고 그것을 보완할 대안이 있어야 한다. 여기서 융의 개성화가 가진 한계성이 무엇이며 그것을 보완하기 위한 신학적 대안이 무엇인지를 연구한다.

융의 개성화에도 한계는 있다. 그러므로 그의 한계성을 이해하는 것은 기독교상담에서 융의 분석심리학을 보다 원활하게 활용하는 길을 제시해 줄 것이다. 어떤 이론이든지 그 약점을 이해하지 못하고 무조건 도입하게 되면 더 큰 문제에 봉착할 수 있기 때문이다.

첫째는, 모든 사람이 개성화를 이룰 수 있느냐는 보편적인 일반화의 문제이다. 인식하지 못하던 자기를 의식에서 인식하기에 이르는 개성화의 과정을 통하여 독특한 개인, 하나의 동일체적 존재가 되어가는 개성화는 모든 인간이 도달할 수 없는 목표이다. 융은 완전한 개성화를 이룬 사람을 예수 그리스도와 붓다라고 하여 보통 사람들에게는 요원한 이론임을 밝혔다. 그러므로 생애 전반기에 지침이 되었던 행동, 가치, 사고방식을 버리고 중년기에 이르러 무의식의 심층에 존재하는 Self와의 통합을 위해 무의식에 도달하는 것이 과연 가능한 것이냐는 의문이다.

둘째는, 무의식의 의식화에 관한 한계성이다. 무의식 세계의 원형들을 어떻게 의식화할 수 있으며 표출시키느냐는 방식의 문제이다. 무의식의 내용들을 의식화할 때 창조적인 인간으로 태어날 수 있지만 이것을 개성화의 과정에서 훈련과 연습으로 이룰 수 있느냐는 데는 의문이 있다.

셋째는, 인간의 성격이 특정한 태도나 기능에 의해 지배를 받느냐는 것이다. 유형론은 개인에 있어서 에너지의 흐름에 관한 경향성이다. 이것을 확대하고 해석하면 위험한 일이 아닐 수 없다. 성격이 태도나 기능에 의해 지배를 받고 무의식의 내용에 지배를 당한다는 것은 인간의 성격을 편협하게 제한하는 것이기 때문이다. 성인 초기에 한 가지 태도(외향성 혹은 내향성)와 하나나 둘의 기능(감각, 직관, 사유 혹은 감정)으로부터 지배당하는 성격이 후반기에서 통합하고 조화를 이루는 것이 아니라 삶의 방식에서 터득한 경험의 실재가 될 수도 있기 때문이다.

넷째는, 집단적 무의식의 가설에 관한 문제이다. 융은 자신의 집단적 무의식의 가설이 모험적인 가정이라고 하였다. 이것은 사변적이나 철학적인 개념이 아니라 경험적이라고 하였다.[248] 그의 집단적 무의식의 가정이 모험적이라는 것은 의식의 영역이 아닌 본능에 의하여 영향을 받을 수밖에 없는 영역이기 때문이며, 경험적이라는 것은 그 내용에 있어서 원형이 형식과 틀을 가진 내용으로 경험되기 때문이다. 그러나 보다 중요한 것은 원형의 내용들이 정신적 유산의 집단적이라고 한다면 개인적인 차원을 어떻게 이해하고 해석해야 하느냐는 문제이다. 보편적으로 존재하는 원형들에 관하여 어떻게 개인적인 차이를 설명할 수 있는지에 관한 명쾌한 해답을 내릴 수가 없다.

다섯 번째는 집단적 무의식의 원형을 얼마나 올바르게 해석할 수 있느냐는 문제이다. 원형 자체가 의식화되고 전체성을 이루려는 힘을 가지고 있다. 그러므로 불확실하고 잘못된 이해 속에서 해석될 때 그것은 원형상의 본래적인 의미와 전혀 다른 모습으로 해석이 진행될 수 있다. 뿐만 아

---

248) Carl G. Jung, C.W. vol. 9-1. 44.

니라 무의식을 의식화하면서 해석할 때 원형의 영향을 받을 수 있다는 것이다. 원형상이 지니고 있는 창조적인 면과 파괴적인 양면성 가운데 강한 힘을 발휘하는 방향으로 해석하고 이해하도록 의식이 끌려갈 수 있기 때문이다. 그래서 경솔하게 진행하다가 보면 오히려 의식과 자아가 상처를 입게 되고 개성화의 과정에 차질이 생길 수 있다.

개성화는 평생 이룰 수 없는 과정이며 온전한 자기실현은 예수 그리스도나 붓다 외에는 실현하지 못하였다고 한다. 이러한 개성화의 과정을 올바로 인식하지 못하고 진행하다 보면 약간의 변화와 무의식의 의식화로 말미암아 느끼는 보람으로 인하여 자만하게 된다. 그래서 제대로 이루어지지 못한 개성화의 자기실현이 온 세상을 구원할 자로 의식되면서 타인 뿐만 아니라 스스로의 의식에도 큰 상처를 입을 수 있다. 그러므로 개성화의 과정에서 수준별 측정도구가 만들어지고 일반화 될 수 있도록 해야 한다.

여섯 번째는, 심층의 자기가 가진 상징을 신상으로 대치할 수 있느냐는 것이다. 융이 비판받는 가장 큰 요소 중에 하나가 Self의 상징을 신상이라 한 것이다. 즉 신을 자기로 대치했다는 비판이다. 무의식에 나타난 신의 이미지를 심리학적으로 연구하고 말한다는 것이 더 가까운 이해이다. 그는 자기가 결코 신의 대치물이 아니라 심리적인 상이며 전체의 정신적인 상으로 표현된다고 하였지만 결국 자기의 상징을 심상화한 것이다.

의식의 자아가 무의식의 자기와 대화하고 화합하며 통합하는 과정으로 개성화를 온전히 이룰 수는 없다. 오히려 무의식 속에 잠재된 욕망을 표출할 수도 있다. 그래서 여기 개성화는 반드시 새로운 관계의 보다 높은 차원으로의 발달을 요구한다. 이것이 곧 영적인 문제로 심화하고 발전해야 한다는 것이다. 인간의 개성화가 영성을 개발하고 하나님과의 올바른 관계를 촉진하는 도구로 삼아야 한다. 그렇다면 융의 개성화가 영성을 포함하고 있는 전인성의 성장에 기여가 되는지를 포함하는 상관성 연구를 위해서도 개성화가 가지고 있는 한계성을 보완해서 극복할 신학적 대안이 필요하다.

    융의 개성화는 기독교상담이 추구하는 전인성의 상관성을 연구하는 데 있어서 중요한 이론이다. 그러나 이미 연구한 바와 같이 융의 개성화는 심리학적 이론으로 한계성이 있기 때문에 이를 극복하기 위한 신학적 통찰이 있어야 한다. 경험주의의 산물인 개성화를 기독교상담에서 적용하고자 신학적인 입장에서 대안을 찾아야 한다.

제7장 전인성과 개성화의 상관성 연구

For we have not a high priest which cannot be touched with the feeling of our infirmities; but was in all points tempted like as we are, yet without sin. (Hebrews 4:15)

제7장 전인성과 개성화의 상관성 연구

정신분석과 영혼의 치유는 기본적으로 서로 다른 것들이기 때문에 개성화와 전인성에 관한 상관성을 말하기가 쉽지 않는 문제이다. 이들의 입장은 서로 다른 방법을 취하고 있다. 기독교상담에서 추구하는 영혼의 돌봄이나 치료는 기독교적인 신앙고백에 기초한 종교적인 영향이지만 분석심리학의 치료 목적은 무의식의 내용을 의식화하고 의식과 무의식을 통합하는 심리학적 기술이며 의학적인 개입이다.[249] 심리학적 개성화와 기독교적 전인성의 영역이 차이가 있음을 인정하면서 통찰하는 것이 중요한 관건이다. 양자의 대화가 원활하게 시도되고 수용할 수 있다면 양측에 대한 실속 있는 자극을 기대할 수 있고 서로의 접근은 가능하다. 그래서 융의 분석심리학과 기독교의 기독교상담은 과연 어떤 상관성이 있는지를 알고자 지금까지의 개별적 연구를 바탕으로 실험연구를 한다.

융 자신이 분석심리학의 정신치료자와 영적인 치료자인 목사와의 만남에 관한 논문으로 "Psychoanalysis and The Cure of Souls"를 발표하였다.[250] 융은 이 논문에서 정신치료자의 정신분석과 영적치료자인 목사의 영혼 치유가 만날 수 있고 또 서로를 이해하고 수용해야 할 필요성을

---

249) Carl G. Jung, *Psychology and Western Religion: from The Collected Works of C. G. Jung Volums 11 18*, trans. R. F. C. Hull (Princeton: Princeton University Press, 1984), 217.
250) Carl G. Jung, *Psychology and Western Religion*, 217-223.

주장하였다. 과연 융의 개성화와 기독교상담에서의 전인성은 만남이 가능한 것이며, 또 어떤 상관성이 있는지를 확인하고 이미 세운 가설을 증명하고자 설문 검사를 통한 실험연구를 실시한다.

1. 기독교적 입장의 연구 가능성

기독교의 치유는 영혼의 작용을 위하여 내면 가장 깊은 곳의 문들이 열려야 한다. 분석심리학에서는 인간 내면의 깊은 곳에 닫혀진 문들을 여는 방법을 가지고 있다. 정신 병리에 관한 지식과 전문적인 기술을 습득한 분석가는 특히 심층심리를 연구하는 분석심리에서 환자로 하여금 이제까지 기피하던 문제들을 직면하도록 유도하는 심리상담의 기술을 배우고 있다.[251] 그러므로 영혼치유를 목표로 하는 목회적인 영역에서도 심리학적 기술과 방법을 도입할 필요가 있다. 심리상담이 추구하는 영역의 치료와 상담을 수용하고 거기서 더 나아가서 종교적 차원인 영혼치유를 하고자 한다면 이것이 곧 심리학과 기독교의 만남이며 기독교상담의 발전을 위하는 길이다.

개신교 목사의 아들이었던 융이 아버지로 대표되는 기독교에 대하여 호감을 갖지 못하였고 평생 이 문제를 극복하지 못하면서 기독교와 심리적인 거리감을 좁히지 못한 것이 사실이다. 그러나 융은 정신분석에서 영혼치료에 천주교나 개신교의 역할을 중시하였다. 정신분석가들이나 의사들이 감당할 수 없는 영적인 치료는 종교적인 영역이며 특히 개신교 목회자들의 역할이라고 하였다. 그러므로 개성화와 전인성의 상관관계를 이해하고 종교적인 영역의 일부로 심리적인 영역을 치유하기 위해서도 분석심리학이 말하는 개성화를 수용할 수 있어야 한다.

---

251) Carl G. Jung, *Psychology and Western Religion*, 220.

천주교보다는 개신교의 목사가 정신적 분석의 요소들을 채택하는 것이 더 어렵다. 천주교는 역사적으로 인가된 형태의 고백, 참회 및 사면에서 진부한 기술을 가지고 있지만 개신교에서는 풍부하고 뚜렷한 의식적 상징을 가지고 있지 않는다. 개신교의 입장에서 분석심리학을 수용하기가 어렵기 때문에 더 많은 정신적인 기술을 필요로 하고 심리학에 대한 협력과 열린 마음의 개방적인 자세가 있어야 한다. 더욱이 천주교의 성직자가 할 수 있거나 해야 하는 것처럼 개신교 목회자에게는 그 자신을 대체시킬 수 있는 어떤 형상도 가지고 있지 않다. 그래서 치료를 받아야 할 내담자가 중요한 분석가보다도 영적 상담자인 목사를 의지하고 있음을 알고 책임 있는 자세와 태도를 가져야 한다.

융의 분석심리학에서 말하는 개성화와 기독교상담의 전인성이 만날 수 있고 대화와 수용이 가능한 것은 먼저, 융의 심리학이 프로이트의 정신분석적 심리학과는 차이가 있기 때문이다. 프로이트의 정신분석은 통찰력이나 의지에 호소하지 않고 무의식에 억압되고 쌓여 있는 징후들을 제거하려고 한다.[252] 그러나 융의 분석심리학에서 말하는 상담과 심리치료는 무의식의 징후들을 제거하는 것이 아니라 그것을 통찰해서 의식에 통합하고 제거할 것은 제거하고 긍정적인 것은 살려서 적극적으로 대처하는 마음의 치료이다. 이로써 융의 심리학은 기독교와의 만남과 수용의 가능성이 있다. 때문에 기독교적인 입장에서 융의 개성화와 기독교상담의 전인성에 관한 상관성 연구를 위하여 전국에 있는 기독교인을 표본으로 해서 설문 검사를 실시한다.

융은 개신교 목회자들이 중재자로서 자질을 소유하고 영혼을 위한 책임을 부여 받았다는 그 사실 자체가 영혼치료자로서의 위험성을 갖고 있기도 하지만 장점을 가진 자라고 하였다. 천주교에서는 고해성사를 통하

---

[252] Carl G. Jung, *Psychology and Western Religion*, 218.

여 성직자에게 실토하고 고백함으로써 얻는 심리적인 치료효과가 있다.[253] 천주교와는 달리 개신교에서는 그러한 제도가 없고 종교적인 제도를 통하여 치료를 이룰 수 있는 도구는 없지만 개신교 목회자도 영혼을 치료하고 성장케 하는 영역을 담당하고 있는 것은 분명하다. 치료자인 목사는 영적인 양육자이면서 내담자와 하나님과의 중재자로서 그들의 심리 깊은 곳을 성찰하고 분석하고 치료하는 기능을 가지고 있다. 그러므로 그 역할에서 개신교 목회자는 인간의 심층심리를 통찰해야 하는 분석심리학을 수용할 수 있어야 한다.

융에게 있어서 종교는 기독교, 유교, 불교 등의 어떤 교단과 그들이 신봉하는 신조나 교리를 의미하는 것은 아니다. 사람들이 어떤 역동적인 요소들을 체험하고 그것들로 인해서 삶이 흔들렸기 때문에 그 요소들을 신중하게 고려하고 관찰하는 태도를 말한다. 그럼에도 불구하고 정신분석가와 의사들과 성직자들이 협력해야 하고 이것으로 인간의 영혼 치유가 이루어질 수 있다면 기독교인에 있어서 개성화와 전인성 향상은 관계가 있다고 할 수 있다. 융은 이렇게 프로이트와 달리 개인적인 무의식을 연구하기 보다는 집단이 가지고 있는 무의식적 원형 가운데서 자기를 찾으려 했고 이로서 종교적인 영역 특히 목사나 성직자의 역할을 강조함으로 기독교인에게 있어서 개성화의 수용에 관한 길을 열었다.

기독교 제의의 역할에 있어서 천주교의 고해성사나 개신교의 기도와 성찬예식 등이 심리치료와 영적 치료에 큰 역할을 한다고 인정하였다. 이렇게 융이 개신교나 카톨릭 사제들의 영역을 인정한 것은 자기의 학설을 교조화한 프로이트와 달리 그의 사상을 언제나 발전시켰고 변화시킨 훌륭한 정신분석가이며 심리학자였기 때문이다. 개성화와 전인성의 영역은 천주교나 개신교 목회자들의 역할과 종교인 영역을 인정하고 정신분석가

---

253) Ibid., 220.

와 의사와 목회자들이 관심을 가지고 협력하면서 연구하고 발전시켜야 한다.[254] 어떤 위험이나 상실이 예견된다 할지라도 영혼 치유를 위해 수용하고 협력하면 심리학적 개성화는 기독교상담에서 보다 큰 가치를 달성할 수 있게 된다.

지금까지 심리학과 기독교는 비판과 거부가 주류를 이루었다. 이제는 융의 분석심리학과 개성화의 과정을 철학적이며 종교적이라고 비판하기 이전에 실재로 종교적인 영역과 목회자들의 역할과 임무를 인정하고 많은 기대를 하였던 융을 더 깊이 이해해야 한다. 그리고 그의 주장을 상담 현장에 잘 접목한다면 기독교상담이 이론적이고 학문적인 영역에서 보다 임상적이고 현실적인 영혼치유의 역할을 감당할 수 있을 것이다.

2. 상관성 분석

융의 개성화와 기독교상담의 전인성에 관한 지금까지의 이론 연구를 기초로 설문 검사를 실시하였다. 검사 도구는 본 연구자가 구상하고 제작한 "개성화와 전인성의 설문 검사지"이다. 검사 도구를 새롭게 제작한 이유는 기존의 개성화나 자아실현 및 전인성을 측정하고자 제작된 검사 도구들이 오늘의 우리들 현실과는 맞지 않는 내용들이 많기 때문이다.

자아실현에 관한 수준을 측정하고자 사용되는 심리검사 도구는 많이 있다. 그 대표적인 도구들은 Shostrom이 1963년에 제작한 개인지향검사(Personal Orientational Iventory: POI)와 1974년에 제작한 개인지향차원검사(Personal Orientation Dimensions: POD)가 있다. 이 외에도 여러 학자들에 의해 다양한 검사 도구들이 제작되고 사용되었다. 그중에는 1978년 Reddin에 의해 제작된 자아실현검사(Self-

---

254) Carl G. Jung, *Psychology and Western Religion*, 223.

Actualization Inventory: SAI), 1976년에 Banet가 제작한 자아실현특성검사(Inventory of Self-Actualizing Characteristics: ISAC), 1973년 Michalak이 제작한 동기피이드백설문검사(Motivation Feedback OPinionnaire: MFP) 등이 사용되고 있다.[255]

이들 검사 도구 중에서 가장 많이 활용되고 있는 것이 쇼스트롬의 개인지향검사(이하 POI라 함)이다. POI는 아브라함 마슬로우의 자아실현 이론에 근거하여 제작되었으며, 150개의 두 개씩 짝을 이루는 문항으로 구성되어 있어서 상대적 가치판단을 묻는다. 이것을 이화여자대학교의 김재은과 이광자가 한국 실정에 맞도록 번안하면서 표준화 하고 130개 문항으로 축소하여 만든 것이 자아실현검사이다. 이것은 POI의 12개 변인 중에서 통합성과 분노감정을 제외한 10개의 변인을 채택하였는데 그 내용은 시간성, 지향성, 자아실현성, 실존성, 감수성, 자발성, 자기긍정성, 자기수용성, 인간관, 그리고 포용성이다. POI의 검사점수는 기본적으로 자기와 타인지향적인 반응여부를 측정하고 있다. 그 예로 첫 번째 질문 문항을 보면 "나는 무슨 일을 할 때 그것이 공정한지 어떤지를 엄격히 따진다."와 "나는 무슨 일을 할 때 그것이 공정한지 어떤지를 절대적으로 따지지는 않는다."이다.[256] 이렇게 두 개의 문항 중에 응답자가 지향하는 하나를 선택하도록 되어 있다.

POI가 많이 사용되고 있지만 이 연구에서 POI를 채택하지 않은 이유는 이것이 마슬로우의 자아실현론에 근거하여 제작되었고 그 내용들이 마슬로우식 자아실현론에 관한 변인들을 측정하도록 되어 있기 때문이다. 뿐만 아니라 POI는 자아실현 수준을 측정하는 대표적인 검사도구지만 미국적인 상황에 있는 사람들을 대상으로 제작된 도구이다. 그래서 융

---

255) 설기문, "자아실현을 위한 상담적 접근," 지도상담 12 (1987): 112-115.
256) 김재은, 이광자, 자아실현검사 (서울: 중앙적성연구소, 1969), 5.

의 개성화와는 그 과정에서 이론적 차이가 있는 마슬로우식 자아실현 측정도구인 POI를 배제한 것이다.

이 연구에서는 지금까지 연구한 융의 개성화 과정의 이론과 기독교상담에서 추구하는 전인성에 관한 이론을 근거로 해서 검사 문항을 새롭게 제작하여 사용한다. 여기서 사용하는 검사 도구는 융의 개성화와 기독교상담의 전인성에 관한 수준을 측정하며 그 명칭을 "개성화와 전인성의 설문 검사지"라고 부른다. 이 도구를 제작하기 위한 방법으로는 심리검사도구의 제작이론을 기초로 하였다.

1) 검사의 설계

모든 심리검사는 표준화된 측정도구여야 하고 객관성을 지녀야 한다.[257] 이 검사는 모든 문항의 내용과 형식이 객관식으로 정해져 있는 구조화된 검사지이다. 그리고 실시방법이나 해석 등에 있어서 동일하게 적용되어야 할 규준이 정해져 있는 표준화된 검사지이다. 그래서 이 검사는 실시방법과 절차 및 해석에 있어서 연구자가 제시한 단일성을 지켜야 한다. 뿐만 아니라 모든 문항은 윤리적인 문제를 감안하여 참여자의 사생활과 생활방식이 노출되지 않도록 질문을 엄선하였으며 무분별하게 오용되지 않도록 문항의 내용을 제한하는 노력을 하였다.

이 검사지의 특성은 응답자가 다른 사람보다 충실히 활동하고 풍성한 삶을 사는 사람이라면 개성화의 수준이 높은 사람으로 정의되도록 제작되었다. 그래서 전인이 건강하고 잠재적인 능력을 충분히 실현할 수 있는 자질을 측정하고 평가한다.

이 검사 도구를 제작하고 측정하는 실험 일정은 아래의 표와 같다.

---

257) Anne Anastasi, *Psychological Testing*, 김완석, 손명자 옮김 (서울: 율곡출판사, 1995).

순서	내 용	실 천 사 항	일 정
1	검사 목적의 구체화	목적의 정의와 개념 설정	2005.6.15-7.1
2	측정 방법의 구체화	척도규정, 질문지법 및 면담방법 결정	2005.7.2
3	검사지 제작 계획서 작성	문항유형, 문항 수, 지시사항, 절차, 채점방법 등 결정	2005.7.5
4	문항 작성 및 검토	문항분석 및 문제점 검토	2005.7.6-7.9
5	예비검사 시행	70명 예비검사 실시	2005.7.10
6	예비검사 결과 분석	요인분석, 타당도, 신뢰도 검증	2005.7.11-7.20
7	수정 및 본 검사지 제작	본 검사지 제작	2005.7.21-7.30
8	문항분석	최종 검토	2005.8.1
9	사용설명서 제작	설명서 제작	2005.8.6-8.9
10	검사 실시	검사지 배부, 검사, 회수	2005.8.10-9.10
11	본 검사 결과의 통계분석 및 해석	결과의 통계 분석과 해석	2005.9.11-9.20

표 17 검사도구 제작 및 검사시행 순서

2) 조사 도구의 제작과 한계성

(1) 도구의 제작

먼저 심리검사의 도구를 제작하는 방법을 기초로 하였다. 심리측정은 대표하는 행동을 표집하고 검사하는 과정으로 측정 도구의 조건이 그 결과를 결정하게 된다. 그래서 정당한 검사를 시행해서 타당한 결과를 얻을 수 있도록 설문검사지를 제작하면서 심리검사의 도구를 제작하는 원리를 기초로 하였다.

검사의 척도구성은 이론적 접근방식을 선택하고 문항선정과 측정절차 및 평가기준을 구조화 하고 표준화하도록 하였다. 그리고 예비검사에서부터 개성화와 전인성의 변인들에 관한 문항을 선택하는 데 아래의 원칙을 세워서 설계하고 점검했다.

첫째는 심리측정이 제한된 표본의 행동을 근거로 하기 때문에 가장 적절한 표본이 되도록 각 변인에 있어서 대표하는 행동이나 영역을 정의하는 문항을 찾도록 한다.

둘째는 각 변인의 다양성과 차이점을 인정하고 필요한 문항의 수와 내용에 있어서 다양성을 위해 변인 간의 동일한 문항수를 정하지 않는다.

셋째는 모든 심리적 측정은 오차의 가능성이 있기에 내용이나 시간상의 차이 때문에 일어나는 오차를 인정한다. 그래서 지속적으로 관찰하면서 존재하는 문제점들을 과감하게 보완한다.

넷째는 관찰 가능한 현상과의 관계를 입증하기 위하여 애매한 응답 보고가 나올 수 있는 문항은 과감히 삭제하고 제외한다.

이러한 원칙에 따라 먼저 예비 검사를 위한 설문검사지를 제작하고 경주시민교회 청장년 70명을 대상으로 실시하였다. 예비검사를 위한 검사지는 개성화의 5개 요인과 전인성에서 6개의 요인으로 총 11개의 요인에 110개 문항으로 제작하고 실시하였다. 이 검사지에 사용된 개성화의 5개 변인은 페르소나(persona)의 분화, 그림자(shadow)의 성찰, 심리적 이성(anima, animus)의 통합과 조절, 그리고 자기(self)의 실현이다. 전인성의 6개 변인은 인성, 타인과의 관계성, 환경과의 관계성, 직업성, 체성, 그리고 영성이었다.

예비검사에서 70명의 응답자가 제출한 설문검사지 중에서 정확성과 진실성에 의심이 가는 검사지 20부를 제외하였다. 나머지 50부로 검사 결과의 요인분석을 하였더니 결과가 좋지 않은 부분이 있었다. 그래서 설문 및 통계 전문가와 수차례에 걸쳐 논의하면서 최종적으로는 과감하게 삭제하고 수정하여 개성화에서 4개 요인과 전인성의 5개 요인으로 총 90문항의 설문검사지를 제작하였다.

(2) 검사 도구 제작의 한계성

이 연구에서 제작한 "개성화와 전인성의 설문 검사지"는 완벽한 도구로 제작되었다고 할 수는 없다. 물론 심리검사론을 기초로 하여 제작과 검사 및 평가의 절차에 있어서 표준화를 이루고 문항의 객관성과 전체 검사의 타당성이나 신뢰도를 검증하면서 예비검사를 통한 요인분석을 실시하였다. 그럼에도 불구하고 이 검사지를 연구자가 제작하는데 있어서는 미비한 점이 있었다.

첫째는 개성화와 전인성의 수준을 측정하는 데 있어서 어느 선에서 어디까지를 응답척도로 잡느냐는 기준의 모호함이다. 이 검사의 목적이 개성화의 실현정도와 전인성의 건강 수준을 측정하기 때문에 과연 질문에 응답하는 것으로 질병이나 건강의 수준을 측정할 수 있느냐는 점이다.

둘째는 문항을 만들고 선정하는 데 있어서 어떻게 하면 그 변인의 대표적 행동과 사고의 수준 및 정서적 표현 등을 정확하게 알수 있도록 하는 것이다. 그래서 응답자로 하여금 혼돈이 없이 대답할 수 있도록 질문할 수 있느냐는 문제이다. 아무리 정제되고 세련된 질문이라고 해도 참여자의 경험과 판단 수준에 따라서 다르게 표현될 수 있기 때문이다.

셋째는 과연 과학적인 도구로 제작할 수 있느냐는 문제이다. 검증과 절차를 통하여 과학적인 도구로 제작할 수 있도록 노력하였지만 절차의 표준화와 신뢰도 및 타당도를 높여야 하는 부담이 있다.

넷째는 응답 척도에 있어서 5개 보다는 7개로 하지 못했다는 아쉬움이 있다. 등간척도를 좀더 세분화하면 응답자가 선택하기에는 힘이 들고 무리가 있지만 척도의 수준을 높일 수 있는 장점이 있기 때문이다.

이 외에도 아쉬움은 있지만 앞으로 보다 정제되고 세련된 질문 검사지를 제작해서 정확한 측정도구가 나와야 할 것이다. 하지만 이미 제작되고 사용된 검사지를 보다 잘 활용할 수 있다면 큰 의미가 있을 것이다.

3) 검사 도구의 문항 내용

이 연구목적은 융의 개성화와 기독교상담에서 전인성과의 상관성을 알아보는 것이다. 그래서 심리학적 개성화가 기독교상담에서 추구하는 전인성장을 촉진시킬 수 있는지를 분석하고 규명하는 것이다. 이를 위하여 실시한 설문 검사도구의 각 변인은 개성화에서 4개 항목의 변인과 전인성에서 5개 항목의 변인으로 모두 9개 항목의 변인이다. 각 변인별로는 10개의 문항을 선정하였는 데 모든 문항은 90개의 질문으로 제작되었다.

문항의 형식은 객관식의 제한형을 선택하였다. 이유는 채점이 용이하고 신뢰도를 높이기 위함이다. 그래서 응답자가 각 문항마다 5점 척도 중에 하나를 선택하여 보고토록 하는 방법을 취한다. 응답자는 질문 문항에서 자신의 가치기준에 아주 합당하면 5점 척도를 선택하고, 그 문항의 질문이 자신의 가치기준에 전혀 합당치 않으면 1점 척도를 선택하면 된다. 각 척도의 내용은 아래의 표와 같다.

척 도	1	2	3	4	5
응 답 내 용	전혀 아니다	아니다	그저 그렇다	그렇다	아주 그렇다
응 답					

표 18 개성화와 전인성의 검사지 응답 척도표

각 변인의 모든 문항은 그 변인을 대표하거나 정의해 주는 행동, 사고, 이해, 감정, 그리고 대답을 검증하는 내용으로 구성하며 구체적인 것은 아래의 표와 같다. 이 문항들은 명료화해서 측정코자 하는 내용에 관한 검사의 타당도를 높이도록 하였다. 먼저 예비문항은 총문항수의 두 배를 만들고 그 중에서 가장 타당성이 높은 문항들로 압축하였다. 문항을 선정하는 방식은 포괄적인 이론을 근거로 검토하면서 선정하는 안면타당도를 바탕으로 검토하고 선정했다. 이 검사도구에서 사용된 질문 문항의 전체 내용은 부록에 있으며 각 변인의 질문 문항은 아래의 표에 있는 문항 내용의 구성에 따라 제작했다.

문항 수	내용 구성	비 고
3	대표하는 행동들	
3	사고의 수준	
2	정서적인 표현	
2	지속성과 미래에 관한 예측	

표19 설문 검사지 문항의 내용 구성

이 검사 도구는 척도의 표준화를 이루기 위해 사용한 모든 문항들을 등간척도를 사용하였으며 제시된 척도 중에서 하나를 선택하도록 강제선

택형을 채택했다. 그래서 응답자의 보고를 서열화 하고 각 측정 단위의 차이를 균등하게 하였다. 이는 서열의 의미를 넘어서 측정단위 간의 차이를 균등하게 한 것이다.

이 검사지에서 사용한 개성화에 관한 4개의 변인은 페르소나(persona)의 분화, 그림자(shadow)의 성찰, 심리적 이성(anima, animus)의 통합과 조절, 그리고 자기(self)의 실현이다. 전인성에 관한 5개의 변인은 인성(마음), 타인 및 환경과의 관계성, 일과 직업성, 체성(몸의 건강), 그리고 영성(영적인 건강)이다. 전인성에 관한 질문문항은 전인의 통일된 인격체에 관한 질문들이다. 이들 질문은 성경적 인간관에 입각한 질문들이며 질병의 상태에 초점을 맞추기보다는 건강한 상태를 측정하는 질문으로 구성하였다. 그래서 건강을 유지하고 증진시키며 질병에서 건강한 상태로 회복되기 위한 상담과 치유의 측면에서 문항을 제작하였다.

4) 검사의 대상과 방법 및 수집

이 검사의 대상이 된 표본은 전국에 있는 기독교인 800명이다. 이들로부터 검사지의 회수율과 검정이 가능한 응답의 결과를 얻기 위해 설문 검사와 연구취지를 듣고 검사에 응답하기를 자원하는 자들이었다. 이렇게 직접 면담절차를 통하여 검사를 시행한 것은 결과의 신빙성을 높이고 보다 효율적인 연구 결과를 얻는 데 유익하였다. 이 검사지를 배부하고 회수한 검사기간은 2005년 8월 10일부터 9월 10일까지 한 달이 소요되었다.

배부된 800부의 검사지 중에서 회수된 검사지는 765부이며(회수율 95.6%) 이중에서 응답이 불확실하거나 무성의하게 보고한 응답지는 제외하고 통계 분석에 사용될 검정이 가능한 검사지는 709부였다.

이 검사를 실시하는 데 있어서 표준화를 위한 시행절차를 정하였는데 그 내용은 아래의 표와 같다. 이 표준절차는 검사 시행과 채점 방식의 두 가지 조건을 고려하여 작성하였으며 문항 구성에서부터 이루어졌다.

검사 방법에 있어서는 응답자가 수령한 검사지에 응답하기 위하여 실시요강을 자세히 읽어야 하고 연구자가 설명하는 보고요령을 습득한 후에 검사자 스스로 90개의 질문 문항을 차례로 읽고 문항마다 5점 척도 중에서 하나를 선택하여 응답토록 하였다.

실시순서	내 용	비 고
1	검사도구 수령	
2	지시사항 청취 및 읽기	
3	인적사항 기록	
4	질문 문항 읽기와 응답	
5	검사도구의 제출	
6	검사지 회수와 채점	
7	채점	
8	회수된 검사지 전체 통계	
9	결과 요약과 분석	

표 20 검사 실시과정의 표준절차

5) 자료처리 방법

본 설문 검사에 응답한 765명 중에서 무성의 하거나 진실성이 의심되는 응답을 보인 검사지 56부는 분석에서 제외하였으며 실증 분석을 위하여 사용된 709부의 자료처리 방법은 다음과 같다.

첫째는, 검사자의 일반적인 배경 정보의 특성을 알아보기 위하여 빈도분석을 실시하였다.

둘째는, 개성화와 전인성의 각 문항에 대한 신뢰도 검사를 실시하여 문항간의 신뢰도를 측정하고 예측가능성과 정확성을 살펴보았다. 그리고 검사의 타당성을 알고자 타당도 분석으로 주성분 분석을 실시하였으며 이는 문항의 요인으로 묶어서 분석하였다.

셋째, 응답자의 일반적인 특성에 따라 개성화와 전인성의 변인 영역별 수준 차이를 살펴보기 위하여 평균 차이검증과 일원변량분석을 실시하였다.

넷째, 개성화와 전인성과의 상관성을 알고자 상관관계분석을 하였다.

본 연구의 실증분석은 모두 유의수준 $p<.05$, $p<.01$, $p<.001$ 에서 검증하였으며, 통계처리는 SPSSWIN 12.0 프로그램으로 분석하였다.

6) 타당성 검증과 신뢰도 검증

이 연구에서 사용된 검사도구가 연구의 목적을 온전히 수행할 수 있는 검사지로 제작되었으며 모든 검사가 바르게 실행되었는지를 알고자 타당성과 신뢰도 검증을 실시하였다.

먼저 타당성을 검증하고자 두 가지 방법을 사용하였는데 내용타당도 검증과 요인분석이다.

첫째로 내용타당도를 위해 기독교상담학을 전공한 전문가와 통계분석 전문가들과 함께 이 검사가 측정하고자 하는 변인의 영역에 관한 개념을 문항들이 얼마나 잘 대표하는지를 검정하였다. 이 검정에서 만족할 만한 검사 도구라는 판단은 심리측정에서 위험한 발상이다. 그러나 검사지의 모든 문항들을 전문가들과 토론하고 평가한 결과 검사를 필요로 하는 개성화와 전인성의 각 영역별 변인들을 잘 나타낼 수 있는 타당한 도구라는 평가를 받았다.

둘째로 이 측정도구의 타당성을 검증하기 위해서 요인분석을 하였는데 이는 측정변수들 사이에 구성적 타당성 즉, 수렴적 타당성과 차별적 타당성을 제시해 줄 수 있기 때문이다. 요인분석이란 여러 변인간의 상호관계로부터 공통변량을 구하고, 측정치의 중복성을 찾아내어 몇 개의 기본적인 변인 즉, 몇 개의 변인군을 추출하는데 사용되는 기법이다. 그래서 요인분석에는 표본의 수가 50개 이상이어야 한다. 본 연구는 표본수가 709개이므로 이 요건을 충족시켰다. 뿐만 아니라 요인 추출 시 준거 기준은 고유값이 1.0 이상인 요인에 한하며 부하량이 0.3이하 인 항목들은 의미가 없으므로 제거하였다.

신뢰도는 동일한 대상과 특성 또는 구성을 비교 가능하고 독자적인 측정으로 나타난 결과들이 어느 정도 유사한지를 나타내는 것으로 의존가능성, 안전성, 일관성, 예측가능성, 정확성 등의 동의어로 사용된다. 즉, 신뢰성이란 동일한 개념에 대하여 측정을 되풀이했을 때 시간상 차이가 있음에도 불구하고 동일한 측정값을 얻을 가능성을 말한다. 신뢰성의 측정방법은 동일한 측정도구를 동일한 대상에 시간을 달리하여 적용결과를 비교하는 검증-재검증, 항목분할 측정치의 상관도, 내적일관성 등이 있다. 본 연구에 사용된 측정도구인 신뢰성은 cronbach 계수를 이용하여 분석하였으며 일반적으로 0.6 이상이면 신뢰성이 높다고 한다.[258]

---

258) 채서일, 사회과학 조사방법론 (서울: 법문사, 1980), 251.

항목\성분	성 분				Cronbach α
	1 Self	2 Persona	3 Anima Animus	4 Shadow	
a32	**.676**	.233	.142	.062	.866
a37	**.663**	.217	.203	−.190	
a38	**.656**	.276	.238	−.137	
a40	**.642**	.118	−.089	.292	
a34	**.639**	.268	.232	.009	
a35	**.636**	.301	.177	−.049	
a31	**.605**	.267	.216	−.009	
a33	**.604**	.025	−.023	.192	
a36	**.573**	.005	.007	.224	
a39	**.527**	.206	.254	.075	
a9	.074	**.651**	.166	−.025	.738
a10	.192	**.581**	.121	−.021	
a4	.121	**.572**	−.020	.049	
a3	.242	**.561**	.067	.117	
a2	.023	**.553**	.106	−.043	
a7	.367	**.550**	.214	−.047	
a8	.278	**.516**	.047	−.051	
a6	.297	**.509**	.215	.068	
a2	.384	**.506**	.203	.198	
a5	.222	**.490**	.179	.078	
a30	.107	.085	**.781**	−.015	.812
a29	.052	.039	**.779**	.137	
a24	.038	−.089	**.722**	.042	
a22	.307	.216	**.701**	−.029	
a25	.348	.271	**.683**	.012	
a27	.456	.388	**.678**	−.152	
a23	.384	.382	**.653**	−.185	
a21	.201	.085	**.624**	.228	
a26	−.043	.228	**.583**	.040	
a28	.245	.166	**.577**	.040	
a13	−.012	−.056	−.017	**.790**	.692
a12	.073	−.122	.068	**.788**	
a15	.032	.272	.064	**.740**	

a19	.245	.392	.085	**.749**	
a18	.134	.270	.323	**.674**	
a14	.018	.238	.061	**.655**	
a16	.308	.259	.255	**.642**	
a13	.114	.484	.042	**.574**	
a11	.075	.429	.073	**.534**	
a20	-.054	.269	.214	**.518**	
고유값	10.336	2.055	1.858	1.778	
분산 %	25.840	5.138	4.645	4.446	
누적 %	25.840	30.978	35.623	40.068	

표 21 개성화 항목의 요인분석과 신뢰도 분석

요인분석을 실시한 결과 위의 표에서처럼 요인 1은 고유값이 10.336였으며, 설명비가 10.3%로 Self 요인, 요인 2는 고유값이 2.055, 설명비가 5.1%로 persona의 요인, 요인 3은 고유값이 1.858, 설명비가 4.6%로 심리적 이성인 anima와 animus의 요인, 요인 4는 고유값이 1.778, 설명비가 4.4%로 shadow의 요인으로 나타났다. 또한 이들 요인의 신뢰도 분석 결과 cronbach 값이 각각 .866, .738, .812, .692로 모두 .6을 넘어 개성화 항목을 높은 신뢰도로 잘 측정하고 있음을 알 수 있었다.

항목\성분	성 분					Cronbach α
	1 관계성	2 영 성	3 직업성	4 체 성	5 인 성	
b18	**.779**	.224	.123	.098	.111	.815
b16	**.698**	.184	.033	.063	.197	
b17	**.683**	.266	.307	.141	.045	
b20	**.625**	.162	.123	.439	-.021	
b12	**.501**	.208	.144	-.017	.424	
b13	**.486**	.293	.226	.411	.117	
b14	**.483**	.207	.150	.063	.372	
b11	**.452**	.093	.121	.079	.247	
b19	**.451**	.189	-.052	.186	.395	
b15	**.437**	.067	.317	.086	.316	
b47	.061	**.768**	.105	.090	.222	.924
b49	.178	**.741**	.146	.087	.189	
b50	.190	**.716**	.159	.116	.192	
b48	.060	**.688**	.117	.209	.347	
b43	.135	**.684**	.110	.056	.082	
b46	.343	**.682**	.201	.133	.096	
b45	.415	**.668**	.229	.142	.062	
b42	.345	**.656**	.127	.171	.065	
b44	.439	**.602**	.244	.152	.117	
b41	.473	**.588**	.153	.125	.181	
b26	.140	.133	**.782**	.082	.012	.853
b29	.073	.066	**.761**	.070	.012	
b25	.221	.200	**.732**	.208	.130	
b24	.155	.166	**.710**	.039	.231	
b23	.273	.248	**.694**	.189	.330	
b21	.400	.264	**.672**	.123	.155	
b27	-.005	.284	**.645**	.120	.395	
b22	.278	.276	**.629**	.274	.313	
b28	.196	.054	**.614**	.285	.119	
b30	.362	.200	**.565**	.270	.300	
b33	.105	.147	.038	**.782**	.122	.855
b31	-.146	.049	.094	**.757**	.146	
b32	.033	.071	-.020	**.736**	.274	

b39	.262	-.014	.198	**.722**	.017	
b40	.255	.166	.187	**.711**	.077	
b34	.096	.233	.061	**.679**	.282	
b37	.416	.198	.173	**.642**	.153	
b36	.409	.201	.202	**.598**	.131	
b35	.398	.183	.218	**.584**	.286	
b38	.306	.164	.199	**.499**	.146	
b9	.028	.081	.089	.205	**.774**	
b5	.063	.012	-.008	.068	**.756**	
b3	.170	.137	.231	.168	**.735**	
b2	.239	.204	.178	.119	**.686**	
b7	.248	.200	.349	.219	**.654**	.803
b4	.198	.162	.033	.062	**.623**	
b6	.340	.199	.218	.217	**.576**	
b1	.154	.133	.098	.131	**.560**	
b7	.324	.214	.135	.121	**.559**	
b8	.431	.193	.384	.098	**.478**	
고유값	16.099	2.644	2.108	1.844	1.706	
분산 %	32.199	5.288	4.216	3.388	3.412	
누적 %	32.199	37.487	41.703	45.392	48.804	

표 22 전인성 항목의 요인분석과 신뢰도 분석

요인분석을 실시한 결과 위의 표에서처럼 요인 1은 고유값이 16.099, 설명비가 32.1%로 관계성 요인, 요인 2는 고유값이 2.644, 설명비가 5.2%로 영성 요인, 요인 3은 고유값이 2.108, 설명비가 4.2%로 직업성 요인, 요인 4는 고유값이 1.844, 설명비가 3.3%로 체성 요인, 요인 5는 고유값이 1.706, 설명비가 3.4%의 인성 요인으로 나타났다. 이들 요인의 신뢰도 분석 결과 cronbach 값이 각각 .815, .924, .853, .855, 803으로 모두 .8을 넘어 높은 신뢰도로 전인성의 항목을 개성화와 같이 잘 측정하고 있음을 알 수 있었다.

7) 분석

이 실험연구에서 검사 자료 결과에 사용된 응답자에 일반적 사항과 통계적 정보는 아래의 표와 같다.

변 인	집 단	빈 도	백 분 율	비 고
성 별	남	202	28.5	
	여	507	71.5	
연 령	20대	154	21.7	
	30대	134	18.9	
	40대	231	32.6	
	50대 이상	190	26.8	
최종학력	고등학교 이하	316	44.6	
	대학교 이상	393	55.4	
신앙생활기간	10년 이하	124	17.5	
	11-20년	154	21.7	
	20년 이상	431	60.8	
거주지	서울	163	23.0	
	지방	546	77.0	
합 계		709	100.0	

표 23 응답자의 일반적 사항과 통계적 정보

위의 표에서 보는 바와 같이 일반적 사항에 대해 살펴보면 성별에 따라서는 여자가 71.5%, 남자가 28.5%로 나타났고 연령에 따라서는 40대가 32.6%, 50대 이상이 26.8%, 20대가 21.7%로 나타났다. 최종학력에 따라서는 대학교 이상이 55.4%, 고등학교 이하가 44.6%이며 신앙생활 기간에 따라서는 20년 이상이 60.8%, 11-20년이 21.7%, 10년 이하가 17.5%였다. 거주지로는 지방이 77.0%, 서울이 23.0%로 나타났다.

변 인	집단구분	N	M	SD	t	p
성 별	남	202	3.5649	.50224	.972	.332
	여	507	3.5223	.53590		
연 령	20대	154	3.4929	.46947	2.570	.053
	30대	134	3.4634	.45892		
	40대	231	3.5385	.56162		
	50대 이상	190	3.6132	.56286		
신앙생활 기간	10년 이하	124	3.4927	.51009	2.320	.099
	11-20년	154	3.4734	.47266		
	20년 이상	431	3.5682	.54733		
거주지	서울	163	3.5816	.51367	1.304	.193
	지방	546	3.5203	.52995		

표 24 일반적 사항에 따른 페르소나(persona)의 차이

위의 표에서 보는 바와 같이 일반적 사항에 따른 가면의 차이에 대해 살펴보면 성별에 따라서는 남자가 3.5649점, 여자가 3.5223점으로 여자보다 남자가 더 긍정적으로 반응하였다.

연령에 따라서는 20대가 3.4929점, 30대가 3.4634점, 40대가 3.5385점, 50대 이상이 3.6132점으로 50대 이상이 가장 긍정적으로 반응하였다.

신앙생활 기간에 따라서는 10년 이하가 3.4927점, 11-20년이 3.4734점, 20년 이상이 3.5682점으로 20년 이상이 가장 긍정적으로 반응하였다.

거주지에 따라서는 서울이 3.5816점, 지방이 3.5203점으로 지방보다 서울이 더 긍정적으로 반응하였다.

변 인	집단구분	N	M	SD	t	p
성 별	남	202	3.4193	.45545	-.620	.536
	여	507	3.4442	.49269		
연 령	20대	154	3.5117	.46399	2.975*	.031
	30대	134	3.4881	.44027		
	40대	231	3.3831	.50002		
	50대 이상	190	3.4063	.49512		
신앙생활 기간	10년 이하	124	3.3968	.51623	.809	.446
	11-20년	154	3.4708	.44087		
	20년 이상	431	3.4367	.48637		
거주지	서울	163	3.4589	.48784	.658	.511
	지방	546	3.4306	.48075		

표 25 일반적 사항에 따른 그림자(shadow)의 차이
*p<.05

위의 표에서 보는 바와 같이 일반적 사항에 따른 그림자의 차이에 대해 살펴보면 성별에 따라서는 남자가 3.4193점, 여자가 3.4442점으로 남자보다 여자가 더 긍정적으로 반응하였다.

연령에 따라서는 20대가 3.5117점, 30대가 3.4881점, 40대가 3.3831점, 50대 이상이 3.4063점으로 20대가 가장 긍정적으로 반응하였으며 통계적으로도 유의미한 차이를 보였다(p<.05).

신앙생활 기간에 따라서는 10년 이하가 3.3968점, 11-20년이 3.4708점, 20년 이상이 3.4367점으로 신앙생활기간이 짧을수록 더 높게 나타나 10년 이하가 가장 긍정적으로 반응하였다.

거주지에 따라서는 서울이 3.5816점, 지방이 3.5203점으로 지방보다 서울이 더 긍정적으로 반응하였다.

변 인	집단구분	N	M	SD	t	p
성 별	남	202	3.6540	.55126	-1.680	.093
	여	507	3.7371	.61091		
연 령	20대	154	3.9188	.57358	9.008***	.000
	30대	134	3.7276	.61880		
	40대	231	3.6450	.62119		
	50대 이상	190	3.6200	.52273		
신앙생활 기간	10년 이하	124	3.6935	.59301	1.350	.260
	11-20년	154	3.7831	.56416		
	20년 이상	431	3.6942	.60620		
거주지	서울	163	3.8380	.56396	3.064**	.002
	지방	546	3.6762	.59986		

표 26 일반적 사항에 따른 심리적 이성(anima, animus)의 차이
p<.01,*p<.001

위의 표에서 보는 바와 같이 일반적 사항에 따른 심리적 이성(anima, animus)의 차이에 대해 살펴보면 성별에 따라서는 남자가 3.6540점, 여자가 3.7371점으로 남자보다 여자가 더 긍정적으로 반응하였다.

연령에 따라서는 20대가 3.9188점, 30대가 3.7276점, 40대가 3.6450점, 50대 이상이 3.6200점으로 연령이 낮을수록 더 높게 나타나 20대가 가장 긍정적으로 반응하였으며 통계적으로도 유의미한 차이를 보였다(p<.001).

신앙생활기간에 따라서는 10년 이하가 3.6935점, 11-20년이 3.7831점, 20년 이상이 3.6942점으로 11-20년이 가장 긍정적으로 반응하였다.

거주지에 따라서는 서울이 3.8380점, 지방이 3.6762점으로 지방보다 서울이 더 긍정적으로 반응하였으며 통계적으로도 유의미한 차이를 보였다(p<.01).

변 인	집단구분	N	M	SD	t	p
성 별	남	202	3.7693	.52608	.880	.379
	여	507	3.7276	.58613		
연 령	20대	154	3.8195	.53298	2.677*	.046
	30대	134	3.6351	.53103		
	40대	231	3.7273	.60777		
	50대 이상	190	3.7632	.56905		
신앙생활 기간	10년 이하	124	3.6339	.56682	2.605	.075
	11-20년	154	3.7565	.51130		
	20년 이상	431	3.7638	.58769		
거주지	서울	163	3.8417	.56534	2.622**	.009
	지방	546	3.7090	.56783		

표 27 일반적 사항에 따른 자기(self)의 차이

**p<.05, ***p<.01

위의 표에서 보는 바와 같이 일반적 사항에 따른 자기의 차이에 대해 살펴보면 성별에 따라서는 남자가 3.7693점, 여자가 3.7276점으로 여자보다 남자가 더 긍정적으로 반응하였다.

연령에 따라서는 20대가 3.8195점, 30대가 3.6351점, 40대가 3.7273점, 50대 이상이 3.7632점으로 20대가 가장 긍정적으로 반응하였으며 통계적으로도 유의미한 차이를 보였다(p<.05).

신앙생활 기간에 따라서는 10년 이하가 3.6339점, 11-20년이 3.7565점, 20년 이상이 3.7638점으로 신앙생활기간이 오래될수록 더 높게 나타나 20년 이상이 가장 긍정적으로 반응하였다.

거주지에 따라서는 서울이 3.8417점, 지방이 3.7090점으로 지방보다 서울이 더 긍정적으로 반응하였으며 통계적으로도 유의미한 차이를 보였다(p<.01).

변 인	집단구분	N	M	SD	t	p
성 별	남	202	3.5911	.45888	1.773	.077
	여	507	3.5146	.54052		
연 령	20대	154	3.4688	.44846	2.330	.073
	30대	134	3.4821	.49385		
	40대	231	3.5701	.55444		
	50대 이상	190	3.5884	.54050		
신앙생활 기간	10년 이하	124	3.4605	.54322	2.197	.112
	11-20년	154	3.5136	.49151		
	20년 이상	431	3.5664	.52065		
거주지	서울	163	3.5663	.51138	.836	.403
	지방	546	3.5275	.52190		

표 28 일반적 사항에 따른 인성의 차이

위의 표에서 보는 바와 같이 전인성에 있어서 일반적 사항에 따른 인성 차이에 대해 살펴보면 성별에 따라서는 남자가 3.5911점, 여자가 3.5146점으로 여자보다 남자가 더 긍정적으로 반응하였다.

연령에 따라서는 20대가 3.4688점, 30대가 3.4821점, 40대가 3.5701점, 50대 이상이 3.5884점으로 연령이 높을수록 더 높게 나타나 50대 이상이 가장 긍정적으로 반응하였다.

신앙생활 기간에 따라서는 10년 이하가 3.4605점, 11-20년이 3.5136점, 20년 이상이 3.5664점으로 신앙생활기간이 길수록 더 높게 나타나 20년 이상이 가장 긍정적으로 반응하였다.

거주지에 따라서는 서울이 3.5663점, 지방이 3.5275점으로 지방보다 서울이 더 긍정적으로 반응하였다.

변 인	집단구분	N	M	SD	t	p
성 별	남	202	3.6545	.45088	.244	.807
	여	507	3.6442	.52636		
연 령	20대	154	3.6500	.43314	2.106	.098
	30대	134	3.5664	.48075		
	40대	231	3.6411	.54005		
	50대 이상	190	3.7089	.52922		
신앙생활 기간	10년 이하	124	3.5371	.54898	3.655*	.026
	11-20년	154	3.6571	.46538		
	20년 이상	431	3.6752	.50349		
거주지	서울	163	3.7245	.49480	2.234*	.026
	지방	546	3.6240	.50708		

표 29 일반적 사항에 따른 관계성의 차이

*p<.05

위의 표에서 보는 바와 같이 전인성에 있어서 일반적 사항에 따른 관계성 차이에 대해 살펴보면 성별에 따라서는 남자가 3.6545점, 여자가 3.6442점으로 여자보다 남자가 더 긍정적으로 반응하였다.

연령에 따라서는 20대가 3.6500점, 30대가 3.5664점, 40대가 3.6411점, 50대 이상이 3.7089점으로 50대 이상이 가장 긍정적으로 반응하였다.

신앙생활 기간에 따라서는 10년 이하가 3.5371점, 11-20년이 3.6571점, 20년 이상이 3.6752점으로 신앙생활 기간이 길수록 더 높게 나타나 20년 이상이 가장 긍정적으로 반응하였으며 통계적으로도 유의미한 차이를 보였다(p<.05).

거주지에 따라서는 서울이 3.7245점, 지방이 3.6240점으로 지방보다 서울이 더 긍정적으로 반응하였으며 통계적으로도 유의미한 차이를 보였다(p<.05).

변 인	집단구분	N	M	SD	t	p
성 별	남	202	3.7203	.48881	1.618	.106
	여	507	3.6452	.58336		
연 령	20대	154	3.7299	.51844	.884	.449
	30대	134	3.6619	.57971		
	40대	231	3.6403	.58188		
	50대 이상	190	3.6505	.54683		
신앙생활 기간	10년 이하	124	3.6573	.59758	.034	.967
	11-20년	154	3.6623	.57894		
	20년 이상	431	3.6708	.54091		
거주지	서울	163	3.6902	.58449	.615	.539
	지방	546	3.6595	.55119		

표 30 일반적 사항에 따른 직업성의 차이

위의 표에서 보는 바와 같이 전인성에 있어서 일반적 사항에 따른 직업성 차이에 대해 살펴보면 성별에 따라서는 남자가 3.7203점, 여자가 3.6452점으로 여자보다 남자가 더 긍정적으로 반응하였다.

연령에 따라서는 20대가 3.7299점, 30대가 3.6619점, 40대가 3.6403점, 50대 이상이 3.6505점으로 20대가 가장 긍정적으로 반응하였다.

신앙생활 기간에 따라서는 10년 이하가 3.6573점, 11-20년이 3.6623점, 20년 이상이 3.6708점으로 신앙생활기간이 길수록 더 높게 나타나 20년 이상이 가장 긍정적으로 반응하였다.

거주지에 따라서는 서울이 3.6902점, 지방이 3.6595점으로 지방보다 서울이 더 긍정적으로 반응하였다.

변 인	집단구분	N	M	SD	t	p
성 별	남	202	3.4708	.60544	1.013	.311
	여	507	3.4203	.59600		
연 령	20대	154	3.3396	.54165	4.166**	.006
	30대	134	3.3485	.57213		
	40대	231	3.4688	.61636		
	50대 이상	190	3.5311	.62389		
신앙생활 기간	10년 이하	124	3.3008	.62684	4.973**	.007
	11-20년	154	3.4000	.62056		
	20년 이상	431	3.4856	.57670		
거주지	서울	163	3.4485	.58725	.334	.738
	지방	546	3.4306	.60256		

표 31 일반적 사항에 따른 체성의 차이
**p<.01

위의 표에서 보는 바와 같이 전인성에 있어서 일반적 사항에 따른 체성 차이에 대해 살펴보면 성별에 따라서는 남자가 3.4708점, 여자가 3.4203점으로 여자보다 남자가 더 긍정적으로 반응하였다.

연령에 따라 20대가 3.3396점, 30대가 3.3485점, 40대가 3.4688점, 50대 이상이 3.5311점으로 연령이 높을수록 더 높게 나타나 50대 이상이 가장 긍정적으로 반응하였으며 통계적으로도 유의미한 차이를 보였다(p<.01).

신앙생활 기간에 따라서는 10년 이하가 3.3008점, 11-20년이 3.4000점, 20년 이상이 3.4856점으로 신앙생활 기간이 길수록 더 높게 나타나 20년 이상이 가장 긍정적으로 반응하였으며 통계적으로도 유의미한 차이를 보였다(p<.01).

거주지에 따라서는 서울이 3.4485점, 지방이 3.4306점으로 지방보다 서울이 더 긍정적으로 반응하였다.

변 인	집단구분	N	M	SD	t	p
성 별	남	202	3.8074	.64845	-.134	.893
	여	507	3.8156	.76031		
연 령	20대	154	3.7805	.62581	3.089*	.027
	30대	134	3.6791	.70071		
	40대	231	3.8225	.76119		
	50대 이상	190	3.9232	.77548		
신앙생활 기간	10년 이하	124	3.4395	.85472	23.424***	.000
	11-20년	154	3.7838	.68183		
	20년 이상	431	3.9313	.66924		
거주지	서울	163	3.8828	.67198	1.388	.166
	지방	546	3.7925	.74546		

표 32 일반적 사항에 따른 영성의 차이
*p<.05,***p<.001

위의 표에서 보는 바와 같이 전인성에 있어서 일반적 사항에 따른 영성 차이에 대해 살펴보면 성별에 따라서는 남자가 3.8074점, 여자가 3.8156 점으로 남자보다 여자가 더 긍정적으로 반응하였다.

연령에 따라서는 20대가 3.7805점, 30대가 3.6791점, 40대가 3.8225 점, 50대 이상이 3.9232점으로 50대 이상이 가장 긍정적으로 반응하였으며 통계적으로도 유의미한 차이를 보였다(p<.05).

신앙생활 기간에 따라 10년 이하가 3.4395점, 11-20년이 3.7838점, 20년 이상이 3.9313점으로 신앙생활 기간이 길수록 더 높게 나타나 20 년 이상이 가장 긍정적으로 반응하였으며 통계적으로도 유의미한 차이를 보였다(p<.001).

거주지에 따라서는 서울이 3.8828점, 지방이 3.7925점으로 지방보다 서울이 더 긍정적으로 반응하였다.

	Persona	Shadow	Anima Animus	Self	인 성	관계성	직업성	체 성	영 성
Persona	1								
Shadow	.559(**)	1							
Anima Animus	.490(**)	.527(**)	1						
Self	.527(**)	.538(**)	.588(**)	1					
인 성	.526(**)	.523(**)	.458(**)	.657(**)	1				
관계성	.555(**)	.537(**)	.534(**)	.723(**)	.698(**)	1			
직업성	.494(**)	.507(**)	.484(**)	.632(**)	.696(**)	.690(**)	1		
체 성	.421(**)	.373(**)	.360(**)	.487(**)	.582(**)	.562(**)	.613(**)	1	
영 성	.454(**)	.455(**)	.423(**)	.636(**)	.615(**)	.644(**)	.629(**)	.521(**)	1

표 32 일반적 사항에 따른 영성의 차이
**p<.01

위의 표에서 보는 바와 같이 개성화와 전인성의 관계에 대해 살펴보면 개성화의 하위변인 중 자기와 전인성의 하위변인 중 관계성은 r=.723(p<.01)의 정적인 관계를 보여 상관값이 가장 높게 나타났고, 개성화의 하위변인 중 페르소나(persona)과 전인성은 r=.421(p<.01)에서 r=.555(p<.01)의 정적인 상관관계를 보였으며, 개성화의 하위변인 중 그림자(shadow)와 전인성은 r=.373(p<.01)에서 r=.537(p<.01)의 정적인 상

관관계를 보였다. 개성화의 하위변인 중 심리적 이성(anima, animus)과 전인성은 r=.360(p<.01)에서 r=.534(p<.01)의 정적인 상관관계를 보였고, 개성화의 하위변인 중 자기(self)와 전인성은 r=.487(p<.01)에서 r=.723(p<.01)의 정적인 상관관계를 보였다.

8) 해석

이상의 통계 결과는 상관계수 산출방식에서 많이 사용되는 페르소나(person)의 적률상관계수이다. 상관계수에 있어서 상관성의 의미는 상관계수(r)가 두 세트의 점수들 간의 상응정도로 관계의 정도를 표시한다.[259] 그래서 +1과 -1의 값의 사이에서 0일 때 영상관으로 상관없음이 된다. 이런 점에서 이 연구의 결과에 나타난 상관계수를 볼 때 융의 개성화와 기독교상담에서 추구하는 전인성의 상관성은 매우 높은 정적 상관관계가 있다.

이러한 통계분석의 결과로 볼 때 개성화의 4가지 변인들이 각각 전인성과의 상호 관련성이 있어서 이 연구 논문이 설정한 가설 1의 "개성화와 전인성은 정적 상관이다"는 것을 증명하였다. 그러므로 개성화의 실현은 전인성을 촉진시키면서 그 수준을 높일 수 있는데 상당한 정적 상관성이 있다는 해석이다.

이 실험연구 결과에서 한 가지 더 추가할 것은 융의 개성화와 기독교상담의 전인성은 한 인간의 병리적인 상태나 증상의 정도를 말하는 것이 아니었다. 개성화의 수준이 높고 전인성이 건강하다는 것은 자기 속의 있는 보다 넓고 큰 세계를 향한 높은 뜻을 실현하는 것으로 더욱 풍성한 삶을 영위해 가는 사람을 말한다.

그러므로 개성화의 수준과 전인성의 정도가 높다는 것은 자신을 있는

---
259) Anne Anastas, 148.

대로 인식하고 받아들이며 자신이 갖고 있는 독특한 능력이나 잠재력을 충분히 발휘하면서 성숙한 삶을 사는 정도를 말하는 것이다. 이 실험연구에서 실시한 개성화와 전인성의 수준 측정은 자기 해석을 위한 심리검사의 일종으로 건강한 온전성을 측정하는 도구이기 때문에 기독교상담의 심리치료 전후에 실시하고 평가할 수 있는 훌륭한 자기측정도구가 된다.

3. 결론 및 제언

과연 융의 심층심리학을 기독교상담에서 수용하고 적용할 가치가 있느냐는 것을 규명하고자 선행연구들을 분석하고 정리했다. 이렇게 제기된 문제점들을 중심으로 기독교상담에서 추구하는 전인성에 관하여 논하고, 전인성 개성화의 상관성 실험연구와 그 결과를 분석하고 정리했다.

융의 개성화는 심리학적 이론으로 한계성이 있다. 그것을 극복하고자 신학적 대안으로 영성에 관하여 논하였다. 그리고 전국의 기독교인들을 상대로 개성화와 전인성의 수준을 측정하는 실험연구와 그 결과를 분석하고 해석하였다. 이 실험연구에서는 이상과 같은 이론적 구성과 내용을 근거로 한국기독교인의 개성화 수준과 전인성 수준의 상호간에는 강한 정적상관이 있음을 확인하였다.

이러한 연구를 바탕으로 해서 본 논문은 틸리히가 말한 대로 "심층심리학이 의식과 결단을 결정하는 구조를 재발견하도록 신학을 도왔으며, 신학은 이전에 꿈꾸지 못했던 굉장한 선물을 정신분석과 실존주의로부터 받았다."[260]는 것을 문헌연구와 실증적인 실험연구로 재확인한 것이다. 기독교상담에서 심리학과 신학의 대화를 시도하고 인간 존재에 관한 근본적인 질문 앞에 결정적인 해답을 신학과 심리학의 양쪽에서 얻을 수 있어야

---

260) Paul Tillich, *Theology of Culture*. 123-26.

한다. 이 연구는 신학과 심리학을 이해하고 서로를 존중하며 대화하고 수용과 적용의 중요성을 해결하는 실마리를 제공하게 되었다. 더욱이 이 연구를 통하여 융의 개성화와 기독교상담의 전인성에 있어서 그 상관성에 관한 다음 몇 가지 사실을 전제할 수 있다.

첫째로 융의 개성화와 기독교상담의 전인성은 분명한 차이가 있고 차원이 다른 이론이다. 이 둘은 심리학과 신학이라는 학문적 배경이 다르고 그래서 연구방법도 다르다. 특히 융의 개성화 이론의 핵심이라고 할 수 있는 무의식의 의식화를 위한 꿈의 해석은 기독교적이 될 수 없다. 융의 개성화에 관한 가설은 경험을 통해 이루어진 것이며 많은 환자와 건강한 사람들을 중심으로 무의식의 분석과정에서 관찰하고 경험한 것을 토대로 세운 것이기 때문이다.

둘째로 융의 개성화와 기독교상담의 전인성은 차원이 다르지만 이론적 연구와 실험연구의 결과는 기독교인에게 있어서 개성화의 수준과 전인성의 수준은 높은 상관관계가 있다. 개성화의 수준이 높을수록 전인성의 수준도 높다는 것이다. 그래서 융의 개성화는 기독교상담에서 추구하는 전인건강의 수준을 높이는 데 상당한 도움이 될 수 있다.

셋째로 기독교상담에서 전인성을 추구하는데 있어서 융의 이론을 그대로 수용한다는 것은 문제가 있다. 그러나 신학적이고 성서적인 기반을 잃지 않는 범위 내에서 적용이 가능한 것이며 이론적 연구에서 밝혔듯이 심리학적 개성화의 한계성을 극복하기 위해서도 신학의 영성적인 차원을 살려서 개성화의 한계를 보완한다면 수용할 수 있는 가능성이 있다.

상담은 도움을 필요로 하는 내담자에게 전문성을 가진 훈련받은 상담자와의 관계에서 문제의 해결과 인간적 성장을 위한 과정이다. 이렇게 상담이 도움을 주는 과정이라고 한다면 상담자는 내담자를 위한 조력자가 되어야 한다. 내담자도 상담을 통해서 자신의 문제를 해결할 수 있는 능력을 함양시켜야 한다. 그래서 인간적 성장과 발전을 이루어야 한다면 심리학을 기반으로 하는 내용들을 수용하고 적용할 수 있는 개방적이고 열린 자세를 가져야 한다. 심리학의 거장 융이 이룩한 개성화 과정의 핵심적인 내용들을 잘 활용하면 기독교상담에서 추구하는 전인성에 큰 도움이 될 것이다. 여기에다 인간 내면의 종교적인 체험을 강조하면서 새 존재로서의 길을 제시한 틸리히의 자아실현론을 신학적 통찰로 융해시킨 종합적인 인간이해와 함께 적용한다면 기독교상담은 한층 더 성장하고 발전하는 계기를 갖게 될 것이다.

뿐만 아니라 융의 개성화와 기독교상담의 전인성에 관한 상관성을 분석하고 연구한 결과를 기초로 다음과 같은 제언을 할 수 있다.

이 연구에서 사용한 실험연구의 실증자료는 응답자의 정서적인 자료이기 때문에 분석된 결과가 개인의 정서적 정도이며 지향성이다. 그러므로 이 연구의 실증적인 실험연구의 결과는 개인의 가능성이지 진정한 행동의 측정에는 한계가 있다. 앞으로 과학적인 자료를 얻을 수 있는 수량적 연구가 있어서 가능성의 한계를 넘어서는 현실적이고 실제적인 정보를 산출하고 거기에 따른 분석이 가능한 연구가 있어야 한다.

뿐만 아니라 앞으로는 이 연구에서 사용한 개성화와 전인성 수준 검사지의 변수와 문항을 이론적인 준거를 기초로 더욱 정제하고 세련시켜서 실시함으로 실제적인 발전을 기대할 수 있어야 한다.

내담자는 한 인간으로서 존중받아야 하고 문제 해결과 원만한 인간관계를 위한 능력을 함양할 수 있도록 성장해야 하는 것이 기독교상담이다. 그러므로 그 인간 속에 내제되어 있는 가능성을 표출시키고 발전시키는 개성화야말로 현대 기독교상담에서 추구하는 전인성을 이루는 데 보다 크게 도움을 받을 수 있는 중요한 심리학적 요인이다.

이 연구에서 실시한 설문 검사의 연구 결과가 융의 개성화 수준과 기독교상담이 목표로 하고 있는 전인성 수준과의 상관성은 대단히 높은 정적 상관관계라는 사실이 밝혀졌다. 그래서 이제부터라도 기독교상담이 인간의 문제를 해결하고 병리적인 심리치료에만 집중할 것이 아니다. 융이 개성화 과정에서 강조한 바와 같이 보다 건강한 자아실현을 통한 전인의 온전성을 이루는 목표로 전환해서 예방적인 측면의 돌봄과 치료의 상담이 있어야 할 때이다.

문제는 심리학적인 내용의 개성화가 기독교상담에서 명백하게 수용되고 적용되기 위한 개성화 실현의 프로그램들이 기독교상담학적인 입장에서 연구되어야할 것도 새로운 과제로 발견되었다. 그리고 보다 명백한 전인성 상담과 전인치유 및 성장을 위한 개성화 과정이 적용되도록 가장 보편적이면서도 과학적인 연구로 수량화 할 수 있는 방법이 개발되어야 한다.

이제는 기독교상담도 한 층 개방적이고 수용적인 입장에서 심리학과 신학을 함께 보는 통전적인 입장에서 서로를 존존하고 접목시키는 연구와 이해가 필요한 때이다.

부록 1

For we have not a high priest which cannot be touched with the feeling of our infirmities; but was in all points tempted like as we are, yet without sin. (Hebrews 4:15)

부록 1. 개성화와 전인성의 설문 검사지

개성화와 전인성의 설문 검사지

〈문항에 관한 점수표〉

점 수	1	2	3	4	5
내용	전혀 아니다	아니다	그저 그렇다	그렇다	아주 그렇다

1. 아래 사항은 인적 질문입니다. 해당사항에 O표 하십시오.

① 성별

남	여

② 나이

20대	30대	40대	50대	60대

③ 최종학력

초등학교	중학교	고등학교	대학교 이상

④ 신앙생활 기간

1년 미만	1-10년	11-20년	20년 이상

⑤ 현재 살고 있는 지역

서 울	지 방

2. 다음 질문을 읽으시고 해당되는 점수에 O표 하십시오.

Ⅰ. 개성화

번호	변수	문항내용	1	2	3	4	5
1	Ⅰ-Ⅰ-A	나는 다른 사람들이 나에게 요구하는 삶을 알지만 그렇게 살지는 않는다.					
2		나는 다른 사람들의 주장이 옳다고 판단되면 나의 주장을 포기한다.					
3		나는 체면보다 정당한 규칙을 지키는데 힘쓴다.					
4		나는 나의 직분(신분)에 관계된 의무보다 공동체의 유익이 더 중요하다고 생각한다.					
5		나는 다른 사람의 행동에 대하여 나의 감정을 쉽게 표현하지 않는다.					
6		나는 자기의 주장이 옳다면 이해할 수 있는 자료를 제시해야 한다고 생각한다.					
7		우리는 많은 사람이 결정해도 개인의 의견이 존중될 수 있도록 배려해야 한다.					
8		나는 잘못된 제도나 규칙을 바꾸는 운동에 동참할 수 있다.					
9		나는 개인의 행동이 전체에게 어떤 영향을 주는지 생각하고 있다.					

번호	변수	문항내용	1	2	3	4	5
10		나는 나의 품위를 유지하기 위해 투자한다.					
11		나는 나의 약점이 무엇인지를 잘 알고 있다.					
12		나는 나의 약점이 드러났을 때 부끄러워하지 않는다.					
13		나는 다른 사람이 나를 험담하는 이야기를 들었을 때 화내지 않는다.					
14		나는 내게 변덕스러움이 있는 것을 인정한다.					
15	I-B	나는 내 인생에 대해 대체로 만족한다.					
16		나는 더 잘살기 위해서는 내가 변화되어야 한다고 믿는다.					
17		우리는 성공하지 못한 사람도 인정받을 수 있도록 해야 한다.					
18		우리는 다른 사람이 이상한 행동을 해도 존중할 수 있어야 한다.					
19		나는 다른 사람이 나를 인정한다고 믿고 있다.					
20		나는 나의 인간 됨됨이를 알고자 노력한다.					
21		나는 때로 남자(여자)답지 못한 행동을 할 때가 있지만 걱정하지 않는다.					
22		남자는 강하고 여자는 부드러운 것만이 미덕일 수는 없다.					
23		남자와 여자의 구별보다 각자의 역할이 중요하다.					
24	I-C	나는 남자가 여자처럼, 여자가 남자처럼 살 수도 있다고 생각한다.					
25		나는 다른 사람이 나와 다른 것은 당연하다고 생각한다.					
26		나는 내가 남자(여자)인 것에 만족한다.					
27		우리는 남자와 여자라는 이유로 인간을 차별해서는 안 된다.					
28		청소년들이 유명한 사람들을 무조건 좋아하고 본받아서는 안 된다.					

번호	변수	문항내용	1	2	3	4	5
29		나는 남자아이는 남자답게 살고, 여자아이는 여자답게 살도록 요구하지 않는다.					
30		나는 부부간에도 역할(일)을 바꾸어서 살 수 있다고 믿는다.					
31		나는 모든 사람이 행복하게 사는데 관심이 많다.					
32		나는 좋은 일을 위해서는 내가 먼저 양보한다.					
33		나는 억울한 사람을 보면 참지 않고 나선다.					
34		나는 모든 일이 조화를 이룰 수 있어야 한다고 생각한다.					
35	I-I-D	나는 우리 사회의 연합을 위해 일하는 사람들을 존중한다.					
36		나는 다른 사람을 돕는데 나의 재산도 내 놓을 수 있다고 생각한다.					
37		우리는 빈부의 격차를 해소하기 위해 노력해야 한다.					
38		우리는 가진 사람이 없는 사람을 위해 양보할 줄 알아야 한다.					
39		나는 내 마음 속에 있는 보다 큰 요구가 무엇인지를 알고자 노력한다.					
40		나는 예수님처럼 다른 사람을 위해 희생적인 삶을 살고자 노력한다.					

II. 전인성

번호	변수	문항내용	1	2	3	4	5
1	II-A	나는 나의 가치를 인정한다.					
2		나는 모든 일이 감정에 치우치지 않도록 한다.					
3		나는 인생의 목표를 뚜렷하게 세우고 산다.					
4		나는 내게도 남들보다 잘하는 부분이 많이 있다고 믿는다.					
5		나는 언제나 긍정적인 생각을 한다.					
6		나는 다른 사람들 앞에서 분노의 감정을 조절할 수 있다.					
7		규칙은 함부로 바꾸면 안 된다.					
8		규칙은 모든 사람들이 잘 지키도록 힘써야 하는 것이다.					
9		나는 다른 사람과 나를 비교하지 않는다.					
10		나는 다른 사람의 꾀임에 잘 넘어가지 않는다.					
11	II-B	나는 다른 사람과 친밀한 관계를 맺기 위해 노력한다.					
12		나는 나와 다르다는 이유 때문에 남을 미워하지 않는다.					
13		내가 하고 싶은 일도 상대방이 싫어하면 하지 않는다.					
14		나는 다른 사람이 내게 실수하면 그럴 수 있다고 생각한다.					
15		나는 타인의 행동을 객관적으로 평가하고자 노력한다.					
16		나는 남의 일을 방해하는 사람을 보면 가만있지 않는다.					
17		우리는 누구든지 자신에게 불리한 약속도 지킬 수 있어야 한다.					
18		우리는 인간관계 개선을 위해서는 서로가 양보하고 노력해야 한다.					

번호	변수	문항내용	1	2	3	4	5
19		나는 다른 사람이 어떤 일을 부탁하면 예와 아니오를 분명하게 말하고자 힘쓴다.					
20		나는 어떤 일이든지 그 결과보다 관계를 더 중요하게 여긴다.					
21		나는 언제나 새로운 일을 시작할 때는 흥미를 느낀다.					
22		나는 모든 환경을 긍정적으로 생각한다.					
23		나는 내가 하는 역할을 잘 이해하고 있다.					
24		나는 일이 잘 안 될 때 원인을 남의 탓으로 돌리지 않고 내 탓이라고 생각한다.					
25	Ⅱ-C	나는 나의 하는 일에 대해서 대체로 만족을 느낀다.					
26		나는 나의 직업이 옳다고 믿는다.					
27		우리는 어려운 일일수록 서로가 협력해야 한다.					
28		내가 보람 있는 일은 다른 사람도 보람이 있다고 생각한다.					
29		나의 직업은 내 적성에 잘 맞는다.					
30		나는 동료와 경쟁하기 보다는 협력하기 위해 노력한다.					
31		나는 건강관리를 위해서 계획을 세우고 운동을 한다.					
32		나는 건강을 위해 과도한 식욕을 억제할 수 있다.					
33		나는 나의 건강에 대해서 깊은 관심을 가지고 노력한다.					
34	Ⅱ-D	나는 피곤해도 이튼 날 아침에 일어날 때는 기분이 좋다.					
35		나는 몸은 좀 불편해도 긍정적으로 살면 된다고 믿는다.					
36		건강을 위해 쓰는 돈과 시간은 아깝지 않다고 생각한다.					
37		우리는 몸이 불편해도 건강하게 살수 있도록 환경을 개선해야 한다.					

번호	변수	문항내용	1	2	3	4	5
38		나는 다른 사람의 건강을 위해서도 주의를 기울이고 있다.					
39		나는 마음과 몸이 연관되어 있음을 믿고 마음의 안정을 위해 노력한다.					
40		나는 내 몸의 변화에 깊은 주의를 기울이면서 산다.					
41	Ⅱ-E	나는 그리스도인으로 깨끗하게 살고자 노력하고 있다.					
42		나는 다급한 문제를 만나면 먼저 기도한다.					
43		나는 교회에서 한 가지 이상의 봉사활동을 하고 있다.					
44		나는 나의 지난 모든 일들을 감사하게 생각하고 있다.					
45		나는 찬송을 부르면 기쁨이 솟아오른다.					
46		나는 성경을 읽을 때 나에게 주시는 말씀으로 생각한다.					
47		나는 교회에서 맡겨진 일들은 개인적인 일보다 우선순위를 두고 감당하고 있다.					
48		나는 교회에서 모든 신도들이 각자의 역할을 잘 감당할 수 있도록 배려해 준다.					
49		나는 다른 사람에게 구원에 관하여 자신 있게 말할 수 있다.					
50		나는 땅 위에 하나님의 나라를 위해 내가 희생당하는 것을 두려워하지 않는다.					

부록 2. 상담자와 내담자의 관계성 설문지

[설 문 지]

저는 계명대학교 대학원 신학과에서 기독교상담을 전공하고 있는 권영욱입니다.

기독교상담에서 상담관계를 위협하는 상담가의 윤리문제를 연구하고자 설문 조사를 하오니 응답해 주시기를 부탁드리며 해당사항에 V해 주시기를 바랍니다.

* **성별:** 남(　) 여(　)
* **나이:** 21-30세(　), 31-40세(　), 41-50세(　), 51-60세(　),
　　　　60세 이상(　)
* **목회경력:** 10년 이내(　), 11-20년(　), 21-30년(　),
　　　　　　30년 이상(　)

* 아래에서 상담자는 기독교상담자이며, 내담자는 피상담자를 말합니다.

번호	질문	전혀 아니다	약간 아니다	그저 그렇다	약간 그렇다	아주 그렇다
1	내가 상담한 정보를 상담자가 설교나 강연 등에서 공개할 수 있다고 생각하십니까?					
2	상담 비밀에 관한 정보를 설교에서 예화로 들어본 적이 있습니까?					
3	학대나 폭력 등의 이유로 비밀성 유지의 예외를 인정하십니까?					
4	자살고백이 있을 때 상담가는 그것을 공개할 수 있습니까?					
5	상담자와 내담자는 신체적 접촉이 가능하다고 생각하십니까?					
6	상담자가 비기독교인을 상담하면서 신앙을 강요할 수 있다고 생각하십니까?					
7	상담 종결 후에 상담가는 내담자에게 자신의 교회로 출석할 것을 권고할 수 있습니까?					

참고문헌

권용근. "폴 틸리히의 불안 이해의 기독교 교육적 적용." 박사학위논문, 계명대학교대학원, 1996.

김경재. 폴 틸리히의 신학연구. 서울: 대한기독교출판사, 1987.

_____. 폴 틸리히의 생애와 사상. 서울: 대한기독교출판사, 1979.

김기복. "전인치유와 신앙." 현대와 신학 14 (1991): 121-140.

김영준. 전인치유. 서울: 예영커뮤니케이션, 2003.

김예식. 말씀 안의 상담과 치유이야기. 서울: 장로교출판사, 2000.

김재은, 이광자. 자아실현검사. 서울: 중앙적성연구소, 1969.

박아청. 제3세력의 심리학. 대구: 계명대학교출판부, 1983.

_____. Maslow 자아실현의 심리. 서울: 교육과학사, 1986.

박영숙. 전문가를 위한 새로운 심리평가의 실제. 서울: 하나의학사, 1998.

반신환. "기독교 영성의 관점으로 살펴보는 기독교상담의 정체성: 방법론적 정체성을 중심으로." 기독교상담학회지 7 (2004): 45-75.

설기문. "자아실현을 위한 상담적 접근." 지도상담 12 (1987): 97-119.

심상영. 한국교회의 영적성장을 위한 융의 분석심리학. 서울: 쿰란출판사, 2001.

안석모. "토착문화와 목회상담." 한국교회를 위한 목회상담학. 서울: 대한기독교서회, 1997: 217-230.

양창삼. **자아실현론**. 서울: 성광문화사, 1982.

오성춘. **목회상담학**. 서울: 한국장로교출판사, 1993.

오태순. **목회상담학**. 서울: 쿰란출판사, 2000.

원호택. **이상심리학**. 서울: 법문사, 1997.

유장환. "폴 틸리히의 존재론적 패러다임." 신학과 현장 13 (2003): 179-201.

이기춘. "한국교회와 목회상담의 실천방향." **한국교회를 위한 목회상담학**. 서울: 대한기독교서회, 1997: 82-96.

이명수. **치유선교론**. 서울: 도서출판나임, 1995.

이문균. "폴 틸리히의 신학방법론." 논문집 17 (1987): 37-51.

이부영. **분석심리학**. 서울: 일조각, 2003.

_____. 아니마와 아니무스: **남성 속의여성 여성 속의 남성**. 서울: 한길사, 2004.

_____. 그림자: **우리 마음속의 어두운 반려자**. 서울: 한길사, 2004.

_____. 자기와 자기실현: **하나의 경지 하나가 되는 길**. 서울: 한길사, 2003.

이재훈. "한국 목회상담의 새로운 전망." **한국교회를 위한 목회상담학**. 서울: 대한기독교서회, 1997: 55-70.

이형득. **상담이론**. 서울: 교육과학사, 1992.

이형득 외. **상담의 이론적 접근**. 서울: 형설출판사, 1984.

임경수. **인간발달이해와 기독교 상담**. 서울: 학지사, 2004.

_____. **중년리모델링**. 서울: 학지사, 2002.

_____ . "신학과 심리학의 연계적 학문을 통한 기독교 상담의 정체성." 기독교상담학회지 7 (2004): 231-257.

_____ . "자서전과 심리분석: 기억, 꿈, 회상을 통해 본 칼 융에 대한 심리분석." 기독교상담학회지 3 (2001): 115-138.

임영금. "폴 틸리히의 신학적 해석학." 조직신학논총 2 (1996): 125-154.

정범모. "자아실현과 교육." 대한민국 학술원논문집 29 (1990): 51-84.

정원식 외. 카운슬링의 원리. 서울: 교육과학사, 1999.

정정숙. 기독교상담학. 서울: 도서출판 베다니, 1994.

정태기. "전인치유목회." 우보 심일섭박사 회갑기념논문집 (1994): 474-491.

_____ . "전인치유에 관한 연구." 신학연구 35 (1994): 109-127.

조무성. "의료 전문화와 전인건강 문화: 성경적 세계관의 적용." 신앙과 학문 2, no. 4 (1997): 49-81.

한재희. "전인적 목회돌봄을 위한 인간이해와 목회상담." 기독교상담학회지 2 (2001. 4): 127-154.

황승룡. 폴 틸리히의 그리스도론. 서울: 대한기독교출판사, 1988.

Adams, Jay E. *The Christian Counselor's Manual*. Grand Rapids: Baker Book House, 1973.

_____ . *Lectures on Counseling*. Grand Rapids: Baker Book House, 1979.

Anastasi, Anne. 심리검사론. 김완석, 손명자 옮김. 서울: 율곡출판사,

1995.

Barth, Karl. *Church Dogmatics volume Ⅲ, The Doctrine of Creation part one*. Translators: J. W. Edwards, O. Bussey, Harold Knight, Edinburgh: T. & T. Clark, 1958.

Benner, David G. *Strategic Pastoral Counseling: A Short-Term Structured Model*. Grand Rapids: Baker Book House, 1998.

Bromiley, Geoffrey W. *An Introduction to the Theology of Karl Barth*. Edinburgh: T. & T. Clark Ltd. 1979.

Clair, Michael St. *Object Relations and Self Psychology: An Introduction*. Canada: Thomson Learning, 2000.

Clift, Wallace B. *Jung and Christianity: The Challenge of Reconciliation*. New York: Crossroad, 1982.

Clinebell, Howard J. 성장상담. 이종헌 역. 서울: 성장상담연구소, 1994.

_____. *Basic Types of Pastoral Care & Counseling: Resources for the Ministry of Healing and Growth*. Nashville: Abingdon Press, 1992.

_____. *Growth counseling: Hope-centered methods of actualizing human wholeness*. Nashville: Abingdon Press, 1979.

_____. *Well Being: A Personal Plan for Exploring and Enriching the Seven Dimensions of Life : Mind, Body, Spirit, Love Work, Play, the World*. New York: Harper Collinspublisbers, 1992.

Collins, Gary R. *Calm Down*. Ventura: Vision House, 1981.

_____ . *Christian Counseling: A Comprehensive Guide*. Dallas: Word Publishing, 1988.

_____ . 교회지도자를 위한 효과적인 상담. 정동섭 역. 서울: 도서출판 두란노, 1984.

Corey, Gerald. 상담학 개론. 오성춘 역. 서울: 장로회신학대학출판부, 1983.

_____ . 심리상담과 치료의 이론과 실제. 조현춘, 조현재 역. 서울: 시그마프레스, 1996.

Crabb, Lawrence J. 기독교 상담심리학. 오현미 역. 서울: 나침반사, 1992.

Dourley, John P. *The Psyche as Sacrament: A Comparative Study of C. G. Jung and Paul Tillich*. Canada: Webcom Limited, 1980.

Freud, Sigmund. *The Standard Edition of the Complete Psychological Works of Sigmund Freud Vol. 12*, London: The Hogarth Press, 1958.

_____ . *The Standard Edition of the Complete Psychological Works of Sigmund Freud, Vol. 14, On the History of the Psycho-Analytic movement Papers on Metapsychology and Other Works*, London: The Hogarth Press, 1975.

_____ . *The Standard Edition of the Complete Psychological Works of Sigmund Freud, Vol. 19, The Ego and the Id and Other Works*, London: The Hogarth Press, 1975.

Goble, Frank G. *The Third Force: The Psychology of Abraham Maslow* (New York: Grossman Publishers, 1970), 53.

Goldbrunner, Josef. *Individuation: A Study of the Depth Psychology of Carl Gustav Jung*. Indiana: University of Notre dame press, 1966.

Hunter, Rodney J. Edt. *Dictionary of Pastoral Care and Counseling*. Nashville: Abingdon Press, 1999.

Hurding, Roger. **치유나무**. 김예식 역. 서울: 한국장로교출판사, 2000.

Jacobi, Jolande. *The Psychology of C. G. Jung: An Introduction with Illustrations*. London: Routledge & Kegan Paul Ltd., 1968.

Jaffé, Aniela. *Memories, Dreams, Reflections by C. G. Jung*. Richard and Clara Winston Translated. New York: A Division of Random House, 1989.

Jung, C. G. *Collected Works* Vol.7, New Jersey: Princeton University Press, 1972.

_____. *Collected Works* Vol.9-1, New Jersey: Princeton University Press, 1980.

_____. *Collected Works* Vol.12, New Jersey: Princeton University Press, 1980.

_____. *Psychology and Western Religion*. "psychoanalysis and The Cure of Souls." R. F. C. Hull Translated. New Jersey:

  Princeton University Press, 1984.

Kim, Won Jaeng. "Reconciliation as a Psychological and Theological Reality: A Comparison Between Carl G. Jung and Paul J. Tillich." Ph.D. diss., Religious Studies, University of Ottawa, Ottawa, 1991.

Litchfield, Bruce, and Nellie Litchfield. 기독교 상담과 가족치료. 정동섭, 정성준 역. 서울: 도서출판 예수전도단, 2002.

Lim, Justin K. *Male Mid-Life Crisis: Psychological Dynamics, Theological Issues, and Pastoral Interventions*. New York & London: University Press of America, 2000.

Maslow, Abraham H. *The Farther Reaches of Human Nature*. New York: Penguin Group(USA) Ins., 1971.

_____ . *Toward a Psychology of Being*. Canada: John Wiley & Sons, 1999.

Mattoon, Mary Ann. *Jungian Psychology in Perspective*. New York: The Free Press, 1981.

Meier, Paul D. et al. *Introduction to Psychology and Counseling*. Grand Rapids: Baker Book House, 1991.

Moore, Robert L., and Daniel J. Meckel. *Jung and Christianity in Dialogue: Faith, Feminism, and Hermeneutics*. New York: Paulist Press, 1990.

Oates, Wayne E. An *Introduction to Pastoral Counseling*. Nashville: Broadman, 1959.

Samuels, Andrew., Bani Shorter, and Fred Plaut. 융 분석비평사전. 민혜숙 역. 서울: 동문선, 2000.

Schultz, Duane. *Growth Psychology: models of the healthy personality*. New York: Nostrand Company, 1977).

Sorajjakool, Siroj, and Henry Lamberton. *Spirituality, Health, and Wholeness: An Introduction Guide for Health Care Professionals*. New York: The Haworth Press, Inc., 2004.

Storr, Anthony. Jung. New York: Routledge, 1991.

Terruwe, Anna A., and Conrad W. Baars. *Psychic Wholeness and Healing: Using ALL the Powers of the Human Psyche*. New York: Alba House, 1981.

Tillich, Paul. *Systematic Theology*. Volume Ⅰ. Chicago: The University of Chicago Press, 1951.

_____ . *Systematic Theology*. Volume Ⅱ. Chicago: The University of Chicago Press, 1957.

_____ . *Systematic Theology*. Volume Ⅲ. Chicago: The University of Chicago Press, 1963.

_____ . *The Courage to Be*. New Haven and London: Yale University Press, 1952.

_____ . *The New Bing*. New York: Chales Scribner & Sons, 1955.

_____ . *The Meaning of Health: Essays in Existentialism Psychoanalysis and Religion*. Perry LeFevre edited. Chicago: Chicago Theological Seminary Exploration Press, 1984.

_____ . *Theology of Culture*. New York: Oxford University Press, 1959.

Wicks, Robert J., Richard D. Parsons and Donald Capps, *Clinical Handbook of Pastoral Counseling*. Vol.I. New York: Paulist Press, 1993.

_____ . *Clinical Handbook of Pastoral Counseling*. Vol.II. New York: Paulist Press, 1993.